제4의 협력문명과 한국판 뉴딜

포스트코로나 시대 대한민국 혁신전환의 비전과 전략

제4의 협력문명과 한국판 뉴딜

국정과제협의회 정책기획시리즈 **03**

조대엽
박정민
문용필

차 례

표 차례

그림 차례

국정과제협의회 정책기획시리즈 발간에 붙여

대통령직속 정책기획위원회
위원장 조대엽

1. 문재인 정부 5년, 정책기획위원회 5년을 돌아보며

문재인 정부가 출범한 지 5년차가 되었습니다. 돌이켜보면 전국의 거리를 밝힌 거대한 촛불의 물결과 전임 대통령의 탄핵, 새 정부 출범에 이르는 과정은 '촛불혁명'이라고 할 만했습니다. 2016년 촛불혁명은 법과 제도의 틀에서 전개된 특별한 혁명이었습니다. 1,700만 명의 군중이 모여 촛불의 바다를 이루었지만 법의 선을 넘지 않았습니다. 전임 대통령의 탄핵과 새 대통령의 선출이 법과 정치적 절차의 훼손 없이 제도적으로 진행되었습니다. '제도혁명'이라고도 부를 수 있는 참으로 특별한 정치 과정이 아닐 수 없습니다. 세계적으로 대의 민주주의의 위기와 한계가 뚜렷한 가운데 2017년 문재인 정부의 출범 과정은 현대 민주주의의 범위와 내용을 제도적으로 확장한 정치사적 성과라고도 할 수 있습니다.

현대 민주주의의 괄목할 만한 진화를 이끌고 제도혁명으로 집권한 문재인 정부가 5년차를 맞았습니다. 선거 후 바로 대통령 취임과 함께 국정기획자문위원회가 출발해 100대 국정과제를 선별하면서 문재인 정부의 정치 일정이 시작되었습니다. 집권 5년차를 맞으며 인수위도 없이 출발한 집권 초기의 긴박한 과정을 떠올리면 문재인 정부는 임기 마지막까지 국정의 긴장을 늦출 수 없는 운명을 지녔습니다. 어쩌면 문재인 정부는 '제도혁명정부'라는 특별한 성격을 갖는다는 점에서 거의 모든 정부가 예외 없이 겪었던 임기 후반의 '레임덕'이라는 표현은 정치적 사치일 수 있습니다. 문재인 정부의 남은 시간 동안 지난 5년의 국정 성과에 이어 마지막까지 성과를 만들어냄으로써 국정의 긴장과 동력을 잃지 않는 일이 무엇보다 중요한 시점입니다. 그것이 문재인 정부의 역사적 소명이기도 합니다.

정책기획위원회는 지난 5년간 대통령 직속기구로서 폭넓은 국정자문 활동을 했습니다. 정책기획위원회의 주된 일은 국정과제 전반을 점검하고 대통령에게 필요한 내용들을 보고하는 일입니다. 지난 5년 정책기획위원회의 역할을 구분하면 정책 콘텐츠 관리와 정책 네트워크 관리, 정책소통 관리라는 세 가지로 요약할 수 있습니다.

먼저, 정책 콘텐츠 관리는 국가 중장기 발전전략 및 정책 방향 수립과 함께 100대 국정과제의 추진과 조정, 국정과제 관련 보고회의 지원, 국정분야별 정책 및 현안과제 연구, 대통령이 요구하는 국가 주요 정책 연구 등을 포괄합니다. 둘째로 정책 네트워크 관리는 청와대, 총리실, 정부부처, 정부출연 연구기관, 정당 등과의 협업 및 교류가 중요하며, 학계, 전문가 집단, 시민단체 등과의 네트워크 확장을 포함합니다. 특히 정책기획위원회는 대통령 소속 위원회를 통괄하는 기능을 갖기도 합니다.

대통령 소속의 9개 주요 위원회로 구성된 '국정과제협의회'의 의장

위원회로서 대통령 위원회의 소통과 협업의 구심 역할을 했습니다. 셋째로 정책소통 관리는 정부부처 간의 소통과 협력을 매개하는 역할이나 정책 쟁점이나 정책 성과에 대해 국민들이 공감할 수 있도록 정책 담론을 생산하고 확산하는 일을 포괄합니다. 연구용역이나 주요 정책 TF 운용의 결과를 다양한 형태의 간담회, 학술회의, 토론회, 언론 기고, 자체 온라인 방송 채널을 통해 공유하기도 했습니다.

정책기획위원회의 1기는 정부 출범 시 '국정기획자문위원회'가 만든 100대 국정과제의 관리와 '미래비전 2045'를 만드는 데 중점이 두어졌습니다. 말하자면 정책 콘텐츠 관리에 중점을 둔 셈입니다. 정책기획위원회의 2기는 위기적 정책 환경에 대응하는 정책 콘텐츠 생산과 집권 후반부의 성과관리라는 측면에서 과제가 큰 폭으로 늘었습니다. 주지하듯 문재인 정부의 후반부는 세계사적이고 문명사적인 아주 특별한 시대적 위기를 맞고 있습니다. 코로나19 팬데믹이라는 문명사적 위기는 정책기획위원회 2기의 정책 환경을 완전히 바꾸었습니다. 정책기획위원회는 코로나19 발생 이후 포스트코로나 시대에 새롭게 부가되는 국정과제를 100대 과제와 조정 보완하는 작업, 감염병 대응과 보건의료체제 혁신을 위한 종합 대책의 마련, 코로나19 이후 거대 전환의 사회변동에 대한 전망, 한국판 뉴딜의 보완과 국정자문단의 운영 등을 새로운 과제로 진행했습니다.

정책기획위원회의 2기는 코로나19 팬데믹으로 인한 방역위기와 경제위기를 뚫고 나아가는 국가 혁신전략들을 지원하는 일과 함께, 무엇보다도 문재인 정부의 국정성과를 정리하고 〈국정백서〉를 집필하는 일이 남아 있습니다. 우리 위원회는 성과관리를 단순히 정부의 치적을 정리하는 수준이 아니라 국정성과를 국민의 성과로 간주하고 국민과 공유해야 한다는 차원에서 정책 소통의 한 축으로 간주하고 있습니다.

우리 위원회는 문재인 정부가 촛불혁명의 정부로서 그리고 제도혁명의 정부로서 지향했던 비전의 진화 경로를 종합적 조감도로 그렸고 이 비전 진화의 경로를 따라 축적된 지난 5년의 성과를 포괄적으로 정리하기도 했습니다. 다양한 정책성과 관련 담론들을 세부적으로 만드는 과정이 이어지는 가운데, 우리 위원회는 그간의 위원회 활동 결과로 생산된 다양한 정책담론들을 단행본으로 만들어 대중적으로 공유하면 좋겠다는 데에 뜻을 모았습니다. 이러한 취지는 정책기획위원회뿐 아니라 국정과제협의회 소속의 다른 대통령 위원회도 공유함으로써 단행본 발간에 동참하게 되었습니다. '국정과제협의회 정책기획시리즈'가 탄생했고 각 단행본의 주제와 필진 선정, 그리고 출판은 각 위원회가 주관해서 진행하는 것으로 했습니다.

정책기획위원회가 출간하는 이번 단행본들은 정부의 중점 정책이나 대표 정책을 다루는 것이 아닙니다. 또 단행본의 주제들은 특별한 기준에 따라 선별된 것도 아닙니다. 이번에 출간하는 단행본 시리즈의 내용들은 정부 정책이나 법안에 반영된 것도 있고 그렇지 않은 것도 포함되어 있습니다. 따라서 이 책의 내용들은 정부나 정책기획위원회의 공식 입장이라고 할 수 없습니다. 정책기획위원회에서 지난 5년간 다양한 방식으로 논의된 정책담론들 가운데 비교적 단행본으로 엮어내기에 수월한 것들을 모아 필진들이 수정하는 수고를 더한 것입니다. 문재인 정부의 정책기획위원회에 모인 백여 명의 정책기획위원들이 다양한 분야에서 국가의 미래를 고민했던 흔적을 담아보자는 취지라 할 수 있습니다.

2. 문재인 정부 5년의 국정비전과 국정성과에 대하여

문재인 정부는 촛불시민의 염원을 담아 '나라다운 나라, 새로운 대한민국'을 약속하며 출발했습니다. 지난 5년은 우리 정부가 국민과 약속한 나라를 만들기 위해 진지하고도 일관된 노력을 기울인 시간이었습니다. 지난 5년, 국민의 눈높이에 미흡하고 부족한 부분이 있었습니다. 그러나 예상하지 못한 거대한 위기가 거듭되는 가운데서도 정부는 국민과 함께 다양한 국정성과를 만들었습니다.

어떤 정부든 공과 과가 있기 마련입니다. 한 정부의 공은 공대로 평가되어야 하고 과는 과대로 평가되어야 합니다. 아무리 미흡한 부분이 있더라도 한 정부의 국정성과는 국민이 함께 만든 것이기 때문에 국민적으로 공유되어야 하고, 국민적 자부심으로 축적되어야 합니다. 국정의 성과가 국민적 자부심과 자신감으로 축적되어야 새로운 미래가 있습니다.

정부가 국정 성과에 대해 오만하거나 공치사를 하는 것은 경계해야 할 일이지만 적어도 우리가 한 일에 대한 자신감과 자부심 없이는 대한민국의 미래 또한 밝을 수 없습니다. 정책기획위원회는 이 같은 취지로 2021년 4월, 『문재인 정부 국정비전의 진화와 국정성과』라는 제목의 보고서를 만들었고, 이 보고서를 바탕으로 5월에는 문재인 정부 4주년을 기념하는 컨퍼런스도 개최했습니다.

문재인 정부는 2017년 출범 후 '국민의 나라, 정의로운 대한민국'을 국가비전으로 제시하고 5대 국정목표, 20대 국정전략, 100대 국정과제를 제시했습니다. '국민의 나라, 정의로운 대한민국'이라는 국정의 총괄 비전은 "대한민국의 모든 권력은 국민으로부터 나온다"라고 하는 헌법 제1조의 정신입니다. 여기에 '공정'과 '정의'에 대한 문재인 대통령의 통치 철학을 담았습니다. 정의로운 질서는 사회적 기회의 윤리인 '공정', 사회적 결과의 윤리인 '책임', 사회적 통합의 윤리인 '협력'이라는 실천윤리가 어울려 완성됩니다. 문재인 정부 5년은 공정국가, 책임국가, 협력국가를 향한 일관된 여정이었습니다. 그리고 문재인 정부의 국정성과는 공정국가, 책임국가, 협력국가를 향한 일관된 정책의 효과였습니다.

돌이켜보면 문재인 정부 5년은 중첩된 위기의 시간이었습니다. 집권 초기 북핵위기에 이은 한일통상위기, 그리고 코로나19 팬데믹 위기라는 예측하지 못한 3대 위기에 문재인 정부는 놀라운 위기 대응 능력을 보였습니다. 2017년 북핵위기는 평창올림픽과 다자외교, 국방력 강화를 통한 한반도 평화 프로세스로 위기 극복의 성과를 만들었습니다. 2019년의 한일통상위기는 우리 정부와 기업이 소부장산업 글로벌 공급망을 재편하고 소부장산업 특별법 제정 등 모든 수단을 동원해 제조업의 경쟁력을 강화함으로써 위기를 극복했습니다. 일본과의 무역마찰을 극복하는 이 과정에서 '아무도 흔들 수 없는 나라'를 만들겠다는 대통령의 약속이 있었고 마침내 우리는 일본과 경쟁할 만하다는 국민적 자신감을 갖게 되었습니다.

이제는 핵심 산업에서 한국 경제가 일본을 추월하게 되었지만 우리 국민이 갖게 된 일본에 대한 자신감이야말로 무엇보다 큰 국민적 성과가 아닐 수 없습니다.

2020년 이후의 코로나19 위기는 지구적 생명권의 위기이자 인류 삶의 근본을 뒤흔드는 문명사적 위기라 할 수 있습니다. 우리는 개방, 투명, 민주방역, 과학적이고 창의적 방역으로 전면적 봉쇄 없이 팬데믹을 억제한 유일한 나라가 되었습니다. K-방역의 성공은 K-경제의 성과로도 확인됩니다. K-경제의 주요 지표들은 우리 경제가 코로나19 이전으로 회복되었을 뿐 아니라 성공적 방역으로 우리 경제가 새롭게 도약하고 있다는 사실을 보여주고 있습니다.

문재인 정부 5년 간 겪었던 3대 거대 위기는 인류의 문명사에 대한 재러드 다이아몬드식 설명에 비유하면 '총·균·쇠'의 위기라 할 수 있습니다. 인류문명을 관통하는 총·균·쇠의 역사는 제국주의로 극대화된 정복과 침략의 문명사였습니다. 그러나 문재인 정부가 지난 5년 총·균·쇠에 대응한 방식은 평화와 협력, 상생의 패러다임으로 인류의 신문명을 선도하는 것이었습니다. 세계가 이 같은 총·균·쇠의 새로운 패러다임에 주목하고 있습니다. 문재인 정부가 총·균·쇠의 역사를 다시 쓰고 인류문명을 새롭게 이끌고 있다고 감히 말할 수 있습니다.

문재인 정부는 지난 5년, 3대 위기를 극복함으로써 '위기에 강한 정부'의 성과를 얻었습니다. 또 한국판 뉴딜과 탄소중립 선언, 4차 산업혁명과 혁신성장, 문화강국과 자치분권의 확장을 주도해 '미래를 여는 정부'의 성과를 만들었습니다. 돌봄과 무상교육, 건강공공성, 노동복지 등에서 '복지를 확장한 정부'의 성과도 주목할 만합니다. 국정원과 검찰·경찰 개혁, 공수처 출범 및 시장권력의 개혁과 같은 '권력을 개혁한 정부'의 성과에도 주목해야 합니다. 나아가 문재인 정부는 한반도 평화유지와 국방력 강화를 통해 '평화시대를 연 정부'의 성과도 거두고 있습니다.

위기대응, 미래대응, 복지확장, 권력개혁, 한반도 평화유지의 성과를 통해 강한 국가, 든든한 나라로 거듭나는 정부라는 점에 주목하면 우리는 '문재인 정부 국정성과로 보는 5대 강국론'을 강조할 수 있습니다. 이 같은 '5대 강국론'을 포함해 주요 입법성과를 중심으로 '대한민국을 바꾼 문재인 정부 100대 입법성과'를 담론화하고, 또 문재인 정부 들어 눈에 띄게 달라진 주요 국제지표를 중심으로 '세계가 주목하는 문재인 정부 20대 국제지표'도 담론화하고 있습니다.

2021년 4월 26일 국정성과를 보고하는 비공개 회의에서 문재인 대통령은 "모든 위기 극복의 성과에 국민과 기업의 참여와 협력이 있었다"는 말씀을 몇 차례 반복했습니다. 지난 5년, 국정의 성과는 오로지 국민이 만든 국민의 성과입니다. 그래서 문재인 정부 5년의 성과는 오롯이 우리 국민의 자부심의 역사이자 자신감의 역사입니다. 문재인 정부 5년의 성과는 국민과 함께 한 일관되고 연속적인 국정비전의 진화를 통해 축적되었습니다. '국민의 나라, 정의로운 대한민국'이라는 국가비전이 구체화되고 세분화되어 진화하는 과정에서 '소득주도성장·혁신성장·공정경제'의 비전이 제시되었고, 이러한 경제운용 방향은 '혁신적 포용국가'라는 국정비전으로 포괄되었습니다.

3대 위기과정을 극복하는 과정에서 문재인 정부는 '아무도 흔들 수 없는 나라', '위기에 강한 나라'라는 비전을 진화시켰고, 코로나19 팬데믹 위기에서 '포용적 회복과 도약'의 비전이 모든 국정 방향을 포괄하는 비전으로 강조되었습니다. 코로나19 팬데믹으로 인한 방역위기와 경제위기를 극복하는 과정에서 대한민국은 새로운 세계표준이 되었습니다. 또 최근 탄소중립시대와 디지털 경제로의 대전환을 준비하는 한국판 뉴딜의 국가혁신 전략은 '세계선도 국가'의 비전으로 포괄되었습니다.

이 모든 국정비전의 진화와 성과에는 국민과 기업의 기대와 참여가 있었습니다. 그러나 우리는 문재인 정부의 임기가 그리 많이 남지 않은 시점에서 국민의 기대와 애초의 약속에 미치지 못한 많은 부분들을 남겨놓고 있습니다. 혁신적이고 종합적인 새로운 그림이 필요한 부분도 있고 강력한 실천과 합의가 필요한 부분도 있습니다. 무엇보다도 민주주의에 대한 새로운 기획이 필요합니다. 문재인 정부는 촛불혁명이라는 제도혁명을 통해 민주주의를 진화시킨 정치사적 성과를 얻었으나 정작 민주주의에 대한 새로운 전망을 제시하는 데는 미치지 못했습니다. 문재인 정부는 헌법 제1조의 민주주의를 실현하고자 했으나 문재인 정부 이후의 민주주의는 국민의 행복추구와 관련된 헌법 제10조의 민주주의로 진화해야 할지 모릅니다. 민주정부 4기로 이어지는 새로운 민주주의의 디자인이 필요합니다.

둘째는 공정과 평등을 구성하는 새로운 정책비전의 제시와 합의가 요구됩니다. 오늘날 대부분의 국가는 정의로운 공동체를 추구합니다. 정의로운 질서는 불평등과 불공정, 부패를 넘어 실현됩니다. 이 같은 질서에는 공정과 책임, 협력의 실천윤리가 요구되지만 우리 시대에 들어 이러한 실천윤리에 접근하는 방식은 세대와 집단별로 큰 차이를 보입니다.

신자유주의 시대에 성장한 청년세대는 능력주의와 시장경쟁력을 공정의 근본으로 인식하는 반면 기성세대는 달리 인식합니다. 공정과 평등에 대한 '공화적 합의'가 필요합니다. 소득과 자산의 분배, 성장과 복지의 운용, 일자리와 노동을 둘러싼 공정과 평등의 가치에 합의함으로써 '공화적 협력'에 관한 새로운 그림이 제시되어야 합니다.

셋째는 지역을 살리는 그랜드 비전이 새롭게 제시되어야 합니다. 공공기관 이전을 통한 중앙정부 주도의 혁신도시 정책을 넘어 지역 주도의 메가시티 디자인과 한국판 뉴딜의 지역균형뉴딜, 혁신도시 시즌

2 정책이 보다 큰 그림으로 결합되어 지역을 살리는 새로운 그랜드 비전으로 제시될 필요가 있습니다.

넷째는 고등교육 혁신정책과 새로운 산업 전환에 요구되는 인력양성 프로그램이 결합된 교육혁신의 그랜드 플랜이 만들어져야 합니다.

다섯째는 커뮤니티 케어에 관한 혁신적이고 복합적인 정책 디자인이 준비되어야 합니다. 지역 기반의 교육시스템과 지역거점 공공병원, 여기에 결합된 지역 돌봄 시스템이 복합적이고 혁신적으로 기획되어야 합니다.

이 같은 과제들은 더 큰 합의와 더 많은 시간이 필요합니다. 그러나 이러한 쟁점들이 다음 정부의 과제나 미래과제로 막연히 미루어져서는 안 됩니다. 문재인 정부의 국정성과들이 국민의 기대와 참여로 가능했듯이 이러한 과제들은 기존의 국정성과에 이어 문재인 정부의 마지막까지 국민과 함께 제안하고 추진함으로써 정책동력을 놓치지 않는 것이 중요합니다.

코로나19 변이종이 기승을 부리면서 여전히 코로나19 팬데믹의 엄중한 위기가 진행되는 가운데 국민의 생명과 삶을 지켜야 하는 절체절명한 시간이 흐르고 있습니다. 문명 전환기의 미래를 빈틈없이 준비해야하는 절대시간이기도 합니다. 여기에 대응하는 문재인 정부의 남은 시간이 그리 길지 않습니다. 그러나 인수위도 없이 서둘러 출발한 정부라는 점과 코로나 상황의 엄중함을 생각하면 문재인 정부에게 남은 책임의 시간은 길고 짧음을 잴 여유가 없습니다.

이 절대시간 동안 코로나19보다 위태롭고 무서운 것은 가짜뉴스나 프레임 정치가 만드는 국론의 분열입니다. 세계가 주목하는 정부의 성과를 애써 외면하고 근거 없는 프레임을 공공연히 덧씌우는 일은 우리 공동체를 국민의 실패, 대한민국의 무능이라는 벼랑으로 몰아가는 것과 다르지 않습니다. 국민이 선택한 정부는 진보정부든 보수정부든 성공해야 합니다. 책임 있는 정부가 작동되는 데는 책임 있는 '정치'가 동반되어야 합니다.

정책기획위원회를 포함한 국정과제위원회들은 문재인 정부의 남은 기간 동안 국정성과를 국민과 공유하는 적극적 정책소통관리에 더 많은 의미를 두어야 합니다. 문재인 정부의 성과를 정확하게, 사실에 근거해서 평가하고 공유하는 데 더 많은 시간을 써야 합니다. 다른 무엇보다도 객관적이고 종합적인 국정성과에 기반을 둔 세 가지 국민소통 전략이 강조됩니다.

첫째는 정책 환경과 정책 대상의 상태를 살피고 문제를 찾아내는 '진단적 소통'입니다. 둘째는 국정성과에 대한 이해를 통해 민심과 정부 정책의 간극이나 긴장을 줄이고 조율하는 '설득적 소통'이 중요합니다. 셋째는 국민들이 삶의 현장에서 정책의 성과를 체감할 수 있게 하는 '체감적 소통'을 강조할 수 있습니다. 위기대응정부론, 미래대응정부론, 복지확장정부론, 권력개혁정부론, 평화유지정부론의 '5대 강국론'을 비롯한 다양한 국정성과 담론들이 이 같은 국민소통전략으로 공유될 수 있기를 바랍니다.

정책기획위원회의 눈으로 지난 5년을 돌이켜보면 문재인 정부의 시간은 '일하는 정부'의 시간, '일하는 대통령'의 시간이었습니다. 촛불혁명으로 집권한 제도혁명정부로서는 누적된 적폐의 청산과 산적한 과제의 해결이 국민의 명령이었기 때문에 옆도 뒤도 보지 않고 오로지 이 명령을 충실히 따라야 했습니다. 그 결과가 '일하는 정부', '일하는 대통령'의 시간으로 남게 된 셈입니다.

정부 광화문청사에 있는 정책기획위원회 위원장실에는 한 쌍의 액자가 걸려 있습니다. 위원장 취임과 함께 우리 서예계의 대가 시중(時中) 변영문(邊英文) 선생님께 부탁해 받은 것으로 "先天下之憂而憂, 後天下之樂而樂"(선천하지우이우, 후천하지락이락)이라는 글씨입니다. 북송의 명문장가였던 범중엄(范仲淹)이 쓴 '악양루기'(岳陽樓記)의 마지막 구절입니다. "천하의 근심은 백성들이 걱정하기 전에 먼저 걱정하고, 천하의 즐거움은 모든 백성들이 다 즐긴 후에 맨 마지막에 즐긴다"는 의미로 풀어볼 수 있습니다. 국민들보다 먼저 걱정하고 국민들보다 나중에 즐긴다는 말로 해석됩니다. 일하는 정부, 일하는 대통령의 시간과 닿아 있는 글귀입니다.

문재인 정부의 남은 시간이 길지 않지만, 일하는 정부의 시간으로 보면 짧지만도 않습니다. 결코 짧지 않은 문재인 정부의 시간을 마지막까지 일하는 시간으로 채우는 것이 제도혁명정부의 운명입니다. 촛불시민의 한 마음, 문재인 정부 출범 시의 절실했던 기억, 국민의 위대한 힘을 떠올리며 우리 모두 초심으로 돌아가야 합니다.

앞선 두 번의 정부가 국민적 상처를 남겼습니다. 진보와 보수를 떠나 국민이 선택한 정부가 세 번째 회한을 남기는 어리석은 역사를 거듭해서는 안 됩니다. 문재인 정부의 성공이 우리 당대, 우리 국민 모두의 시대적 과제입니다.

3. 한없는 고마움을 전하며

아무리 작은 일이라도 일이 마무리되고 결과를 얻는 데는 드러나지 않는 많은 분들의 기여와 관심이 있기 마련입니다. 정책기획위원회는 앞에서 밝힌 바와 같이 정책 콘텐츠 관리와 정책 네트워크 관리, 정책 소통 관리에 포괄되는 광범한 활동을 수행하고 있습니다. 사실 이 책과 같은 단행본 출간사업은 정책기획위원회의 관례적 활동과는 별개로 진행되는 여벌의 사업이라 할 수 있습니다. 이러한 부가적 사업이 가능한 것은 6개 분과 약 백여 명의 정책기획위원들이 위원회의 정규 사업들을 충실히 해낸 효과라 할 수 있습니다. 무엇보다도 정책기획위원회라는 큰 배를 위원장과 함께 운항해주신 두 분의 단장과 여섯 분의 분과위원장께 감사의 말씀을 드려야 합니다. 미래정책연구단장을 맡아 위원회에 따뜻한 애정을 쏟아주셨던 박태균 교수와 2021년 하반기부터 박태균 교수의 뒤를 이어 중책을 맡아주신 추장민 박사, 그리고 국정과제지원단장을 맡아 헌신적으로 일해주신 윤태범 교수께 각별한 마음을 전합니다. 김선혁 교수, 양종곤 교수, 문진영 교수, 곽채기 교수, 김경희 교수, 구갑우 교수, 그리고 지금은 자치분권위원회로 자리를 옮긴 소순창 교수께서는 6개 분과를 늘 든든하게 이끌어 주셨습니다. 한없는 고마움을 전합니다.

단행본 사업에 흔쾌히 함께 해주신 정책기획위원뿐 아니라 비록 단행본 집필에는 참여하지 않았지만 지난 5년 정책기획위원회에서 문재인 정부의 다양한 정책담론을 다루어주신 1기와 2기 정책기획위원 모든 분께 이 자리를 빌려 그간 가슴 한 곳에 묻어두었던 고마운 마음을 전합니다.

위원들의 활동을 결실로 만들고 그 결실을 빛나게 만든 것은 정부부처의 파견 공무원과 공공기관의 파견 위원, 그리고 전문위원으로 구성된 위원회 직원들의 공이었습니다. 국정담론을 주제로 한 단행본들이 결실을 본 것 또한 직원들의 헌신 덕분입니다. 행정적 지원을 진두지휘한 김주이 기획운영국장, 김성현 국정과제국장, 백운광 국정연구국장, 박철웅 전략홍보실장께 각별한 감사를 드리며, 본래의 소속으로 복귀한 직원들을 포함해 정책기획위원회에서 함께 일한 직원들 한 분 한 분께도 감사의 마음을 전합니다.

한국판 뉴딜을 정책소통의 차원에서 국민적으로 공유하기 위해 정책기획위원회는 '한국판 뉴딜 국정자문단'을 만들었고, 지역자문단도 순차적으로 구성한 바 있습니다. 한국판 뉴딜 국정자문단의 자문위원으로 함께 해주신 모든 분들께도 이 자리를 빌려 감사드립니다.

| 서론 |

왜 한국판 뉴딜인가?

1. 지구적 불안, 지구적 위기, 예측 불가능한 미래

2020년 7월 14일, 문재인 대통령은 코로나 위기의 엄혹한 여건에서 위기를 극복하고 새로운 미래를 여는 국가혁신전략으로 '한국판 뉴딜' 구상을 밝혔다. '한국판 뉴딜 국민보고대회' 기조연설을 통해 밝힌 이 구상은 '한국판 뉴딜 선언'이었다.

> "정부는 오늘, 새로운 대한민국의 미래를 여는 약속으로, 한국판 뉴딜의 담대한 구상과 계획을 발표합니다. 한국판 뉴딜은 선도국가로 도약하는 '대한민국 대전환' 선언입니다. 추격형 경제에서 선도형 경제로, 탄소 의존 경제에서 저탄소 경제로, 불평등 사회에서 포용사회로, 대한민국을 근본적으로 바꾸겠다는 정부의 강력한 의지입니다. 한국판 뉴딜은 대한민국 새로운 100년의 설계입니다. 지금까지 우리는 정말 잘 해냈습니다. 식민과 분단, 전쟁을 딛고 놀라운 압축성장을 이루었습니다. 하지만 과거방식의 성장은 이제 한계에 다다랐고, 불평등의 어두운 그늘이 짙게 남아 있습니다. 선도형 경제, 기후변화에 대한 적극적인 대응, 포용사회로의 대전환은 대한민국의 미래를 위해 더는 머뭇거리거나 지체할 수 없는 시대적 과제입니다. 결코 한국만의 길이 아닙니

다. 전 세계가 함께 나아가야 하는 피할 수 없는 시대적 흐름입니다. 4차 산업혁명과 디지털 문명은 이미 시작된 인류의 미래입니다. 그 도도한 흐름 속에서 앞서가기 위한 국가발전 전략이 한국판 뉴딜입니다. 튼튼한 고용·사회안전망을 토대로 디지털뉴딜과 그린뉴딜을 두 축으로 세워, 세계사적 흐름을 앞서가는 선도국가로 나아가겠습니다." (2020.7.14, 한국판 뉴딜 국민보고대회, 문재인 대통령 기조연설)

문재인 대통령은 2020년 '한국판 뉴딜 선언'에서 "한국판 뉴딜은 앞으로도 계속 진화할 것"이라고 덧붙였고, "지역으로 민간으로 확산되어 대한민국을 역동적으로 변화시킬 것"이라고 강조했다. 이후 한국판 뉴딜은 전면적이고도 강력하게 추진되었다. 그리고 디지털뉴딜과 그린뉴딜, 고용·사회안전망 강화라는 세 축에 지역균형뉴딜이 추가되는 방식으로 진화되었다. 그리고 1년이 지난 2021년 7월 14일, 문재인 대통령은 한국판 뉴딜 1년의 성과와 함께 더 진화된 '한국판 뉴딜 2.0'을 선언했다.

"오늘, 우리의 선택이 옳았다는 자신감과 함께 보다 강화된 '한국판 뉴딜 2.0'을 발표하게 되었습니다. 그동안의 성과를 바탕으로 한국판 뉴딜을 더욱 확장하고 발전시키기 위한 한 단계 진전된 전략입니다. …… '한국판 뉴딜 2.0'은, 첫째, '디지털뉴딜'과 '그린뉴딜'에 추가하여 '휴먼뉴딜'을 또 하나의 새로운 축으로 세우겠습니다. 휴먼뉴딜은 고용안전망과 사회안전망을 한층 확대하고 발전시킨 것입니다. 이에 따라 한국판 뉴딜은 디지털, 그린,

휴먼이라는 세 축을 세우게 되었고, 지역균형의 정신을 실천하는 포괄적 국가프로젝트로 한 단계 더 진화하게 되었습니다. …… 둘째, 디지털 전환과 그린 전환에 더욱 속도를 높이겠습니다. 국민의 일상과 전 산업에 5G와 인공지능을 결합하여, 디지털 초격차를 유지하겠습니다. 메타버스, 클라우드, 블록체인, 사물형 인터넷 등 ICT 융합신산업을 지원해 초연결, 초지능 시대를 선도하겠습니다. 탄소중립과 온실가스 감축 목표의 차질 없는 이행을 위해 '그린뉴딜' 속에 탄소중립 추진기반을 구축하겠습니다. …… 셋째, 공정한 전환을 이루겠습니다. 디지털 경제와 저탄소 경제전환을 위한 기업들의 사업구조 개편을 적극 지원하고, 직무전환 훈련과 재취업 지원을 통해 노동자들이 새로운 일자리로 원활하게 이동할 수 있도록 돕겠습니다. 마지막으로, 한국판 뉴딜의 진화에 따라 투자를 대폭 확대하겠습니다. 2025년까지 한국판 뉴딜 총투자 규모를 기존의 160조 원에서 220조 원으로 확대할 것입니다. 지역의 적극적 참여는 한국판 뉴딜의 강력한 추동력입니다. 우수한 지역뉴딜 사업을 지원하여, 대한민국 구석구석까지 그 성과를 빠르게 확산할 것입니다. 국민참여형 뉴딜펀드 1,000억 원을 추가로 조성하여 한국판 뉴딜의 성과를 국민과 공유하겠습니다.

존경하는 국민 여러분, 우리는 코로나 위기를, 오히려 기회로 만들어 우리 역량을 제대로 발휘했습니다. 한국판 뉴딜이 우리의 가장 강한 정책도구가 될 것입니다. 한국판 뉴딜은 코로나 극복의 희망이며 우리 정부를 넘어선 대한민국 미래전략입니다. 한국판 뉴딜은 계속 발전하고 진화할 것입니다. '한국판 뉴딜 2.0'

에 머물지 않고, 선도국가를 향해 앞으로 나아갈 것입니다. 한국판 뉴딜의 주인은 국민입니다. 진화의 주역도 국민입니다 ……."
(2021.7.14, 한국판 뉴딜 2.0, 문재인 대통령 모두발언)

한국판 뉴딜은 이렇게 시작되었고, 짧은 시간에 빠르게 진화했다. 한국판 뉴딜은 무엇보다도 코로나19 팬데믹이라는 전대미문의 감염병으로부터 오는 방역과 경제와 공동체의 3중 위기를 극복하기 위한 국가혁신 전략이지만, 누적된 인류의 문명사적 위기를 훨씬 더 근본적으로 넘어서야 하는 거대전환의 미래전략이기도 했다.

우리에게도 열강의 침략과 식민으로 이어진 19세기 말부터 20세기 초는 제국주의의 마지막 몸부림이 있었던 시기다. 두 번의 세계대전이 이어졌고, 그 사이에 세계경제공황이 있었다. 냉전과 군비경쟁, 핵위기, 끊임없는 국지전, 그리고 탈냉전과 신자유주의의 등장까지 20세기의 불안과 위기는 길게 이어졌다. 20세기의 불안과 위기는 21세기의 불안과 위기로 이어졌다. 세계금융위기와 함께 대침체의 시대가 시작되었고, 세계를 뒤흔드는 테러리즘, 감염병과의 전쟁, 경제적 봉쇄의 시대, 기후위기와의 전쟁 등 21세기의 불안과 위기는 훨씬 더 지구적이며, 훨씬 더 근본적이고, 훨씬 더 누적적인 것이었다. 21세기는 초장기 불안과 초장기 위기의 시대가 되었다. 21세기에 고도화된 지구적 불안과 지구적 위기는 인류에게 누적된 문명사적 불안과 문명사적 위기가 되었다. 문명사적 불안과 위기는 인류의 부와 자원과 권력이 끊임없이 한 곳으로 몰리는 집중문명의 거대경향이 만든 효과라고 할 수 있다. 문명집중의 과정은 오래고 가혹한 생태파괴의 과정이었고, 부와 자원과 권력이 양극화하는 누적적 불평등의 과정이었다. 공공성의 위기가 사회를 해체하고, 기후위기가 생태를 파괴하며, 감염병 위기가 문명을 바꾸는 대전환의 시대다.

인류의 문명사는 집중문명이 고도화되는 과정이었지만 문명의 집중으로 인해 부와 자원과 권력에서 배제된 대부분의 인류가 더 이상 견딜 수 없는 오랜 고통을 겪은 후 비로소 공존과 협력의 시대를 열었다. 어쩌면 인류문명의 출발은 집중과 갈등과 배제가 아니라 협력과 공존이었는지 모른다. 그래서 협력과 공동성은 인류에 내재된 원초적이고 유전자적인 것인지도 모른다. 부와 권력이 집중되기 전 인류의 원초적 협력은 일과 작업을 통한 노동협력의 문명이었다. 그래서 인류 협력문명의 제1의 사회적 기원은 노동과 일이다. 노동이 협력의 수단이 아니라 착취의 수단으로 바뀌면서 집중문명은 가속화되었고, 집중문명이 가혹한 고통의 시기에 이르자 종교협력의 시대가 열렸다. 인류 협력문명의 제2의 사회적 기원이라고 할 수 있는 종교는 다시 제도와 권력과 통치의 수단이 됨으로써 다시 인류를 억압하게 되고 종교는 인류에게 다시 고통이 되었다. 종교협력 이후 세 번째 협력문명이라고 할 수 있는 이념협력의 시대가 열리고 이념은 다시 협력의 수단이 아니라 갈등과 전쟁, 냉전의 수단이 되었다. 노동과 종교와 이념협력의 종말은 훨씬 더 강력한 집중문명의 시대를 열었다.

오늘날 초장기 불안과 초장기 위기로 이어지는 지구적 불확실성은 무엇보다도 노동과 종교와 이념이 해체된 문명사적 위기와 예측 불가능한 미래전망으로부터 오는 것이다. 불안과 위기, 고도의 불확실성, 그리고 예측 불가능한 미래에 대응하는 가장 강력한 무기는 연대와 협력이다. 따라서 우리 시대가 겪고 있는 지구적 위기와 지구적 불안은 이념협력이 해체된 이후 제4의 협력문명에 대한 문명사적 요청일 수 있다. 새로운 협력문명은 무엇보다도 생태파괴와 기후위기, 감염병 위기, 경제공동체위기에 대응하는 '가치협력'이 되어야 한다. 우리가 겪고 있는 긴 위기와 긴 불안은 제4의 협력문명이라고 할 수 있는 '가치협력의 시대'로 극복해야 한다. 위태로운 시대의 한가운데에서 가치협력문명을 여는 시대의 열쇠이자 정공의 정책이 '한국판 뉴딜'이다.

2. 포스트코로나 시대의 대한민국 대전환과 국가혁신전략

'포스트코로나 시대'는 '코로나 이후의 시대'를 지칭하는 것으로 코로나 시대와 탈코로나 시대를 포괄적으로 가리킨다. 이 표현은 무엇보다도 코로나19 팬데믹이 가져온 거대하고도 광범한 전환과 다양한 사회변동을 포괄적으로 지칭하기 위한 전략적 개념이라고 말할 수 있다. 코로나19 감염병이 발생한 후, 감염병이 팬데믹이 되고, 팬데믹에 대응하는 방식은 방역과 치료 등 의료에 국한 된 것이 아니라 정치, 경제, 문화, 세계질서 등 전반적인 사회질서의 변동을 수반했다. 감염병에 대응하는 방역과 치료의 시대가 팬데믹으로 인한 사회질서의 변화와 중첩되고, 코로나 시대의 사회경제적 질서의 변화는 감염병이 퇴치된 이후에도 연속될 수밖에 없는 현실을 예견할 때 우리는 코로나19 발생 이후의 긴 시대를 포괄적으로 '포스트코로나 시대'라고 부를 수 있다. 요컨대, 포스트코로나 시대는 '코로나19 감염균의 출현 이후 감염병 확산의 영향이 그 이전 시기의 질서를 해체하거나 변화시키는 시대'를 말한다. 코로나19 감염균이 출현하고 대유행하는 시기와 그 영향이 사회질서의 해체와 변화를 드러내는 '포스트코로나 시대'는 단기적으로는 코로나19의 시대라고 할 수 있지만 장기적으로는 '근대'의 출현과도 맞먹는 '새로운 근대', '또 다른 근대'의 시작일 수도 있다는 점에서 문명사적 전환의 시대다.

한국판 뉴딜은 포스트코로나 시대에 당면한 방역위기, 경제위기, 공동체위기에 대응하고, 21세기 대한민국을 디지털경제시스템, 그린사회생태계, 휴먼공동체로 전환시키려는 국가혁신전략이다. 따라서 한국판 뉴딜은 코로나19로 인한 위기에 대응해서 방역과 경제 회복, 삶의 복원을 위해 국가역량을 모으는 당면한 전략과제라는 측면과 아울러 글로벌 자본주의의 모순이 누적된 인류의 문명사적 위기에 대응하는 장기 거대전환의 프로젝트라는 측면이 동시에 강조될 수 있다.

무엇보다도 '한국판 뉴딜 종합계획'은 이처럼 당면한 코로나 팬데믹의 위기를 극복하기 위한 전략이라는 점이 강조되어야 한다. 2020년 '종합계획'은 2025년까지 총사업비 160조 원 투자에 190.1만 개의 일자리 창출을 계획함으로써 향후 5년의 정책과제를 제시하고 있다. 2021년 발표된 '한국판 뉴딜 2.0'에서는 총사업비 220조 원으로 확대되었다. 무엇보다 코로나 팬데믹으로 인한 경제적 충격의 최소화, 정상적 경제성장 경로의 복원, 세계선도경제의 토대구축 등이 당면한 과제다. 따라서 한국판 뉴딜은 코로나 팬데믹의 위기극복과 포스트코로나 시대 글로벌 선도경제로의 도약을 위한 향후 5년의 대한민국 전환과제를 담고 있다.

'한국판 뉴딜'은 5년의 전환과제를 담고 있지만 코로나 위기대응을 넘어서는 훨씬 더 근본적인 국가개조와 사회혁신을 포괄한다는 점에서 대한민국 거대전환의 미래비전이다. 다른 무엇보다도 포스트코로나 시대의 사회변동이 개인의 삶에서부터 공동체 관계, 국가 간 관계를 포괄하는 지구적 질서의 대전환을 예고한다는 점에서 이를 선도하는 한국판 뉴딜은 거대전환의 미래전략이기도 하다. 인류의 문명사적 관점에서 보든 현실의 삶에서 보든 '만악'의 근원은 불평등이다. 피케티는 '21세기 자본'의 모순을 지난 100년간의 소득불평등을 한눈에 보여주는 이른바 'U자 곡선'으로 나타내고 있다. 우리 시대의 불평등이 세계대공황으로 치달았던 1920년대의 불평등 수준보다 훨씬 더 높은 양극화 수준을 드러내고 있다는 점을 보여주었다. 스티글리치는 불평등의 대가가 불공정과 부패로 이어져 사회를 썩게 한다는 점을 지적한 지 오래다. 오랜 장기 저성장 시대의 지속과 누적된 양극화 현상이 포스트코로나 시대를 맞아 훨씬 더 심화될 것은 자명한 이치다. '한국판 뉴딜'은 이 점에서 코로나 극복을 위한 단기 전략과제라는 점과 동시에 한국사회의 오래 구조화된 질서를 바꾸고자 하는 장기 거대 전환의 프로젝트라는 점이 강조되어야 한다.

2020년 7월 발표된 한국판 뉴딜은 '안전망 강화'라는 디딤돌 위에 디지털뉴딜과 그린뉴딜의 두 축으로 구성되었다. 한국판 뉴딜은 디지털뉴딜을 통해 추격형 경제에서 선도형 경제로, 그린뉴딜을 통해 탄소 의존 경제에서 저탄소 경제로, 안전망 강화를 통해 불평등 사회에서 포용사회로 도약을 지향한다는 점을 강조했다. 이후 지역균형뉴딜이 추가되었고, 한국판 뉴딜 1주년에 발표한 '한국판 뉴딜 2.0'에서는 핵심구성이 디지털 혁신과 역동성을 기반으로 경제시스템의 전환을 주도하는 '디지털뉴딜', 사회경제생태계의 친환경 탄소중립 전환을 지향하는 '그린뉴딜', 생명안전과 사람중심 포용기반을 구축하는 '휴먼뉴딜'로 정리되었고, 이러한 3축을 포괄하는 기반 축으로 '지역균형뉴딜'이 설정되었다.

디지털뉴딜은 세계적 경쟁력을 가진 우리의 정보통신기술을 기반으로 데이터 경제를 촉진하고, 경제 전반에 혁신과 역동성을 확산하는 전략이다. 데이터 댐, 데이터 고속도로(5G), 등 기초 인프라를 튼튼히 하고, 전 산업의 5G, AI 융합·확산, 국토와 정부의 디지털화를 가속화하는 것을 목표로 한다. 그린뉴딜은 인프라·에너지의 녹색전환과 녹색산업의 혁신을 통해 탄소중립 경제로 전환하기 위한 전략이다. 노후 건축물 그린 리모델링 등 녹색인프라를 본격 추진하고, 신재생에너지 및 친환경 미래 모빌리티 보급 확대, 스마트 그린 산단 지정 및 녹색선도기업 육성을 실현한다. 휴먼뉴딜은 경제적 사회적 취약계층을 포용하고, 새로운 기술을 익혀 전환적인 경제구조에 효율적으로 적응할 수 있도록 하는 전략이다. 전국민 고용안전망을 구축하여 취약계층을 보호하고, 디지털, 그린 분야 인재양성 등 사람을 살리는 투자를 확대할 뿐만 아니라, 공공의료와 지역 돌봄 시스템, 평생교육 시스템을 확충함으로써 사람을 지키는 기반을 구축한다. 지역균형뉴딜은 한국판 뉴딜을 지역으로 확산하는 것이다, 지역특성이 반영된 신산업 육성, 생태계 조성을 통해 지역 차원의 새로운 변화와 질서를 만드는 지역발전 전략이다.

디지털, 그린, 휴먼뉴딜을 실현하는 전략적 핵심은 디지털, 그린, 휴먼뉴딜의 주요자원을 지역적으로 형평 배분하는 '지역기반전략'과 주요자원 배분과 제도의 구축을 대화와 협력으로 실현하는 '사회적 합의기반전략'을 강조할 수 있다. 지역균형뉴딜은 한국판 뉴딜이 실현되는 현장이 지역이라는 점에서 지역적 내용의 뉴딜콘텐츠를 의미하기도 하지만 한국판 뉴딜의 지역현장을 균형적으로 구축한다는 점에서는 뉴딜의 기반전략이라고 할 수 있다. 이 같은 핵심적 구성 축과 핵심적 기반 전략은 근대적 사회구성방식과 탈근대 해체사회적 성격을 넘어 포스트코로나 시대의 완전히 새로운 사회구성체로의 전환을 이끈다는 점에서 대한민국 대개조의 근본적 전환전략이자 문명사적 전환의 의의를 갖는다.

3. 한국판 뉴딜과 '국민의 나라, 정의로운 대한민국'

우리 시대 인류의 위기는 오래 누적된 것이었고 오랫동안 경고된 것이었다. 그러나 이러한 위기가 코로나19 팬데믹의 형태로 닥친 것은 거대하고도 전면적이었으며 급박했다. 코로나19 팬데믹의 위기가 인류를 급습한 만큼 인류의 충격은 크고도 당혹스런 것이었다. 급습한 위기만큼이나 한국판 뉴딜 전략 또한 긴급하고도 급박한 대응이었으며 불완전한 출발이기도 했다. 더구나 한국판 뉴딜은 코로나 위기 극복을 위한 당면한 5년의 전략적 과제이기도 하지만 문명사적 위기대응과 대한민국 국가개조의 보다 근본적인 미래준비전략이라고 할 때 긴급한 출발 이후에 지속적으로 진화해야 할 혁신전략이었다.

1930년대 대공황의 늪에서 벗어나기 위한 루즈벨트의 뉴딜 또한 시작은 미약했으나 끝은 '창대'했다. 1932년 7월 시카고 민주당 전당대회의 대통령 후보 수락연설에서 "a new deal"로 언급된 미국의 뉴딜정책은 이른바 3R(Relief, Recovery, Reform)이라는 3대 전략적 지향으로 체계화되었고, 고용창출전략과 함께 노동관계법과 사회보장법을 실시함으로써 미국사회를 이전과는 완전히 다른 대개혁의 성과를 남기게 되었다. 코로나 팬데믹의 극복과 한국사회 대개조를 지향하는 문재인의 뉴딜 또한 '한국판 뉴딜 2.0'으로 진화했으며, '포용, 회복, 도약'이라는 3대 지향으로 체계화되었다.

무엇보다도 한국판 뉴딜이 열어야 하는 한국사회의 거대전환은 '정의로운 전환'이 되어야 한다. 한국판 뉴딜이 추구하는 '정의로운 전환'은 디지털뉴딜, 그린뉴딜, 휴먼뉴딜의 거대복합전환의 과정에서 구조적 피해를 최소화하고, 우리 사회에 내재된 불공정, 불균형, 불평등의 질서를 공정하고 균형적이며 포용적 질서로 전환하는 과정을 의미한다. 코로나 팬데믹의 국면에서는 긴급한 피해자 구제와 사회경제적 복원이 우선적으로 중요하다. 그러나 더 중요한 것은 포스트코로나 시대 대한민국을 거대하고 복합적 수준에서 정의롭게 바꾸는 문제다. 한국판 뉴딜의 국가혁신전략은 압축적 근대화와 급속한 산업화의 과정에서 배태된 불공정하고 불평등하며 불균형한 질서를 획기적으로 공정하고 공평하며 균형적 질서로 바꾸는 과정이어야 한다. 한국판 뉴딜의 3대 축이 만드는 국가혁신은 국민적 합의와 협력 없이는 완성되기 어렵다. 국민적 합의와 협력은 뉴딜 전환의 과정이 공정하고 공평하며 균형적이라는 인식에서 나온다. 따라서 한국판 뉴딜의 전환과정은 새로운 기회의 공평성, 절차와 과정의 공정성, 발전수준의 균형성을 통해 정의로운 결과를 만드는 과정이 되어야 한다.

한국판 뉴딜이 지향하는 정의로운 전환은, ① 에너지, 데이터, 물 등을 포함한 자원의 불균등한 배분이 드러내는 격차를 줄이는 사회경제적으로 정의로운 전환이 되어야 한다(사회경제적 정의). ② 공간적 지정학적 측면에서 자원을 균형적이고 공정하게 배분하는 지역적으로 정의로운 전환이 되어야 한다(공간지리적 정의). ③ 정확한 미래전망에 기초해서 다음 세대를 위한 자원을 배분하는 미래를 위한 정의로운 전환이 되어야 한다(미래정의 혹은 세대정의). ④ 자원에 대한 접근기회가 공평하고 배분의 과정이 공정하며 균형발전을 지향한다는 데 동의함으로써 대화와 합의를 통해 실현하는 정의로운 전환이 되어야 한다(사회적 합의정의).

한국판 뉴딜은 정의로운 전환을 기반으로 '세계선도국가'를 지향한다. 한국은 포스트코로나 시대 세계적 방역선도국가로 평가되었다. 개방방역, 투명방역, 민주방역은 K-데모크라시의 우월성과 위기대응능력을 입증했다. 대한민국은 이를 통해 새로운 표준으로서의 세계선도성을 제시하는 지평을 열게 됨으로써 방역위기 극복의 세계선도성을 확보했을 뿐만 아니라 경제위기 극복의 우월한 위치를 얻었다. 포스트코로나 시대 국가혁신전략으로서의 한국판 뉴딜은 방역의 선도성을 기반으로 '세계선도국가'로 나아가기 위한 항해다. 한국판 뉴딜을 구성하는 디지털, 그린, 휴먼뉴딜과 지역기반전략 및 합의기반전략의 '정의로운 전환'비전은 무엇보다도 세계선도국가의 비전과 완전하게 결합된다.

세계선도국가는 후발국가 혹은 추격국가가 선망하는 '선진국'을 의미하지 않는다. 세계선도국가는 경제적 부가 우월한 국가를 의미하지 않으며, 양적 지표에 따른 서열과 등위의 우월국가를 의미하지도 않는다. 세계선도국가는 사람과 생명가치를 추구하며, 세계 표준을 제시하고, 지구적 협력과 연대의 구심이 되는 나라다. 이 같은 세계선도국가가 갖추어야 할 핵심요소는 한국판 뉴딜의 정의로운 전환비전을 구성하는 4대 정의인 사회경제적 정의, 공간지리적 정의, 새로운 세대를 위한 미래정의, 사회적 합의정의의 지구적 확장에 다름 아니다.

정의로운 전환을 기반으로 하는 한국판 뉴딜이 나아갈 선도국가의 3대 방향은 '우리의 미래와 다음 세대에게 희망을 주는 세계선도안전, 세계선도경제, 세계선도시민'이다. ① '세계선도안전'은 한국판 뉴딜이 생명가치를 존중하는 세계표준 K-방역, 그린 환경을 실현하고 점검할 수 있는 목표치의 설정, 생활공간에서 안전하고 깨끗한 삶을 누릴 수 있는 환경, 미래안전에너지 생산을 세계적으로 선도하는 것 등의 방향성을 의미한다. ② '세계선도경제'는 한국판 뉴딜이 디지털, 그린 경제영역에서 새로운 세계표준의 제시, 세계우위 분야 집중투자를 통해 미래선도 일자리 창출, 경제성장과 자원분배의 형평성을 함께 고려하는 선도모델의 창안 등의 방향성을 갖는 것을 의미한다. ③ '세계선도시민'은 한국판 뉴딜이 지구적 불확실성을 극복할 정의로운 세계시민을 육성하는 과정이라는 점을 강조한다. 무엇보다 정의로운 전환의 실현, 뉴딜 전환에 따른 갈등해소와 협력과 합의를 위한 중층적 사회적 대화시스템의 구축, 디지털전환과 그린전환의 다양한 피해계층에 대한 두터운 사회보장의 마련 등이 핵심방향이다.

2018년 5월 31일 국가재정전략회의 모두발언에서 문재인 대통령은 "우리 정부의 기조 가운데 소득주도성장과 공정경제는 보다 포용적이고 따뜻한 성장, 정의로운 성장을 이루기 위한 경제성장 방법인데 비해, 경제성장의 기반을 만들어내는 것은 혁신성장에서 온다"라고 했다. 한국판 뉴딜의 3대 구성요소인 디지털뉴딜, 그린뉴딜, 휴먼뉴딜과 2대 전략인 지역기반전략과 합의기반전략은 문재인 정부 경제정책의 세 축이라고 할 수 있는 소득주도성장, 공정경제, 혁신성장의 연속선에 있다. 디지털뉴딜과 그린뉴딜은 기존 산업기반의 디지털화와 친환경 탄소중립 전략을 중심으로 하는 혁신경제로의 전환과 결부되어 있으며, 휴먼뉴딜과 2대 실천전략은 소득주도성장과 공정경제의 연속과 확장에 결합되어 있다. 한국판 뉴딜의 '정의로운 전환'은 문재인 정부 경제정책의 일관된 기조였던 소득주도성장, 공정경제, 혁신성장론과 분리되지 않을 뿐만 아니라, 문재인 정부 100대 국정과제가 지향하는 국정비전 '국민의 나라, 정의로운 대한민국'을 잇는 비전이라고 할 수 있다. 문재인 대통령은 취임사에서 "기회는 평등하고, 과정은 공정하며, 결과는 정의로운" 나라를 강조했다. 기회의 평등과 과정의 공정성이 정의로운 대한민국의 핵심이다. 한국판 뉴딜은 포스트코로나 시대 국가대전환의 과정에서 기회의 공평성과 과정의 공정성, 발전수준의 균형성을 기반으로 하는 정의로운 전환을 추구한다는 점에서 문재인 정부 국정비전의 연속성과 일관성을 잇고 있다.

| 제1부 |

포스트코로나 시대와 제4의 협력문명

제1장 협력문명의 사회적 기원과 제4의 협력문명[1]

1. 문명의 순환: 집중과 분산, 그리고 협력

인류의 문명은 부와 자원과 권력이 점점 더 집적되고 집중됨으로써 불평등과 양극화가 확대되는 '집중문명'의 경향이 거대서사를 이루고 있다. 다른 한편으로 인류의 문명사는 부와 자원과 권력을 공유하고 분산시킴으로써 불평등과 양극화를 약화시키는 '분산문명'의 경향이 다른 하나의 서사를 구성하고 있다. 말하자면 인류의 문명사는 집중문명과 분산문명이 순환하는 '이중순환의 서사'를 구성하고 있다.

근대 세계의 사회변동은 대체로 자본주의 사회구성체의 새로운 발전단계를 반영한다. 상업적 단계에서 산업적 단계로, 그리고 금융자본주의에서 오늘날의 글로벌 자본주의에 이르기까지 자본의 축적과 독점이 강화되는 경향이 거대 사회변동의 축을 이루고 있는 것이다. 자본주의 사회질서를 인류의 문명사적 시각에서 본다면 여기에는 인류문명의 '집중화' 경향이 응축되어 있다. 원시 종족적 사회에서 고대

1 이 글은 이 책의 공저자 조대엽 교수의 논문, "협력문명의 사회적 기원: 협력공동체의 형성과 해체에 관한 문명사적 탐색"(『민족문화연구』 제86호, 2020)을 수정·보완한 것임을 밝힌다.

국가의 문명 공동체로의 발전, 종교권력으로 통합된 중세를 거쳐, 근대 국민국가에 이르기까지 인류문명은 재화와 자원의 집중화, 정치권력과 경제권력의 집중화라는 거대경향을 드러냈다. 근대사회구성체의 국가주의 정치질서에서 더 나아가 자본의 지구적 집중화를 가능하게 한 글로벌 자본주의 질서는 오늘날 집중화된 인류 문명의 정점에 있다. 따라서 인류문명의 오랜 집중화 경향과 함께 글로벌 자본주의가 고도화된 가운데 국가주의 정치가 여전히 위력을 과시하는 문명사적 특징을 포괄해서 '집중문명의 시대'라고 말할 수 있다(조대엽, 2014: 448). 지구화라는 거대 프레임으로 본다면 이 같은 인류 문명의 집중화 경향은 종족적, 일국적 수준에서 오늘날 지구적 수준으로 고도화된 셈이다.

집중문명화의 궁극적 동력은 인류 문명의 물질적 원천이라고 할 수 있는 에너지 자원, 특히 화석연료의 확보와 깊이 관련되어 있다. 화석자원을 채굴하고 가공하는 석유, 석탄, 철강 산업과 화석자원의 수송을 위한 철도, 항공, 선박 산업은 인류 삶의 방식을 근본적으로 변화시키는 동력이 되었다. 그리고 이 같은 새로운 삶의 방식은 에너지 자원과 자본의 집중화 경향을 주도했다. 특히 근대 산업사회에 와서 자원과 자본의 집중화 경향은 자본주의적 불평등과 착취를 고도화하고 마침내 국가 간 침략과 약탈로 인한 전쟁과 분쟁을 확산시켰다. 오늘날 글로벌 자본주의의 확산으로 인한 탈영토주의의 거대경향은 지구적 수준에서 자본의 집중화와 부의 극단적 편중현상을 가속하고 있다. 집중문명의 극단적 경향 속에서 분열과 갈등, 경쟁과 적대는 우리 시대에 만연한 현실이자 질서가 되고 말았다.

화석연료를 채굴하고 수송하는 산업기반 자체가 이미 지구의 생태환경을 훼손하는 일이지만, 화석연료를 과도하게 사용하는 인류의 삶 자체가 이산화탄소의 농도를 상승시켜 오늘날 지구 생태계를 재앙으로 몰아가고 있다. 화석연료의 사용에 따른 이산화탄소 증가는 지구의 평균기온을 2~3℃ 상승시키고 이에 따라 해수면이 약 30cm 내외로 높아지게 된다. 이렇게 되면 국제분쟁이 늘어나고 생물종의 3분의 1이 멸종할 수 있는 위기를 예견하기도 한다. 이 같은 미래를 예측하는 보고서들은 탄소포화점에 이르는 2030년을 인류문명의 갈림길로 보는 한편, 2050년을 문명과 생태계의 1차 붕괴 시점, 2100년을 2차 붕괴 시점으로 보기도 한다(IPCC, 2007; 2013). 지구생태의 재앙은 무엇보다도 인류문명의 고도화된 집중경향이 드러내는 사회적 불평등과 위계적 삶의 현실과 결합되어 있다. 생태환경을 파괴하는 자연자원의 무모한 채굴, 그 가운데서도 화석연료의 확보를 위한 경쟁은 고도로 집중화된 문명을 만들었고 이러한 집중문명은 부와 권력을 편중시켜 사회적 불평등과 위계적 질서를 강화시켰다. 이제 이 같은 사회경제적 불평등의 질서는 경쟁과 효율의 가치, 갈등과 폭력적 분쟁을 수단으로 스스로 확장하며 재생산하고 있다. 그리고 이러한 질서가 경쟁적으로 추구하는 화석연료 중심 에너지 산업은 다시 지구생태계 전체를 재앙으로 몰아가는 악순환을 거듭하고 있다.

인류문명의 재앙은 무엇보다도 집중문명의 극단화에 배태되어 있다. 집중문명의 비극은 인류를 지구 종의 멸종과 생태파괴에 직면하게 만든 것이다. 사회생태주의 시각을 떠올리지 않더라도 결국 인류의 문명사적 위기는 구조화된 인간 삶의 문제에 따른 것이라고 할 수 있다. 끝없는 경쟁과 분쟁, 적대를 만드는 이익추구의 질서, 말하자면 고도로 집중화된 정글의 질서가 만드는 파괴적 삶의 방식이 문제인 것이다.

이 같은 집중문명의 초거대 서사와 함께 새로운 대안문명의 가능성은 현대문명의 집중화가 드러낸 파괴적 삶에 대한 성찰에서 찾아지고 있다. '3차 산업혁명론'과 '분산자본주의론'(Rifkin, 2011), '자연자본주의론'(Hawken et.al, 1999), '영성자본주의론'(Aburdene, 2007), '생명자본주의론'(이어령, 2014), '자본주의 4.0'(Kaletsky, 2010) 등 새로운 자본주의 질서에 대한 거대담론에는 공감과 공생, 협동과 평화, 생명의 가치가 내재되어 있고 권력과 자원의 분산적 시스템이 강조된다(조대엽, 2014: 449). 제레미 리프킨은 분산자본주의의 가능성을 재생가능 녹색에너지를 기반으로 하는 소규모 에너지 생산과 '에너지의 민주화'에서 찾는다(제레미 리프킨, 2010: 653). 이처럼 집중문명을 넘어서는 새로운 문명체계는 무엇보다도 사회생태적 질서의 '분산화'에 있다는 사실이 다양하게 예견되고 있다. 인류문명을 파괴적으로 몰아가고 있는 집중문명의 시대는 더 이상 견디기 힘든 수준을 향해 치닫고 있다. 인류문명의 새로운 시대를 여는 '분산문명'에 눈을 돌려야 하고 오늘날 다양하게 시도되는 분산적 삶의 실험에 주목해야 한다.

협력문명은 분산문명의 다른 표현이다. 동시에 분산의 질서는 협력의 질서를 동반한다. 부와 자원과 권력이 다양한 계층과 다양한 집단, 나아가 다양한 지역에 공유되고 분산된 사회는 협력을 기반으로 공존하는 사회다. 협력과 연대의 가치야말로 부와 자원과 권력을 분산적으로 공유하게 하는 사회적 공존의 필수조건이다. 협력적 사회는 협력문명이 구현된 정치, 경제, 시민사회의 질서를 포괄하는 공동체를 의미한다. '협력'은 사회구성원들이 문제의 해결과 현실에 대응하기 위해 힘을 모으는 것이다. 말하자면 사회구성원들이 자신들의 사회적 조건에 공동으로 대응하는 과정을 의미한다. 협력의 의미를 이처럼 넓게 보면 인류의 협력문명은 다양하게 전개되었다는 점을 알 수 있다. 무엇보다 협력에는 강제성이 개입될 수 있다. 부와 자원과 권력이 집중됨으로써 사회경제적 자원으로부터 배제된 집단을 협력의 질서로 편입시키는 방식은 강제적이고 억압적일 수밖에 없는데 이를 '배제적 협력'이라고 할 수 있다. 개인이나 집단의 차원에서도 배제적 협력은 쉽게 찾아볼 수 있지만 제도적이고 구조적으로도 국가의 공권력에 의한 강제는 인류문명사에서 다양한 방식의 강제된 노동과 억압적 협력을 구현해왔다. 고대 국가의 노예노동과 현대에 이르는 다양한 독재적 동원체제는 배제적 협력의 예라고 할 수 있다. 따라서 배제적 협력은 동원된 협력이며 수동적 협력이다. 이와 달리 사회경제적 자원과 정치권력을 공유하는 수준이 높고 사회적 배제 없는 질서를 지향함으로써 민주적이고 참여적인 공화적 협력의 질서를 '포용적 협력'이라고 할 수 있다. 포용적 협력 또한 개인과 집단에도 적용되지만 무엇보다도 사회구조와 제도가 모든 사회구성원을 포용함으로써 구축되는 자발적이고 능동적이고 동반적인 협력이자 공존적 협력의 질서를 의미한다.

인류의 문명사는 사회적이고 기술적인 분업의 확대과정이라고도 할 수 있다. 성별 분업과 지역적 분업에 이어 직업의 분화와 작업의 분화는 사회적이고 기술적인 분업의 고도화와 복잡화 경향을 잘 보여주고 있다. 분업은 협력질서의 또 다른 얼굴이다. 그러나 기술의 발전과 제도화된 분업의 구조 속에서 개인과 집단과 조직은 협력의 이상과 가치, 자아 실현적 공동성 없이 원자화된 협력의 질서에 포섭된 경우가 많다. 이 같은 협력을 '기계적 협력'이라고 할 수 있다면 사회적 가치와 연대, 자아실현적 공존의식을 기반으로 추구되는 협력을 '가치적 협력'으로 구분해볼 수 있다. 협력의 의식성이나 협력의식의 수준에 따라 기계적 협력과 가치적 협력을 유형화할 수 있는 것이다.

인류문명의 집중화 경향은 협력문명의 쇠퇴를 가져왔고 양극화와 불평등이 고도화되는 경향을 드러냈다. 반면에 인류문명의 분산화 경향은 새로운 협력문명의 출현과 성장을 추동했고 포용의 질서를 확대하고 불평등을 약화시켰다. 인류에 내재된 협력의 유전자는 포용적이고 가치적 협력의 문명을 거듭해서 태동시켰다. 그러나 협력문명은 자원과 권력의 집중화에 따라 강제적이고 배제된 협력의 질서로 곧바로 전환됨으로써 반협력과 분열의 문명을 드러냈다. 이 같은 질서의 한 축이 기계적 협력의 질서로 자리 잡았다. 인류의 문명사는 집중과 분산의 이중서사이며 그 드러나지 않은 중심에 협력문명의 순환이 내재되어 있다.

2. 협력문명의 사회적 기원들

가. 제1의 협력문명과 작업협력

인류의 문명사에서 가장 원초적이고 가장 오랜 협력의 전통은 일을 통한 협력이다. 즉, 생존과 생산을 위한 일 혹은 작업을 통한 협력이야말로 가장 근본적이면서도 가장 오랜 협력의 역사를 갖는다. 이것을 '제1의 협력문명'이라고 할 수 있다. 원시 채집경제의 협력에서부터 오늘날 자본주의 경제, 나아가 글로벌 시장경제와 네트워크 경제에서의 작업협력에 이르기까지 일을 통한 협력은 인류 문명사에서 가장 '긴 협력의 시대'를 만들었다.

작업협력의 가장 원초적 형태는 동물들의 본능에서 발견된다. 새가 둥지를 만들거나 수달이 둑을 쌓을 때, 거미나 꿀벌, 개미가 집을 짓는 데는 협력적 노동이 수반된다. 작업협력의 본능적이고 원초적 형태라고 할 수 있다. 그러나 동물들의 이 같은 작업협력은 더 이상 진화하지 않고 본능적이고 원초적 수준의 생물학적 반복에 머문다. 인류의 작업협력은 오늘날 정보기술혁명으로 네트워크화된 글로벌 자본주의에 이르기까지 끊임없이 진화했다. 작업협력의 진화는 인류의 협력적 노동이 동물의 본능적이고 원초적인 협력과 근본적으로 구분되는 차이에 따른 것이다. 마르크스는 인간노동을 다른 동물의 노동과 구분해주는 차이를 다음과 같이 말한다.

> "거미는 방직공과 비슷한 작업을 하고, 꿀벌의 집짓는 솜씨는 많은 건축가를 부끄럽게 만든다. 그러나 가장 미숙한 건축가가 가장 뛰어난 꿀벌과 구별되는 점은 실제로 건물을 세우기 전에 머릿속에서 그 구조를 미리 구상한다는 사실이다. 모든 노동과정의 끝에는 작업을 시작할 때 노동자의 상상력 속에 이미 존재하던 결과가 나타난다. 그는 작업하는 원료의 형태를 변환시킬 뿐만 아니라 동시에 자신의 목적을 실현하는 것이다. 그는 자신의 작업방식에 법칙을 부여하고 자신의 의식을 여기에 종속시킴으로써 목적을 달성한다."[2]

인류의 작업협력은 다른 동물의 본능적 노동과 달리 인간 노동이 의식적이고 합목적적이라는 사실에서 출발한다. 의식적이고 목적 지

2 Karl Marx, *Capital*, vol. I, Moscow, p. 174(해리 브레이버맨(1987), 『노동과 독점자본』(까치), 47~48쪽에서 재인용).

향적인 작업협력의 문명사적 방식은 협력의 규모와 협력의 내용, 협력의 절차를 점점 더 세분함으로써 '분업을 통한 협력'을 확대하고 진화하는 방향으로 나아갔다. 인간 노동의 의식성과 합목적성은 인간 노동의 본질적 요소이자 인간 노동에 내장된 유전자적 특징이다. 따라서 의식적이고 합목적적인 인간 노동을 기반으로 하는 작업협력의 질서 또한 인류의 본질적 요소라고 할 수 있다.

원시인류의 수렵채집 방식은 작업협력의 원시적 형태를 보여준다. 특히 구석기시대의 작업협력은 성별협력의 구조로 남성은 수렵을 주로 하고 여성은 야생의 곡식과 열매를 채집하는 방식으로 이루어졌다. 기원전 8000년까지 거슬러 올라가는 신석기시대에는 경작과 농업, 소규모의 목축이 시작되었다. 여자들은 식물을 재배하고 남자들은 가축을 무리로 길렀다. 정착된 농경이 시작되고 일정한 구역을 기반으로 하는 목축이 시작되면서 최초의 정착촌이 중동, 인더스 계곡, 중국 등지에서 나타났다(제레미 리프킨, 2010: 239). 남성들은 목축을 주로 했고, 여성들은 그릇을 만들어 곡식을 저장했다. 신석기 시대에 단지, 통, 바구니 같은 용기가 발명되었던 것이다. 원시적 작업협력이 성별협력의 형태로 나타나는 한편 집이나 카누, 그물을 만드는 것과 같이 보다 많은 협력이 필요한 경우도 있었다.

원시적 작업협력은 원시적 분업을 기반으로 이루어졌다. 그러나 원시적 분업이 전문화된 분업은 아니었다. 성별 분업도 남성이나 여성만이 할 수 있는 일이 아니라 상대방이 하는 일을 잘 알고 있을 뿐만 아니라 상대의 일을 서로 능숙하게 할 수도 있다. 더 복잡한 사회가 되면 하나의 직종에 더 많은 시간을 투여함으로써 직종별 분업의 경향이 나타나게 된다. 누군가 쇠를 다루는 데 더 많은 시간을 보내거나 어떤 여성이 그릇을 만들거나 천을 짜는 데 더 많은 시간을 들임으로써 직종이 분화될 수 있는 것이다. 그러나 아직도 어떤 여성이 진흙을 모으고 다른 여성이 모양을 만들고 또 다른 여성이 그것을 굽는 식의 직종 내적 분업을 찾아볼 수 있는 단계는 아니었다(Herskovits, 1960: 126). 이 같은 직종에 따른 분업적 협력방식은 모든 사회에 공통적인 것으로 이른바 '사회적 분업'이라고 말하는 분업적 협력의 방식이다. 작업협력의 문명은 다른 무엇보다도 사회적 분업을 통한 협력으로 진화했다. "동물은 단지 자신이 속한 종의 규준과 욕구에 따라 무언가를 만들지만 인간은 모든 종의 규준을 따라 생산할 수 있다."[3] 인간은 방직, 고기잡이, 건축 기타 수많은 일을 동시에 할 수 있다. 이것은 사회 속에서 사회를 통해서만 할 수 있기 때문에 직종에 따른 사회적 분업이 불가피하다(해리 브레이버맨, 1987: 70). 이 같은 사회적 분업은 사회적 협력의 다른 얼굴이다.

신석기시대 원시적 수준의 사회적 분업을 통한 경작과 목축으로 먹고 남은 곡식을 저장할 수 있었기 때문에 인류는 이제 미래를 계획하고 자연에 대한 대책을 세우면서 환경을 지배하기 시작했다. 이 시기에 비록 잉여생산물과 함께 불평등과 가족, 권력의 문제가 등장하지만 고고학자들은 신석기시대가 인류역사에서 가장 평화로운 시기였다고 말한다. 무엇보다도 생명을 가꾸고 키우는 행위는 신석기시대의 핵심을 이루는 원동력이었다(제레미 리프킨, 2010: 240). 인류문명에서 경작은 생명을 보호하고 기르고 헤아리는 가장 본질적인 일이었다.

3 Karl Marx, 1960, *Economic and Philosophic Manuscripts of 1844*, New York, p. 113 (해리 브레이버맨(1987), 『노동과 독점자본』(까치)에서 재인용).

사냥은 약탈일 수 있지만 경작은 공생의 의미를 가졌다. 초기 경작의 느슨한 생태환경 속에서 유기체들의 상호의존성은 강화되었고 인간의 직접 개입은 생산성과 창조성의 진정한 조건이었다(Mumford, 1967: 146). 사회적 협력은 필요한 것이었고 자연스런 것이었다. 게다가 식물과 동물을 돌보고 기르는 행위는 아이를 키우는 데 영향을 주었다. 마을이 세워져 보호받을 수 있고 지속성이 보장되었기 때문에 자식을 지켜주고 가르칠 시간이 많아졌고 아이들이 원하는 것에 대한 관심도 더 많아졌다. 인간이 가진 공감의 능력을 확장시켰고 협력의 효과가 부각되었다.

작업협력의 방식에는 자발적 협력과 강제된 협력이 있다. 강제적 협력의 분명한 예는 노예노동을 바탕으로 하는 고대국가의 작업협력 방식에서 찾을 수 있다. 강제적 작업협력은 무엇보다도 고대제국의 강력한 권력을 기반으로 하는 대규모 노동력의 통제로 가능했다. 이집트의 피라미드, 중국의 만리장성, 고대 도시의 광범한 도로망, 수로, 관개용 운하, 거대 건축물, 기념비, 대사원 등은 강제된 작업협력의 증거다. 최초로 도시 형태의 관개 사회를 세운 사람들은 메소포타미아의 티그리스강과 유프라테스강 유역을 차지한 수메르인이었다. 수천 명의 노동자들이 운하와 둑을 쌓고 유지하는 데 강제 동원되었다. 이와 동시에 곡식을 생산하고 저장하고 분배하기 위한 시설을 만들기 위해 전문적인 기술개발이 필요했다. 광부, 건축가, 기술자, 회계사, 연금술사 등 역사상 최초로 전문화된 노동력이 여기서 등장했다(제레미 리프킨, 2010: 241). 전문화된 기술력과 단순 노동력의 결합, 그리고 이를 감시하고 관리하는 고대적 형태의 통제되고 동원된 작업협력의 시대를 맞은 것이다.

이 같은 고대국가의 강제적 작업협력은 부자유한 노예노동을 기초로 이루어졌다는 점과 종교적, 군사적, 생존적 필요에 따른 것이었다는 점에서 자본주의적 작업협력의 내용과 다르다. 중세의 길드체제 만 해도 자본주의적 작업협력의 체제와는 전혀 달랐다. 중세의 길드를 구성하는 개별 작업장은 대개 7년간 계약을 맺는 도제, 3년간의 계약으로 일하는 직인, 그리고 이 조직을 소유한 장인으로 구성된 완전히 독립된 작업협력의 체제였다. 적어도 중세 장인의 작업장에서 작업협력은 장인에 대한 도제와 직인의 복종에 기초해 있었다. 자신들이 모시고 일하기로 계약한 장인에게 복종하는 것은 당대의 관습이었다. 가내공업의 후기에 가족집단이 모직물업자에게 통제될 때에도 일정한 형태와 일정한 양의 직물을 완성시켜야 한다는 조건 안에서만 통제되었다. 도시지역에서 대공장의 형태로 근대 산업집단이 형성되면서 작업협력의 모든 과정은 근본적으로 바뀌게 되었다.

적어도 자본주의적 작업협력의 질서는 작업장 내 분업을 기반으로 이루어짐으로써 직종 간의 사회적 분업과는 전혀 다른 방식으로 철저히 자본의 이윤을 증식시키기 위해 고안되었다. 19세기 말과 20세기 초 급속하게 성장하는 자본주의적 기업에서 점점 더 복잡해지는 노동통제 문제를 해결하기 위해 과학적 방법을 응용하는 운동이 출현했다. 테일러리즘으로 알려진 '과학적 관리'였다. 노동과정의 분절화를 통한 노동시간의 관리와 통제에 초점이 맞추어진 테일러리즘은 노동과정에서 구상과 실행의 기능을 완벽하게 분리해냄으로써 노동과정을 철저히 탈숙련 단순노동으로 전락시켰다. 협력문명의 맥락에서 볼 때 작업협력의 방식은 근대 산업사회에 와서 과학적 관리를 통해 협력의 질서를 내재적으로 해체하는 기계적이고 분절적인 작업협력의 시대를 연

것이다.

20세기에 들어 테일러리즘은 포드주의와 포스트포드주의 축적체제를 거치면서 우리 시대에 분절된 작업협력의 극단적 형태를 드러냈다. 비정규직의 확대는 다른 무엇보다도 작업협력의 질서를 훨씬 더 분절적이고 해체적으로 만들었다. 인간노동의 독특한 성격이 의식적이고 합목적적인 데 있다는 사실은 오늘날 점점 더 먼 옛 일이 되었다. 분절되고 해체된 노동은 의식적이고 합목적적인 것이 아니라 점점 더 생계를 유지시키는 수단으로서의 의미만 가짐으로써 봉급을 받을 수 있느냐 없느냐는 것만이 중요해진 것이다. 노동의 쇠퇴는 작업협력의 극단적 쇠퇴에 다름 아니다. 제1의 협력문명이 극단적으로 쇠퇴하고 있다.

나. 제2의 협력문명과 종교협력

원시종족에게 모든 사물은 정령의 구현체였다. 비, 바람, 바위, 태양, 달, 그리고 그 외의 만물에는 정령의 힘이 깃든 것으로 여겨졌다. 씨족이나 부족의 형태로 집단의 규모가 커지면서 집단이 만드는 격렬한 상호작용과 상호자극은 하나의 거대한 힘으로 인지되었다. 원시의 종족들에게 이 힘은 개인들보다 우위에 있고 초월적으로 존재하는 이른바 '외재적'이고도 '구속적'인 힘으로 느껴졌다. 이 힘이야말로 보다 확대된 정령적 존재로 느껴졌고, 여기서 일상적이거나 세속적인 세계의 활동과 구별되는 '신성한 영역'에 대한 최초의 인식이 있었다. 원시적 집단의 규모가 점차 커지면서 상호작용으로부터 출현하는 힘을 보다 구체적으로 표현할 필요가 있었다. 마침내 집단의 상호작용으로 표출된 힘을 상징하는 동물과 식물이 '토템'으로 구체화되고 나아가 '숭배집단'(cult)이 조직되었으며 토템과 집단적 신성성을 지향하는 '의례'(ritual)가 발전되었다(조나단 터너 외, 1997: 415).

종교는 '신성한 것'과 관련된 믿음과 실천의 통일된 체계다. 그리고 종교는 이러한 믿음과 실천을 지지하는 모든 사람들을 하나의 도덕적 공동체로 통합시킨다(Durkheim, 1947: 47). 종교를 구성하는 기본적 요소는 신성한 것에 대한 믿음의 출현, 숭배집단의 조직, 신성한 존재의 힘을 표현하는 토템을 향한 의례와 의식의 수행 등이다. 에밀 뒤르켐은 원시인들이 인식하지 못했던 것은 토템의 숭배 속에 그들이 살고 있는 '사회'를 숭배하고 있다는 사실이었다고 주장한다. 토템의 숭배, 즉 원시적 종교는 집단의 상호작용과 종족의 집합적 조직이 만든 힘의 물리적 상징화에 불과했다(조나단 터너 외, 1997: 416). 뒤르켐의 시각으로 보자면, 종교의 본질은 가장 단순한 형태의 사회라고 할 수 있는 씨족 집단에서 만들어지는 사람들의 상호작용이다. 나아가 종교의 기능은, 첫째로 신성한 것에 대한 믿음을 통해 사람들의 욕구와 행위를 규제하고, 둘째로 숭배집단의 의례활동을 통해 사람들을 집합체에 결속시키는 것이다.

종교의 기능은 '규제'와 '결속'이다. 종교의 사회적 기능에 초점을 맞추면 종교는 그 자체가 사회적인 것이다. 말하자면 신성한 것을 숭배하는 것은 세속적인 것의 유지와 존속의 필요에 따른 것이다. 달리 표현하면 종교는 사회적 협력을 위한 강력한 수단이다. 종교적 공감의 확대는 종교를 통한 결속의 범위를 넓히고, 이 같은 결속은 무엇보다도 강력한 협력의 질서를 가능하게 한다. 종교는 가장 원초적이고 외재적이며 강제적인 협력의 수단인 셈이다. 작업협력의 문명은 인간의 의식적이고 목적합리적인 노동이 만드는 제1의 협력문명이다. 따라서 작업협력은 인간의 고유한 본성적 노동이 발현시키는 협력이라는 점에서 내재적 요소로 출발하는 협력의 질서다. 종교협력의 문명은 세속적 삶의 바깥에 위치하는 신성성이 삶을 규제하고 결속하는 외재적 협력의 질서다. 인류의 문명사적 맥락에서 종교적 협력은 원시인류의 작업협력과 거의 동시적으로 시작된 원시종교에서부터 기원을 갖는다는 점에서 '제2의 협력문명'이라 할만하다.

고대세계에서 모든 현상은 영이 깃든 것이었기 때문에 삶은 전적으로 외부세계에 의존할 수밖에 없었다. 자연의 힘을 통제하기 전까지 인류는 이른바 수많은 자연신에 의존했다. 인류 역사에서 관개문명이 등장하면서 인간은 자연을 자신의 지배 아래 둘 수 있었다. 중동, 인도, 중국, 멕시코 등지에서 오랜 기간 강과 계곡을 따라 흩어져 있던 관개사회가 무력과 정복으로 병합되어 거대한 왕국을 낳으면서 강력한 왕권중심의 중앙집권적 질서를 구축했다. 천문학과 수학, 정교한 책력으로 자연의 신비를 알고 이를 실용화함으로써 고대의 제국을 이루었다. 관개사회로 전환하면서 인류의 신은 생장과 풍요의 신에서 해와 달과 별 등 하늘의 신으로 옮겨갔고, 마침내 태양신으로 단일화되었다. 관개문명을 바탕으로 하는 고대 제국의 왕은 갈수록 신의 성격을 띠었고 결국 신의 아들이라고 생각하기에 이르렀다. 이집트, 바빌론, 아시리아, 페르시아의 관개문명은 모두 신정국가였다. 신성한 왕은 자신을 인간이 아닌 전능한 천상의 질서와 동일시함으로써 지상에서 왕국을 다스려야 할 합법성과 권력을 확보한 것이다(제레미 리프킨, 2010: 250~254). 고대의 노예노동에 기초한 거대 건축물이나 대사원은 이 시기 강제적 작업협력의 질서에 종교협력의 질서가 결합된 산물이었다.

메소포타미아, 이집트, 동쪽으로 인도와 중국에 이르는 거대한 관개문명에서 보편적 신은 갈수록 인간적인 모습을 갖추면서 유일신 사상과 세계 주요 종교 탄생의 토대가 마련되었다. 유대교와 기독교, 이슬람교, 불교, 유교가 세계종교의 싹을 틔운 것이다. 이 같은 세계종교는 모두 관개문명과 그 주변에서 출현했다. 잉여생산물이 축적되고 통상과 무역이 확대되었으며 서로 다른 민족이 복잡한 사회단위로 통합되면서 불어난 인구는 전통적인 부족의 순수성을 위협했다. 강제이주와 전란의 소용돌이, 왕국과 제국으로의 병합 등으로 사람들은 각박해지고 정체성은 해체되었다. 리프킨은 세계 종교적 공감의 물결이 처음 태동한 것은 문명의 탄생이라는 산고가 초래한 인간의 깊은 고통 속이었다고 말한다(제레미 리프킨, 2010: 266). 인류 문명의 유사한 시기에 관개문명의 주요 지역에서 세계종교가 출현한 것은 인류 최초의 문명사적 정체성의 위기가 만든 효과일 수 있다. 정체성에 대한 갈망, 나아가 결속과 협력적 공존에 대한 갈망이 세계종교를 출현시킨 것이다.

이집트에서 파라오의 노예였던 유대인들이 40년 동안 광야를 떠돌다 찾은 것은 모세가 안고 온 하나님의 십계명이었다. 진정한 의미에서 역사상 최초의 도덕률(Kahler, 1967: 68)이라고 부르는 십계명의 핵심은 "네 이웃을 네 몸처럼 사랑하라"다. 유대교 랍비인 힐렐은 탈무드에서 이 점을 똑같이 강조한다. "네가 싫어하는 것은 네 이웃에게도 행하지 마라. 토라에 적힌 내용은 이것이 전부이다." 기원전 551년에 태어난 공자는 중국에서 이와 다르지 않는 윤리를 설파했다. 주지하듯이 공자가 추구하는 완성된 인간은 군자다. 군자가 되기 위해서는 도를 깨우쳐야 하는데 도는 자기를 초월해서 다른 사람에게 측은지심을 가질 때 찾아진다. 그래서 공자는 인(仁)이란 "자신이 서고자 하면 남을 세워야 하고 자신이 뜻을 이루고자 하면 남부터 뜻을 이루게 하는 것"

(己欲立而立人 己欲達而達人)이라고 했다(論語 雍也 편). 또 "자신이 하기 싫은 일을 남에게도 시키지 마라"(己所不慾 勿施於人)고도 했다(論語 衛靈公 편). 5세기 인도에서 고타마 싯다르타는 사람들의 고통에 마음을 열고 동정의식을 촉발시킬 때 비로소 깨달음을 얻을 수 있다고 생각했다. 삶을 억누르고 거부하면서 삶과 다투는 것이 아니라 다른 존재와 두루 관계를 갖고 그들을 깊이 느낌으로써 삶에 참여하고 그 의미를 찾아야 한다고 생각한 것이다(제레미 리프킨, 2010: 275). 불교의 자비사상이다.

로마제국에서 시작된 초기 도시 기독교공동체는 신도들 간에 애정과 친교가 특별했다. 비록 그들은 그리스도의 재림이 임박했고 그래서 집단적으로 한꺼번에 구원받을 수 있으리라는 기대를 갖고 모였지만 다른 한편으로 소규모 공동체를 통해 가족 같은 유대감을 가지고 남다른 우애를 나누었다. 그리스도 안에서 그들은 형제요 자매였다. 예수 안에서 인간은 혈족만이 아니라 모든 인간, 심지어는 가장 비천한 인간에게까지도 공감의 폭을 넓힌다. '산상수훈'에서 예수는 말했다. "'눈에는 눈으로, 이에는 이로 갚아라'고 이른 것을 너희가 들었다. 그러나 나는 너희에게 말한다. 악한 사람에게 맞서지 마라. 누가 네 오른 뺨을 치거든 왼쪽 뺨마저 내주어라." 또 "'네 이웃을 사랑하고 네 원수를 미워하라' 하고 이른 것을 너희가 들었다. 그러나 나는 너희에게 말한다. 너희의 원수를 사랑하고, 너희를 미워하는 사람에게 잘해주고, 너희를 저주하는 사람을 축복하고, 너희를 모욕하는 사람을 위해 기도하라. 너희를 박해하는 사람을 위해 기도하라."

유대교, 유교, 불교, 기독교 등 세계종교의 사상은 가장 광폭의 협력사상이다. 영적 구원을 갈망하는 것은 현실의 불안과 고통이 크다는 것을 의미한다. 적어도 인륜적 공동체의 협력적 질서에 대한 강렬한 갈망이 세계종교의 황금률로 제시된 것이다. 이 같은 황금률은 동일한 종교공동체 내에서 강력한 협력의 질서를 구축했다.

로마제국의 몰락과 함께 권력은 수천 개의 봉건영토로 나뉘었다. 상업은 위축되고 유럽은 농촌기반사회로 되돌아갔다. 봉건영주는 땅에 매인 농노들을 부려 장원을 지배했다. 암흑기였다. 도시생활은 붕괴되었고 문맹률이 높아지고 학문은 쇠퇴했다. 생활은 폐쇄적이 되었고 사람들은 계곡과 산속의 요새에 갇혀 살았다. 생활은 불안하고 즐거울 일도 없고 나아질 가망도 없었다. 암흑기였다. 이 암흑기에 모든 사람은 교회라는 거대한 우산 아래 있었다. 봉건질서에 충성하고 그리스도에 대한 신앙과 교부에 대한 복종을 맹세하면 영원한 구원과 더 나은 삶을 기약할 수 있다는 믿음이 강요되었다(제레미 리프킨, 2010: 321~322). 기독교의 시대였고 기독교적 헌신은 그 자체로 사회적 결속을 이루었다. 중세의 기독교는 종교권력이자 정치권력이었다. 영주와 성직자, 기사를 제외한 농노와 반자유민들을 협력의 질서로 강제하는 가장 강력하고 보편적인 권력이 된 것이다. 중세의 종교는 협력사회를 위한 수단이 아니었다. 종교는 그 자체가 궁극적 목적이 되는 '종교를 위한 협력의 질서'를 구축했다.

종교개혁은 근대적 이성의 시대를 향한 종교적 변화였다. 자유와 평등의 사상, 개인주의와 자본주의의 윤리가 중세적 종교권력을 해체시켰다. 시민은 종교권력과는 뚜렷이 분리된 정치권력의 주체가 되었다. 우리 시대에도 여전히 정치권력과 분리되지 않는 종교권력이 존재하지만 대부분의 사회에서 종교는 정치와 분리되는 한편 자본주의 질서 속에서 세속화되는 경향을 갖게 되었다. 개인화와 해체화, 사회적 균열이 가속화되는 거대 경향 속에서 종교적 협력의 여지도 점점 더

위축되고 있다.

다. 제3의 협력문명과 이념협력

17~18세기는 인류의 또 다른 문명사적 전환기였다. 이른바 계몽의 시대가 열린 것이다. 주지하듯이 계몽주의는 인간 이성의 힘으로 자연과 인간관계, 사회와 정치문제를 해명하고자 하는 새로운 시대정신이다. 계몽의 정신은 천부인권과 자연법에 근거한 인간의 존엄과 평등, 자유권을 강조했고 중세 유럽을 지배했던 봉건군주와 로마가톨릭교회의 족쇄로부터 인간이성의 해방을 주창했다. 인간의 이성에 기반을 둔 과학적 세계관으로 자연과 사회를 설명하고 자유, 관용, 자율, 인권, 평등의 가치를 중심으로 정치경제적 질서를 재구성했다. 말하자면 계몽사상은 오랜 봉건주의와 절대왕정, 로마 가톨릭교회의 절대 진리에 대한 전면적이고도 거대한 도전을 의미했다.

계몽사상은 17~18세기 시민혁명을 이끈 정신적 동력이었다. 17세기 영국의 청교도혁명, 18세기 미국의 독립혁명과 프랑스혁명으로 이어지는 거듭되는 시민혁명은 계몽사상에 뿌리를 두고 인간의 존엄과 시민의 자유, 현대 민주주의의 정신을 확장하는 과정이었다. 근대 계몽사상으로부터 출발하는 인간 이성 중심의 사회구성은 신성의 영역이 규율했던 종교적 협력의 문명을 명백하게 거부하는 새로운 질서였다. 신성성이라는 외재적 힘에 의한 종교협력의 문명은 이제 계몽의 정신에서 출발하는 인간의 내재적 힘으로서의 이성이 주도하는 협력문명의 체제로 전환하게 된 것이다. 신성성이 규율하는 종교협력의 문명은 인간 이성이 주도하는 새로운 사회에 대한 전망으로서의 이념협력의 문명으로 전환되었다.

사회과학의 개념사적 전통으로 보면 이념(ideology)은 '허구적인 것'이다. 마르크스와 엥겔스의 1845년 저술 『독일이데올로기』는 헤겔철학의 허구성에 대한 비판적 전복을 시도하는 저작이다. 마르크스는 이 책의 서문에서 "순진하고 유치한 공상이야말로 청년헤겔학파 철학의 핵심이다"라고 했다(Marx, 1970). 말하자면 '이데올로기'는 여기서 '순진하고 유치한 공상'인 셈이다. 마르크스에게 이데올로기는 기만과 거짓의 체계다. 이른바 상부구조라고 할 수 있는 도덕, 종교, 철학, 법, 국가, 정치 등은 이데올로기의 여러 형태들로 토대의 진실을 은폐하는 허위의식의 체계들로 간주되었다. 이 같은 이데올로기론의 지적 계보는 프랑스 계몽사상가 엘베티우스(Helvetius)와 홀바하(Holbach)의 이데올로기로서의 종교론에서 찾아볼 수 있다. 이들은 종교를 편견, 미신, 허위의식의 근원이며 종교를 운영하는 사제계급의 이익을 위한 일종의 음모로 보았다(송호근, 1990: 50). 따라서 종교적 신념과 가치체계를 권력유지의 수단으로 정의하고 이를 이데올로기로서의 사제기만이론으로 간주한 것이다.

종교협력문명을 넘어선 근대적 정치경제질서를 이념협력의 문명이라고 할 때 여기서의 이념은 '이성'에 기반을 둔 '이상'에 가깝다. 즉, 이념은 현실 정치경제질서의 변화를 기반으로 하는 새로운 사회질서에 대한 전망이라고 할 수 있다. 이 같은 개념화는 이념이 현실의 질곡을 가리는 과장된 정치적 포장일 수 있다는 점에서 허위의식론의 연속에 있다. 그러나 이념은 완전한 허구와 기만의 체계로서의 종교 관념과는 달리 인간적 현실을 근거로 인간적 현실을 포장하는 새로운 질서에 대한 포괄적 지향이라고 할 수 있다. 17~18세기 계몽사상과 시민혁명으로 모습을 드러낸 자유주의, 19세기의 사회주의, 그리고 자유주의와 사회주의 이념으로부터 파생된 수많은 정치이념들, 17세기 이후 민족정체성을 기반으로 하는 민족주의 이념은 종교협력의 문명을 넘어서는 새로운 이념협력의 질서를 가능하게 했다. 이념적 공감과 이념적 결속은 이념적 협력의 질서를 확장함으로써 '제3의 협력문명'으로서의 이념협력의 시대를 열었다.

자유주의 이념은 계몽사상으로부터 출현해서 시민혁명을 통해 구체화된 사회철학이자 정치이념이다. 모든 사회윤리의 핵심을 개인의 권리에 두는 자유주의는 인권, 법의 지배, 권력분립을 통한 권력통제, 자유로운 시장경제 등을 특징으로 한다. 봉건적 정치사회를 구성했던 왕권신수설이나 지위의 세습, 종교통치를 부정하고 생명과 자유, 재산에 관한 권리를 포함하는 기본적 인권을 강조한다. 자유롭고 평등한 개인이 모든 사회질서의 근본이기 때문에 이를 위한 제도가 필요하다는 입장이다. 정치적 측면에서 자유주의는 자유롭고 공정한 선거제도와 법에 의해 모든 시민의 권리와 기회가 동등하게 보장되는 자유민주주의를 지향한다. 특히 자유주의는 경제적 측면에서 자유로운 시장질서의 핵심윤리로 강조된다. 고전적 자유주의는 정부의 간섭과 시장의 독과점을 부정하고 완전히 평등하고 자유로운 경쟁체제로서의 경제체제를 추구한다. 자유로운 경제활동과 개인의 재산권 보장이 경제 질서의 근간이다.

자유주의 이념이 추구하는 협력의 질서는 개인에 기반을 둔 협력의 질서다. 무엇보다도 이 같은 협력의 질서는 시민이 직접 만들고 합의한 법을 바탕으로 이루어지는 사회계약을 통해서 가능하다. 물론 이 같은 합의와 사회계약은 모든 시민에게 주어진 참정권에 기초한다. 자유주의 이념은 사유재산의 보호와 이를 위한 계약의 자유를 근간으로 한다. 자유로운 계약은 개인과 개인의 상호성을 전제로 하는 것이다. 계약의 당사자인 각 개인의 입장에서 적어도 호혜성의 원칙이 성립해야만 계약은 성립되는 것이다. 적어도 자유주의의 이념적 협력의 질서는 자유계약과 상호성, 나아가 호혜성의 원칙에 따라 작동하는 협력의 질서인 셈이다.

다른 한편, 자유주의는 근대 자본주의 질서를 지탱하는 부르주아의 계급이념이라고도 할 수 있다. 자유주의는 시민혁명을 추동했던 저항적 협력의 이념이었지만 시민혁명의 성공과 근대적 입헌체제의 성립과 함께 어느덧 부르주아의 지배이념이 되고 말았다. 부르주아의 지배이념으로서의 자유주의는 계약을 매개로 성립하는 협력의 질서라고 할 수 있다. 따라서 재산과 계약의 조건을 갖지 못한 피지배적 약자들은 이 같은 협력의 질서에서 배제될 수밖에 없고 이 같은 배제는 적어도 수동적이거나 억압적인 협력의 질서로 피지배계층을 포섭해야 하는 과제를 남겼다. 이러한 과제를 해결하기 위해 오늘날 자유주의 이념은 수많은 수정과 변형을 거치며 다양한 협력의 형태를 만들었다.

19세기 들어 산업혁명 이후의 급속한 자본주의 성장은 노동계급을 양산했고 이들의 궁핍화는 조직적인 계급행동으로 이어졌다. 19세기 전반에 이른바 공상적 사회주의운동으로부터 시작되어 19세기 후반에 사회주의 인터내셔널운동으로 광범하게 조직화된 노동계급운동은 19세기를 사회주의 혁명운동의 시기로 만들었다(조대엽, 2014a). 19세기 사회주의 사상은 사상사적으로는 오웬(R. Owen), 생 시몽(Saint Simon), 푸리에(J.B.J. Fourier) 등 초기 사회주의 사상가들의 사유재산의 철폐와 재산의 공유 주장으로 시작되었다. 엥겔스(F. Engels)는 이 같은 초기 사회주의사상을 '공상적 사회주의'라고 규정하고 마르크스주의를 '과학적 사회주의'로 구분했다. 넓은 의미에서 사회주의는 마르크스 이전과 이후의 모든 사회주의 사상을 포괄하지만 19세기 이후 사회주의운동은 마르크스주의가 주류를 이루었다.

사회주의사상은 자본주의적 착취와 자본주의적 소유관계에 대한 거부에서 출발한다. 정치이념으로서의 사회주의는 사회주의 혁명운동과 함께 구체화되었는데 권력과 부의 집중, 불균등한 기회, 기술과 자원의 불평등한 이용 등을 낳는 사적 소유의 구조를 철폐하는 새로운 정치질서를 지향한다. 사회주의 이념은 사회구성방식에 있어서 '공공성'과 '사회화'의 수준에 따라 다양한 형태로 발전되었다. 생산과 소비의 공공적 협력의 질서는 무엇보다도 계획경제로 실현될 수 있기 때문에 완전한 계획경제를 추구하는 '공산주의'적 지향에서부터 시장경제를 인정하는 '사회민주주의'적 지향에 이르기까지 다양한 이념적 스펙트럼이 있다. 이에 따른 사회주의 운동의 흐름 또한 급진적 혁명을 추구하는 세력이 있는가하면 의회민주주의 제도 내에서 점진적 개혁을 추구하는 세력이 분화되기도 했다. 그럼에도 불구하고 초기 사회주의 운동에서부터 공유되는 사회주의 이념의 핵심은 개인보다는 사회 혹은 공동체, 경쟁보다는 연대와 공존, 엘리트보다는 노동자 대중이 사회구성의 중심이 되어야 한다는 점이다. 자유주의 이념의 협력적 질서에 비해 훨씬 더 직접적이고 근본적인 이념협력의 질서인 셈이다.

사회주의 이념에 있어서 협력적 질서의 핵심단위는 계급이다. 계급협력은 도덕적이거나 정신적인 단결, 결사, 연대 등을 넘어서는 계급적 결속의 현실적 조건들이 강조된다. 예를 들면 노동자 수의 증대, 도시와 공장의 공간적 밀집, 교통과 통신수단의 발달, 생활조건의 동질화 등은 노동자 계급협력의 물질적 조건이 된 것이다(강수택, 2012: 73).

노동자 계급협력의 제도적 조건은 무엇보다도 노동조합과 계급정당이다. 현대 사회주의운동은 노동조합운동과 분리될 수 없다. 노동계급의 결집은 노동조합을 통해 가능했으며 계급정당의 기반 또한 노동조합이었다. 자본주의 사회에서 노조든 계급정당이든 대부분은 부르주아 지배질서에 통합되어 있다. 일종의 헤게모니적으로 통합된 질서인데, 말하자면 부르주아 지배질서의 협력적 구조라는 것은 노동계급이 자유주의 이념의 질서에 헤게모니적으로 통합된 협력의 구조를 의미한다.

그러나 노동계급의 내적 연대가 강화됨으로써 이 같은 헤게모니적 협력의 질서에 균열이 생기면서 지배의 위기가 초래됨에 따라 부르주아의 계급이익과 패권적 민족주의, 이에 동원된 군사력이 결합되어 기형적 정치이념으로서의 파시즘이 등장하기도 했다. 19세기 말에서 20세기 초에 걸친 유럽의 사회경제적 불안은 제1차 세계대전을 유발했고, 1차 세계대전 이후 거듭되는 만성적 공황과 정치, 사회적 불안은 20세기 전반기를 파시즘의 시대로 만들었다. 19세기에 고도화된 자본주의의 성장은 빈곤과 노동문제를 증폭시킴으로써 사회주의운동과 노동계급운동을 광범하게 확산시켰다. 이에 따른 사회적 위기의 징후들이 이른바 국가사회주의로서의 파시즘을 확산시켰던 것이다. 세계적인 경제공황의 조건에서 등장한 파시즘의 득세는 자본주의 모순이 극대화한 효과이며 그것은 결국 제2차 세계대전으로 귀결되었다. 이 시기에는 19세기 후반의 사회주의 운동 이래 1차 세계대전의 와중에 러시아혁명이 성공함으로써 동유럽에 거대한 사회주의 정치체제를 구축하기도 했다. 적어도 20세기에 주목한다면 2차 세계대전에 이르는 20세기 전반부는 사회주의 정치질서, 파시스트 정치질서, 그리고 17~18세기 시민혁명 이래 부르주아 정치질서를 성공적으로 안착시킨 자유민주주의 정치질서 등을 등장시킨 거대한 정치실험의 시대였다(조대엽, 2014a). 서로 다른 정치이념에 기반을 둔 근대국가의 서로 다른 모습이 갖추어지는 시기였던 것이다. 이념협력의 시대는 20세기에 들어 근대적 국가이념의 시대라는 모습을 갖추었다.

제3의 협력문명이라고 할 수 있는 이념협력의 시대는 2차 세계대전 이후 서구와 동구로 나뉘어 좌우의 격렬한 이념대결이 시작됨으로써 '냉전'이라는 새로운 대결의 시대를 맞았다. 좌우 양진영의 체제경쟁은 군비증강을 불렀고 전쟁의 위협, 나아가 핵의 위협이 상존하는 현실을 맞게 되었다. 이념 내적 협력의 질서는 이념 간 극한의 대결구조로 전환되고 말았다. 미국과 구소련을 중심으로 결집된 동서 양 진영은 강력한 이념으로 무장된 국가주의 동원체제를 구축했다 동서 각 진영은 내적으로는 강력한 협력의 질서를 구축했지만 진영 간에는 대결의 질서를 드러냈던 것이다. 20세기 말 이후 동구 사회주의의 몰락과 함께 세계질서는 탈냉전, 탈이념의 시대를 맞았다. 비록 이념협력의 질서가 20세기 후반 냉전기를 맞아 이념 간 대결의 질서로 전환되었지만 오늘날 탈냉전과 탈이념의 시대는 협력과 결속의 장치로서의 이념이 사라진 분열과 해체의 시대에 다름 아니다. 이른바 신자유주의의 시장질서는 이념적으로 결속된 대부분의 협력적 질서를 파괴했다.

3. 제4의 협력문명: 포스트코로나 시대와 가치협력

문명사적 맥락에서 인류의 새로운 협력문명은 기존의 협력질서가 해체되면서 나타났다. 당대의 지배권력과 피지배 대중의 삶의 격차가 극단적으로 벌어지고 대중의 질곡이 더 이상 견딜 수 없는 조건에서 새로운 협력문명은 태동했던 것이다. 작업협력문명, 종교협력문명, 이념협력의 문명은 그렇게 출현해서 그렇게 쇠락했다. 물론 이 같은 새로운 문명의 순환은 하나의 문명이 완전히 몰락하고 새로운 문명이 등장하는 식의 순차성을 갖는 것은 아니다. 기존의 협력문명이 변형되거나 왜곡된 형태로 해체되는 가운데 새로운 협력문명이 추가적이고 누적적으로 전개되었다.

인간의 본원적 특징으로서의 '의식적 노동'을 근간으로 하는 작업협력문명은 노예노동의 강제적 동원을 기반으로 했던 고대제국에서 자생성을 잃고 강제된 협력으로 변질되었다. 지배귀족과 피지배 대중의 삶이 극단적으로 분리되고 대중의 삶이 더는 견딜 수 없는 조건에서 세계종교의 초기 사상이 등장함으로써 새로운 종교협력의 문명이 싹을 틔웠다. '성'과 '속'을 구분하기 시작한 원시종교 이래 종교협력의 문명은 이어졌으나 보다 보편적인 종교협력의 출현은 로마제국의 황혼기에 오늘날 세계종교가 된 신앙체계의 숭고한 인류애적 협력에서 분명해졌다. 그러나 새로운 종교협력의 문명 또한 중세의 가톨릭과 같이 거대 종교권력에 복속됨으로써 오로지 종교적 권위에 순종하는 강제된 협력의 질서만이 남게 되었다. 신성한 것이 대중의 삶을 삼켜버리고 협력은 오직 권력의 통제로 남았던 것이다. 강제된 껍데기로 남은 종교협력의 문명은 이성의 시대를 맞으며 이념협력의 문명을 태동시켰다. 자유주의와 사회주의의 다양한 이념적 정파들은 자유진영과 공산진영의 국가건설, 선거를 통한 집권의 경쟁 등을 거치면서 2차 세계대전 이후 강력한 이념 내적 협력 체제를 갖춘 냉전의 시대로 돌입했다. 20세기 말 냉전이념의 해체는 이념협력의 시대를 무너뜨린 시장의 힘에 따른 것이었다. 이념협력은 단일이념으로 동질화된 국가

권력질서를 만들었고, 이념내적 결속과 협력의 과도한 제도화는 이념 간 대결과 적대를 첨예화했다. 동구의 붕괴와 함께 이념의 외피가 벗겨진 시장의 시대가 전개되면서 이념의 시대는 이익의 시대로 바뀌었다. 시장과 이익의 시대는 냉혹한 정글의 질서를 지구적으로 확장함으로써 광폭한 양극화와 축소되는 일자리로 시민의 삶을 비참하게 팽개쳤다.

결국 이 같은 인류 협력문명의 전환기에서 우리 시대의 사회변동은 사회경제구조의 위기와 정치적 통합의 위기, 사회적 결속의 위기, 삶의 패러다임의 모호성에 따른 불확실성의 증대를 초래함으로써 갈등과 균열을 일상화하는 한편 갈등을 제도화하는 효과를 갖게 했다(조대엽, 2014b: 38~39). 20세기 말의 사회변동을 설명하는 사회과학의 다양한 학술담론들은 무엇보다도 이념협력 문명의 해체를 반영하고 있다. 성찰적 근대(reflexive modernization)(앤소니 기딘스·울리히 벡·스콧 래쉬, 1998; 울리히 벡, 1998; 2000), 위험사회(risk society)(Beck, 1992), 해체, 균열, 인정투쟁(Honneth, 1996), 투명사회(transparent society)(Vattimo, 1992), 네트워크사회(Castell, 2004), 사회운동사회(social movement society)(Tarrow and Meyer, 1998) 등의 비판적 사회이론들은 근대적 이념협력의 질서가 재편됨으로써 나타나는 갈등과 해체의 경향을 반영하고 있다(조대엽, 2014b: 63).

이제 우리 시대의 확대되는 불평등과 양극화, 위태로운 일과 노동의 세계, 불안하고 쫓기는 사회라는 견딜 수 없는 현실 속에서 제4의 협력문명을 갈망하고 있다. 종교협력과 이념협력의 강제된 외피를 벗어버린 인류에게 남겨진 과제는 실존적 삶의 문제다. 계급, 민족, 국가 등 근대 산업사회의 근본적 사회구성요소와 관련된 이슈를 넘어 일상의 삶과 관련된 수많은 이슈들이 정치화되고 있다. 이러한 이슈들은 공공성의 위기를 수반하는 이른바 자율화, 민영화의 정책 경향이 드러내는 일상적 삶에 대한 위협과 관련된 것들 —환경, 노동, 교육, 주택, 보건의료, 전기, 물, 통신, 교통 등— 과 함께, 정체성이나 문화정치와 관련된 이슈들 —성, 장애, 문화, 여가, 예술, 건축, 소비, 민족성, 지방민주주의 등— 이 있다. 이는 일상의 삶과 관련된 이슈들이다. 문제는 이러한 생활의 문제들이 보장되지 않음으로써 개인의 삶을 배제시키고 해체하는 공적 질서에 있다. 우리 시대의 사회구성요소에 기존의 이념과 제도로는 끌어안을 수 없는 복잡성과 예측불가능성이 증대한 것이다. 이러한 복잡성과 예측불가능성의 근원에 수없이 다양한 삶의 영역과 수없이 다양한 삶의 가치가 있다.

우리 시대의 새로운 질서는 수많은 삶의 영역에서 제기되는 서로 다른 수많은 '생활가치'들로 구성되어 있다. 이 같은 다양한 생활가치를 공존적이고 협력적 질서로 만드는 것이야말로 협력문명의 새로운 과제라고 할 수 있다. 사전적 의미로 '가치'는 좋은 것과 나쁜 것, 옳은 것과 그른 것, 아름다운 것과 추한 것에 대한 신념이나 감정의 체계다. 수많은 주관적 가치가 있을 수 있고, 주관적 가치들은 역사적으로 현실에 대한 의미가 공유되고 누적됨으로써 사회적 가치나 집단적 의식, 종교적 신념이나 정치적 이념으로 구현되기도 한다. 오늘날과 같이 종교나 이념이라는 일원적 질서로는 담을 수 없는 복잡성이 증대된 사회에서는 무엇보다도 공유된 생활가치에 기반을 두고 가치로 결속된 협력의 질서가 요구된다. 말하자면 종교와 이념의 시대가 지나고 '생활'의 문제가 전면에 대두한 우리 시대는 '생활가치' 중심의 시대라고 말할 수 있다. 이러한 시대를 '가치협력의 시대'라 하고 가치협력의 새로운 문명을 기대할 수 있다면 문명사적 맥락에서 '제4의 협력문명'을 전망할 수 있을 것이다.

제3의 협력문명이 해체되면서 이제 더는 견딜 수 없는 절대 절명한 문명사적 위기를 드러낸 현실이야말로 '포스트코로나 시대'라고 할 수 있다. 종교와 이념의 외피가 벗겨진 후 세속화와 해체화의 거대경향은 일상의 삶을 위협하고 기존의 정치, 사회, 경제적 가치로는 담을 수 없는 복잡성과 예측불가능성이 증대했다. 2019년 겨울에 시작되어 세계를 뒤흔든 코로나19 팬데믹은 모든 기존의 질서를 전면적이고도 급속하게 해체시킴으로써 새로운 협력문명에 대한 강력하고도 절실한 갈망을 드러냈다. 더구나 코로나19 팬데믹은 삶과 관련된 모든 가치의 중심에 '생명가치'를 두게 했다. 말하자면 생명·생활가치야말로 포스트코로나 시대 새로운 협력문명의 사회적 근원이라고 할 수 있다. 포스트코로나 시대는 보다 뚜렷한 가치협력의 시대, 제4의 협력문명 시대를 열고 있다.

새로운 가치협력문명은 분산과 분권적 협력의 질서에서 찾아야 한다. 적어도 이념협력의 시대는 거대 정치이념으로 통합된 동질적 사회로 치달았고 그것은 곧 집중문명의 근대적 효과로 귀결되었다. 제4의 협력문명으로서의 가치협력의 질서는 새로운 분산문명의 반영이자 우리 시대 '분산혁명'의 실천적 질서라고도 말할 수 있다. 제4의 협력문명은 제3의 협력문명으로서의 이념협력의 시대를 이끌었던 '국가공공성'의 질서를 생명·생활가치를 기반으로 하는 '생활공공성'의 질서로 재구성하는 경향이 있다. 말하자면 공공성의 질서가 중앙집권적 국가권력에 집중된 것이 아니라 시장과 시민사회에 공적 기능을 분산함으로써 일상적 삶의 영역을 가치협력을 기반으로 하는 '생활공공성', '생명공공성'의 시스템으로 재구성해내는 것이다. 이 같은 공공성의 분산적 재구성 모델이야말로 포스트코로나 시대 '큰 국가'의 새로운 지향점이기도 하다. 기존의 거대 사회구성영역의 공공적 기능이 분산되고 재구성된 가운데 가치협력의 시대는 생명가치와 생활가치 기반의 협력정치의 시대, 협력경제의 시대, 협력적 자아의 시대를 열어야 한다.

제2장 포스트코로나 시대
: 새로운 세계와 새로운 인류

1. 코로나19 팬데믹과 시대의 우울

가. 코로나19 팬데믹: 알파에서 오미크론, 그리고

2022년 1월 현재, 코로나19 팬데믹이 지구를 휩쓴 지 3년이 되었다. 감염균의 확산을 막기 위해 반복되는 봉쇄와 격리, 통제로 세계는 지금 '시대의 우울'에서 헤어나지 못하고 있다. 코로나로 인한 이 잔인한 죽음의 시대를 겪으면서 인류는 이 특별한 문명사적 경험을 바탕으로 새로운 시대를 열고 있다. 코로나19 감염병이 생긴 이후부터 코로나를 극복한 후 열게 되는 새로운 시대를 포괄적으로 우리는 '포스트코로나 시대'로 부를 수 있다. '코로나 이후의 시대'라고 할 수 있는 '포스트코로나 시대'는 '이후'라는 표현 그대로 코로나가 발생한 이후 시대를 의미하며, 동시에 코로나 팬데믹의 영향으로 전반적인 사회질서가 변화된 시대를 말한다.

포스트코로나 시대라는 표현은 코로나19 바이러스의 출현 이후에 전개되거나 혹은 예견되는 거대한 사회변동을 반영하기 위한 개념이다. 2019년 12월 코로나19 바이러스가 처음 확인된 후 인류는 방역과 치료, 경제와 일상의 회복을 위해 지루한 싸움을 하고 있다. 이 힘겨운 싸움이 끝나면 인류는 코로나 이전과 이후로 구분되는 새로운 질서의 시대를 열게 될 것이다. 인류의 문명사는 교류의 역사였으며, 그것은 만남과 모임의 문명사였다. 사람들이 만나고 모이는 곳에 부와 자원과 권력이 집중되기 마련이어서 인류의 문명사는 자연히 집중문명의 역사가 되었던 것이다. 인류는 만나고 모이고 소통해야하는 유전자를 내재하고 있다. 이를 위해 광장이 생기고 도시가 생기며, 교통이 발달하고 자원과 에너지를 찾게 되며 기술이 만들어졌다. 코로나 이후에 인류는 만남과 모임의 방식이 달라짐으로써 세계질서와 국가 간 관계가 바뀌고, 정치와 경제와 문화, 일상의 생활양식이 달라지고 있다. 말하자면 코로나19 팬데믹은 바이러스에 대응하는 방역과 치료로 인해 우리의 일상을 바꾸고 있을 뿐만 아니라 바이러스를 통제하고 극복한 후에는 코로나 이전의 경제와 일상으로 돌아가는 것이 아니라 새롭게 달라진 삶으로 진입하게 된다. 따라서 '포스트코로나 시대'는 코로나 이전과 이후를 구분하는 광범하고도 다양한 사회변동을 포괄하는 시대와 사회의 성격을 특징짓기 위한 개념이다. 감염병에 대응하는 방역과 치료의 시대는 팬데믹으로 인한 사회경제적 질서의 변화를 동반하고 이 같은 질서의 변동은 감염병이 통제된 이후에도 연속된다고 할 때 우리는 코로나19 발생 이후의 긴 시대를 포괄적으로 '포스트코로나 시대'라고 부를 수 있다. 요컨대, 포스트코로나 시대는 '코로나19 감염균의 출현 이후 감염병 확산의 영향이 그 이전 시기의 질서를 해체하거나 변화시키는 시대'를 말한다.

이제 포스트코로나 시대 3년의 시간이 흐르는 현재, 인류는 여전히 방역과 치료의 출구를 찾지 못하고 있다. 2019년 12월 중국 후베이성 우한시에서 처음으로 확인된 코로나19가 전 세계로 확산된 후 코로나19 바이러스는 진화를 거듭하며 새로운 국면을 만들고 있다. 2020

년 1월 세계보건기구(WHO)는 세계 공중보건 비상사태를 선언했고, 3월에는 '팬데믹'으로 그 수준을 격상시켰다. 코로나19 바이러스는 변이를 거듭하고 있다. 2020년 9월 영국에서 발생한 알파, 2020년 5월 남아프리카공화국에서 확인된 베타, 2020년 11월 브라질에서 발생한 감마, 2020년 10월 인도에서 발생한 델타에 이어 2021년 11월 남아프리카공화국에서 오미크론까지 발생했다. 2022년 1월 3일 현재 영국 데일리메일 보도에 따르면 프랑스 의료교육연구센터인 IHU 연구팀은 2021년 12월 10일 프랑스 남부 마르세유 인근에서 오미크론과는 또 다른 코로나 신종 변이 감염사례 12건을 발견했다고 밝혔다. '델타크론'이라 불리면서 돌연변이 46개를 가진 것으로 알려진 이 변이 바이러스의 파급력을 아직은 예측하기 어렵지만 코로나19 바이러스의 변종이 방역과 치료를 어렵게 하는 것은 분명하다.

변이바이러스가 이처럼 진화하는 가운데 WHO의 세계공중보건 비상사태 선언이 있은 후 약 1년이 지난 2021년 1월 23일 기준으로 전세계 누적 확진자 수는 9,785만 1,219명, 사망자 수 210만 1,849명, 치사율 2.2%로 늘었다. 2021년 8월 말에는 2.1억 명이 넘는 환자와 400만 명 이상의 사망자가 발생했다. 코로나 발생 2년이 지난 2022년 1월 현재 전 세계 코로나19 확진자 수는 3억 명을 넘어섰다. 미국의 존스홉킨스대학은 1월 7일 현재 누적기준 전 세계 코로나19 확진자 수가 3억 2,021명을 기록했다고 밝혔다. 사망자는 547만 1,856명으로 집계되었다. 전체 인구 대비 감염률은 영국이 가장 높은 것으로 집계됐다. 니혼게이자이 자체 집계에 따르면 1월 5일 기준 인구 100만 명당 감염자 수는 영국이 20만 502명으로, 10명 중 2명 꼴로 감염된 것으로 나타났다. 다음으로는 미국(1만 7,380명), 이탈리아(1만 1,174명), 브라질(1만 505명), 러시아(7,130명), 인도(2,538명) 등 순이다. 치명률은 멕시코가 7.5%로 가장 높았다. 중국(4.5%), 이탈리아(2%), 인도(1.4%), 미국(1.4%) 등이 뒤를 이었다(경향신문, 2022.1.7).

최근 코로나19는 전염력이 강한 오미크론의 등장으로 확진자 수가 급증하고 있다. 미국의 경우 2021년 12월 초 10만 명에 못 미쳤던 일일 신규 확진자수는 2022년 3일 100만 명을 넘었다고 존스홉킨스대학이 밝혔다. 한 나라의 하루 확진자가 100만 명을 넘은 것은 전 세계 처음이다. 이 대학의 '코로나 바이러스 리소스 센터'는 이날 미국 전역에서 108만 2,549명의 코로나19 확진자가 새로 발생한 것으로 집계했다. 이날 코로나 바이러스에 감염돼 사망한 이는 1,688명이었다. 이에 따라 미국의 누적 코로나19 확진자는 5,619만 1,733명, 누적 사망자는 82만 7,749명이 됐다(한겨레신문, 2022.1.4).

코로나19의 확산은 인류의 생명만을 위협한 것이 아니다. 2019년 12월 중국에서 최초로 코로나19 감염병이 보고된 후 각국의 강력한 봉쇄조치는 글로벌 공급망 교란, 소비위축, 일자리 감소 등 경제 모든 영역에 큰 충격을 주었다. 2020년 9월 G20 고용노동장관회의 공동선언에서는 코로나19 충격으로 20년 2분기 노동시간이 약 14% 감소했고, 이는 4억 개 전일제 일자리 상실과 맞먹는 수준이라고 발표했다. 우리 경제도 심각한 어려움에 봉착했다. 사회적 거리두기로 인한 내수 감소와 주요 교역 상대국의 강도 높은 봉쇄조치로 인한 글로벌 공급체인의 붕괴 등으로 우리 경제의 성장률은 하락했다, 전기 대비 성장률이 코로나19 발생 이후 2020년 1분기에 1.3%, 2분기에 3.2%로 하락했고, 취업자수는 2020년 2분기에 40.7%, 3분기에 31.4% 감소했다. 한국 경제는 한국판 뉴딜을 통해 빠르고 견조한 회복세를 보였다.

2021년 경제성장률이 4.2%로 전망되었고, 전년 동기대비 수출과 설비투자에서 뚜렷이 호조를 보이고 있다. 그러나 이처럼 빠른 경제회복과는 달리 자영업자를 포함한 소상공인, 청년, 여성, 취약계층은 여전히 포스트코로나의 늪에 빠져 있고 가혹한 시대를 겪고 있다.

나. 시대의 우울을 넘어

코로나19 팬데믹의 상황은 변화하고 있으나 위기는 거듭되고 있다. 세계 주요국가의 경제성장률은 2020년 2월 최저점을 찍은 후 빠르게 회복되었고, 2021년 이후 완만한 성장세를 보이고 있다. 반면에 코로나 상황은 2021년 말 오미크론 변이바이러스가 감염의 주종이 된 후 걷잡을 수 없는 확산세에 주요국은 봉쇄와 격리를 강화하는가 하면 아예 위드코로나 방식을 선택하는 경우도 있다. 국내적으로는 급속한 확산세로 방역을 완화하면서 위드코로나로의 추이를 주시하고 있다. 오미크론은 2021년 11월 9일 보츠와나에서 처음 발견된 코로나19 바이러스의 '변이' 형태이다. 11월 26일 세계 보건기구(WHO)가 이 변이 바이러스 형태를 '오미크론'이라고 명명하였다. 오미크론으로 코로나가 재확산되자 전 세계는 다시 초긴장 상태로 돌입했다. 오스트리아, 프랑스, 독일, 모로코 등은 다시 국경통제와 봉쇄, 격리를 강화했고 새 변이종이 확인되면서 각국은 다시 봉쇄조치를 확대했다.

> 이 변이종은 세포로 침투하는 '열쇠' 역할을 하는 스파이크 단백질에 유전자 변이 32개를 보유하고 있어 전파력이 더욱 강력하고 백신을 무력화시킬 수 있다는 우려가 나온다. 영국은 새 변이종의 유입을 막기 위해 남아공, 나미비아, 보츠와나, 짐바브웨, 레

소토, 에스와티니 6개국에서 들어오는 항공편 운항을 일시 중단했다. 이탈리아와 독일, 체코, 이스라엘도 새 변이 바이러스 유입을 막기 위해 남아공을 비롯해 아프리카 남부 국가에서 출발하는 항공기 입국을 금지하기로 했다. 새 변이가 코로나19 재확산의 '주범'이었던 델타 변이보다 전파력과 침투력이 높다는 소식에 26일 한국, 중국, 일본 등 아시아 주요 증시도 일제히 하락했다. 유럽 증시도 26일 장이 열리자 급락했다. 새로운 변이 바이러스가 나오면서 지난달부터 경쟁적으로 국경을 열고 있는 동남아시아도 입국 정책을 바꿀지 관심이다. 당장 싱가포르는 신종 변이를 차단하기 위해 남아공을 비롯해 보츠와나, 에스와티니, 레소토, 모잠비크, 나미비아, 짐바브웨를 지난 2주간 방문한 이력이 있는 이들은 27일 오후 11시 59분부터 싱가포르 입국 또는 환승을 금지하기로 했다. 일본은 26일 남아공 등 아프리카 6개국에서 오는 입국자의 통제를 강화하기로 했다고 일본 지지통신이 보도했다.[1]

다른 한편 오미크론 변이바이러스에 대한 규명이 없는 데다 백신효과나 치료제가 불확실한 상황에서 경제회복과 일상복구를 위해 국경을 개방하는 경우도 있다. 동남아 지역이나 미국, 호주, 뉴질랜드 등은 백신접종을 완료한 관광객에게 국경을 개방하고 있다.

다른 동남아권은 관광객을 유치하려고 아직까진 국경을 개방한

1 연합뉴스(2021.11.26), "코로나 재확산에 새 변이까지…전세계 초긴장".

상태다. 태국은 이달 1일부터 한국을 포함한 63개국을 대상으로 코로나19 백신 접종을 완료한 방문객에게 무격리 입국을 허용하고 있으며, 인도네시아도 지난달 14일부터 발리, 빈탄, 바탐섬의 19개국 관광객 입국을 허용했다. 베트남도 남부의 유명 관광지인 푸꾸옥섬을 거의 2년 만에 개방해 지난 20일부터 외국인 관광객을 받았다. 베트남은 푸꾸옥을 포함해 일부 관광지는 백신 접종 완료자에 한해 무격리 입국을 허용하고 있다. 필리핀은 지난 19일 일본이나 중국 등 일명 '그린(녹색) 리스트'에 포함된 40여 개 국가와 지역에서 오는 백신 접종 완료자의 입국을 승인했다. 이 밖에 미국은 지난 8일 백신 접종을 완료한 외국인에게 국경을 개방했으며 호주도 내달부터 한국과 일본 등 백신 접종 완료자의 입국을 허용할 계획이다. 뉴질랜드도 내년 초부터 단계적으로 국경을 개방할 계획이다.[2]

2022년 들어 확산 속도는 빠르나 치명률이 낮은 오미크론의 특성상 '위드코로나'로 전환하는가 하면 다시 봉쇄와 격리를 강화하는 경향이 혼재하면서 인류는 코로나19의 깊은 계곡에서 여전히 벗어나지 못하고 있다. 오미크론 바이러스의 확산 속도가 워낙 빨라 대부분의 나라에서는 일정한 수준의 감염이 진행되면 집단면역이 가능할 것으로 예측함으로써 위드코로나에 대한 기대가 있다. 그러나 나라마다 대응이 다르기는 하지만 변이 바이러스에 대한 백신과 치료에 있어서의 확실한 대응책을 찾지 못하는 상황에서 불안과 불확실성은 확대되고

2 연합뉴스(2021.11.26), "코로나 재확산에 새 변이까지…전세계 초긴장".

있다. 강력한 봉쇄정책으로 코로나19를 통제했던 중국의 경우 2022년 1월 다시 확진자가 집단발생함으로써 봉쇄를 강화하고 있다. 특히 베이징 올림픽을 앞두고 중국은 방역이 최대의 과제가 되었다. 2022년 1월 9일자 언론보도에 따르면 톈진에서 집단감염이 발생해 1,500만 명이 다시 격리되었다. 언론 보도에 딸린 현지인들의 댓글을 보면 우울한 분위기를 실감할 수 있다.[3]

> "톈진에 거주하고 있습니다. 시대오성 상가에 PCR검사소가 있는데 여기에 오늘 2시 40분 도착, 8시 15분에 검사해서 꼬박 5시간 반 만에 검사 마쳤네요. 거리에는 차와 인적이 없고 상가는 대부분 문 닫고 검사 대기줄은 너무 길어서 긴 시간에 추운 날씨에 너무 힘들었네요."

한국에서는 경제가 코로나 이전 수준으로 회복세를 되찾았지만 자영업자의 규모가 워낙 큰 탓에 피해 또한 심각한 수준에 있다. 정부가 몇 차례 현금성 지원을 하긴 했지만, 임대료를 막기에도 부족한 수준이다. 대부분의 자영업자들은 은행, 제2금융권, 주변 지인들로부터 빚을 얻어 버티고 있다. 방역과 경제의 두 마리 토끼를 잡아야 하는 현실에서 방역이 강화되면 자영업자에게 피해가 집중되는 경향이 있다. 따라서 자영업자들은 사회적 거리두기를 비롯한 방역강화에 대해 그만큼 민감하고 대부분의 자영업자들은 위드코로나로 정책전환을 기대하고 있다. 이러한 기대에 상반된 방역강화정책 또는 방역수준의 유지정

3 MBC 뉴스데스크(2022.1.9), "베이징 옆 톈진에서도 집단감염...1천 5백만명".

책은 실망감을 넘어 정책에 대한 저항으로 나타나기도 한다.

> 자영업자들이 기대했던 위드코로나가 조기 중단되면서 한계상황에 다다른 일부 자영업자들은 거리에서, 매장에서 정부의 방역 정책에 반기를 들고 나섰다. 서울 광화문 주변에서 수백 명의 자영업자가 시위를 벌이는가 하면, 일부 지방 도시에선 차량을 타고 나와 시위를 하기도 했다. 스스로 손님을 받지 않겠다며 가게 불을 끄고 영업을 중단하는 소등시위도 등장했고, 영업제한 시간 이후에도 가게 불을 켜두는 점등시위도 있었다. 특히 정부의 방역 정책을 정면으로 거스르면서 24시간 영업을 강행하겠다는 카페가 있는가 하면, 백신 미접종자에게 음료를 공짜로 주겠다는 자영업자도 있었다.[4]

코로나19 팬데믹의 장기화로 가장 고통받고 있는 사람들은 의료진이다. 공공의료가 충분히 확충되지 않은 상태에서 확진자수가 늘어나고 중증환자가 늘어나면 공공의료 시스템 전체에 위기가 온다. 전국적으로 감염병 전문병원이 부족한 데다 병상 수와 의료인력 부족은 그간의 코로나 대응에도 어려움을 주었지만 급속한 확산세를 보이고 있는 오미크론 변이종의 경우에 더욱 더 대응역량이 한계적이다. 특히 감염병 자체의 불확실성에 따라 예측가능한 의료역량 확보가 어려운 상황은 불확실성과 불안을 가중시키고 있다. 이 가운데 의료진의 부족과 의료인력의 고통은 한때 최고조에 다다르기도 했다.

4 MBC 탐사보도 '스트레이트'(2022.1.9), "벼랑 끝에 선 자영업자들".

"파견 첫날 처음 병원에 도착했는데 그곳은 공포와 혼란이 뒤엉킨 절망스러운 공간 같았어요. 마치 폐허가 된 건물, 쓰레기장 같았죠. … 밤낮의 개념이 없이 일했던 것 같아요. 평소에 파견근무를 하지 않았는데, 파견 기간 동안 생활리듬이 깨져서 정말 힘들었어요. 방호복을 계속 입고 일하는 것 자체가 쉬운 일이 아니었죠. 특히 방호복이 너무 커서 입고 있으면 두꺼운 담요를 계속 덮고 있는 것 같았어요. 고글에 김서림 때문에 앞이 잘 보이지 않았고, 장시간 마스크 착용으로 귀가 너무 아프기도 했어요. 그리고 저는 하필 파견 기간에 생리기간이 겹쳤어요. 방호복을 입고는 화장실을 갈 수가 없었는데, 이런 점이 가장 힘들었어요."[5]

2022년 들어 코로나 팬데믹은 코로나19의 변종인 오미크론이 주종을 이루면서 새로운 양상을 보이고 있다. 오미크론은 치명률과 중증도는 크게 약화된 반면 확산의 속도는 이전의 델타에 비해 급속히 빨라졌다. 무증상 감염자가 폭증하기도 해서 국내의 경우 3차 접종을 마친 사람들은 감염이 되어도 일반적인 독감 증세를 보이고 있다. 세계 각국의 당국은 감당하기 어려운 오미크론의 빠른 확산세와 약화된 증상에 봉쇄와 사회적 거리두기를 완화하는가 하면 '위드코로나'로 방향을 잡는 경향을 보이고 있다. 이 과정은 여전히 불안과 불확실성으로 가득 차 있다. 2022년 3월 현재 한국의 상황만 하더라도 당국은 경제회복과 자영업자들을 비롯한 소상공인들의 생존을 위해 방역의 고삐

5 굿뉴스 월드(2020.4.26), 코로나19 현장의료진 인터뷰 '청도 대남병원 파견 간호사 윤은정'.

를 풀어가는 반면 의료계를 비롯한 방역전문가들은 아직 오미크론이 정점에 이르지 않는 상태에서 방역의 긴장을 늦추어서는 안된다고 주장하고 있다. 시대의 우울은 여전히 가시지 않고 있다.

코로나 팬데믹의 불안과 불확실성은 여전히 현재진행형이고 생명관리의 불확실성은 모든 질서의 혼란을 가져오기 마련이다. 또 새로운 변이종에 대한 걱정과 불안이 있음에도 불구하고 백신과 치료약이 코로나19 출현 시기의 불안을 넘어설 수 있게 하는 것도 사실이다. 이제 인류는 코로나 바이러스에 대한 대응과 적응을 동시에 맞아야 하는 현실에 있다. 특히 지구적 생명권 위기라는 거대한 위기에 대응할 수 새로운 질서, 뉴노멀에 대한 시대인식이 절실한 시점이라는 사실을 공유해야만 한다. 시대의 우울과 시대의 비관을 넘어 새로운 질서, 새로운 시대에 대한 전망이 필요한 시점이다.

2. 포스트코로나 시대와 선진국의 실패

가. 성장주의 경제의 실패

현대의 세계질서는 제국주의의 시대를 거쳐 공고화된 세계체제, 냉전 동맹의 질서, 신자유주의 기반의 글로벌 자본주의 체제를 거치며 지구적 수준에서 자원과 자본의 집중과 불균등 발전을 끊임없이 확대시켰다. 자원과 자본의 집중과 이에 따른 불평등의 심화는 세계경제의 성장주의와 발전주의적 경향의 효과였다. 모든 사회시스템 실패의 원인이자 결과가 사회경제적 불평등에 있다는 진단은 어디서나 명백한 사실로 공유되었다. 불평등에 대한 처방은 자유주의와 사회주의의 거대한 실험으로 전개되기도 했다. 그러나 대부분의 불평등처방은 사회경제적 결과로서의 불평등을 줄이는 데 집중되었을 뿐 성장주의경제와 발전주의 국가의 근본문제에 대한 처방은 없었다. 오늘날 고도화되는 대부분의 사회경제적 불평등은 서구 선진국의 성장주의 경제의 실패로 인한 효과다. 이른바 서구 선진경제의 가혹한 성장의 논리는 지구생태계를 파괴함으로써 코로나19 팬데믹의 시대를 연 원인일 뿐만 아니라 저성장시대와 방역경제의 혼돈 속에서 끊임없이 불평등이 확장적으로 재생산되는 근원이 되었다. 무엇보다도 포스트코로나 시대의 도래와 점점 더 확장되는 불평등의 심화 경향은 서구 선진경제의 실패이자 성장주의의 실패 효과이다.

지구적 수준으로 팽창된 신자유주의의 광풍에 따라 1990년대 이후 크게 증가하기 시작한 사회경제적 불평등은 2000년대와 2010년대에 최고조로 확대되었다. 2010년대 들어 소득과 부의 불평등문제는 세계 학계의 집중적 관심사가 되었다. 스티글리츠(Joseph Stiglitz)의 『불평등의 대가』(2013)에 이어 이른바 피케티(Tomas Piketty) 열풍을 불러온 『21세기 자본』(2014), 그리고 전 세계 경제학자 100여 명이 거의 모든 세계국가의 소득과 자산불평등 데이터를 수집해 작성한 『세계불평등보고서 2018』(2018) 등이 대표적이다.

스티글리츠의 미국의 불평등에 대한 당시의 진단은 충격적인 것이었다. 불균등한 교육 기회로 인해 미국 명문대학교 재학생 중 하위 50% 계층 출신은 9%에 불과하고, 상위 25% 계층은 74%에 이른다. 미국의 불평등 수준은 대공황 이래 전례 없는 수준에 도달해 있고, 미국은 "1퍼센트의, 1퍼센트를 위한, 1퍼센트에 의한" 나라가 되었다는 것이다. "불평등은 정치 시스템 실패의 원인이자 결과다. 불평등은 경제 시스템의 불안정을 낳고, 이 불안정은 다시 불평등을 심화시킨다.

우리는 이러한 악순환의 소용돌이로 빨려들어 가고 있다"고 스티글리츠는 강조했다. 또한 피케티의 이른바 'U자 곡선'은 소득과 자산의 불평등이 미국만의 문제가 아니라 세계적으로 유사한 수준에 있다는 점을 지난 100년의 통계자료를 통해 잘 보여주고 있다. 1990년대 이후 불평등은 크게 증대되어 우리 시대가 1920년대 보다 더욱 심각한 불평등의 시대가 되었다는 점을 보여준다. 1990년대 신자유주의에 기반한 자본의 세계화경향과 함께 우리 시대의 불평등은 만악의 근원이 된 것이다.

[그림 1-1] 미국의 소득불평등(1910~2010)

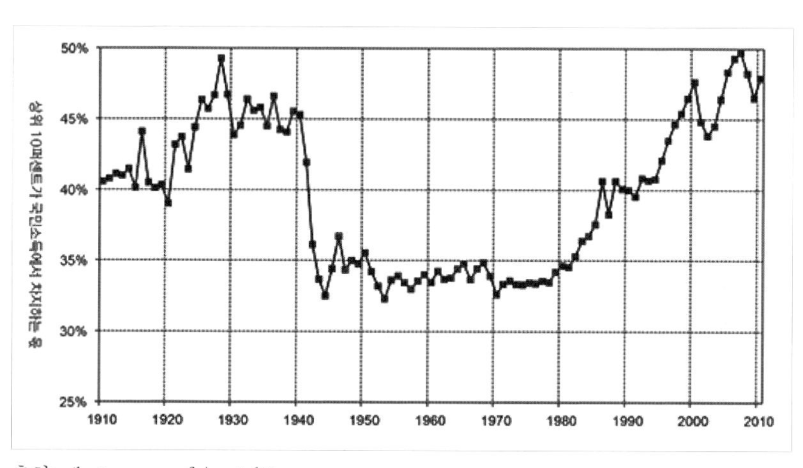

출처: piketty.pse.ens.fr/capital21c.

1990년대 이후 사회경제적 불평등의 양상은 한국 또한 예외가 아닐뿐더러 다른 나라보다 더 심각한 수준에 있다. 2013년 기준으로 볼 때, 상용근로자 임금소득 하위 10%의 임금 대비 상위 10%의 임금비율이 OECD 회원국 가운데 4위를 차지했다. 노동소득 상위계층의 소득집중도가 1960년대 이후 고도성장기를 거치면서 비교적 낮은 수준으로 안정되어 있었으나 1990년대 중반 특히 외환위기 이후 소득집중도가 급속히 높아졌으며 그 경향은 최상위 소득계층으로 갈수록 더욱 빨랐다.[6] 노동소득뿐만 아니라 재산소득과 사업소득 등을 포함하는 모든 개인소득의 경우 소득불평등은 더 심각하다. 세계 상위소득 데이터베이스(The World Top Income Database, WTID)에 올라 있는 한국의 개인소득 상위계층의 소득집중도 또한 1995년 이후부터 급속하게 악화되었다는 점을 보여주고 있다([그림 1-2]). 더구나 연속적인 세계경제위기와 함께 장기화되는 세계적인 저성장 기조에 동반되어 한국경제 또한

[그림 1-2] 한국의 개인소득 상위계층의 소득집중도 추이

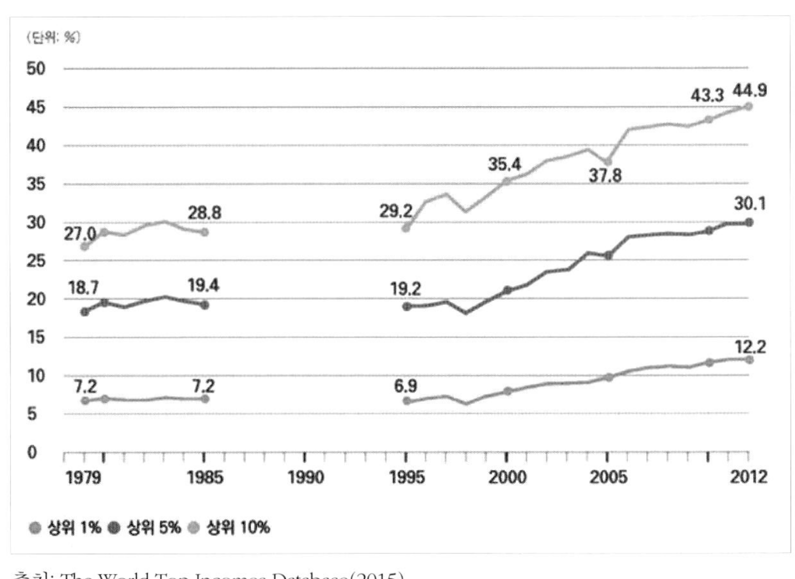

출처: The World Top Incomes Database(2015).

6 김낙년(2012), "한국의 소득불평등 1963-2010", 『경제발전연구』 제18권 제2호.

성장세가 하락함으로써 저성장시대의 양극화가 더욱 심각한 양상을 보였다. 연평균 경제성장률은 1990년대 6.9%에서 2010년대 2.9%로 떨어졌으며, 연평균 소득 5분위배율은 1990년대 3.86배에서 2010년대 4.57배로 늘어났다.

21세기 첫 10년 세계경제와 한국경제의 저성장 기조 속에서, 나아가 코로나19 팬데믹의 지구적 불안의 시대에 고조되는 불평등과 양극화는 더 이상 방치할 수 없는 시대적 과제이자 국가적 과제가 되었다. 무엇보다도 불평등 완화를 위해 저성장 시대 고용과 소득의 문제해결이 가장 시급한 과제로 등장한 셈이다.

나. 취약한 공공의료의 실패

세계경제의 오랜 신자유주의적 시장화, 지속적인 저성장 기조는 불평등과 사회적 격차를 고도화했을 뿐만 아니라 코로나19 팬데믹에 대응하는 공공의료체계의 취약성을 드러내는 데도 작용했다. 독일, 대만, 한국 등은 코로나19 팬데믹의 초기대응에 비교적 성공한 반면 이탈리아, 스페인, 영국, 미국 등의 나라는 초기대응에 실패했다. 코로나 팬데믹의 초기 대응에 실패한 각국의 요인은 다양하다. 초기대응에 실패한 주요 국가들의 경험을 인구 지역적 특성, 기존 감염병 대응 경험의 차이, 소극적 방역대응, 취약한 거버넌스, 의료시스템의 낮은 탄력성, 비효율적 장비와 검사역량 한계, 의료자원 분배 및 낮은 의료접근성 등의 요인으로 구분해볼 수 있다(대통령직속 정책기획위원회, 2020: 213~228).

먼저, 인구 지역적 특성을 보면 유럽에서 확진자가 비교적 빨리 발생한 도시들은 중국 및 타 유럽 국가와 인적 교류가 활발한 지역이었으며, 인구밀도가 높고 유효접촉이 많이 발생하는 지역에서 전파속도가 빨랐다. 특히 이탈리아나 스페인, 독일 등에서는 스포츠 행사, 장례식, 종교행사, 축제 등 밀접접촉을 통해 폭발적으로 확진자가 발생했으며, 고령인구 비율이 높은 이탈리아, 스페인 등에서 높은 사망률을 보였다. 둘째로 기존의 감염병의 종류와 경험의 차이를 보면 사스(SARS)나 메르스(MERS)를 겪은 아시아 국가들과 달리, 많은 유럽국가들은 인플루엔자를 기준으로 감염대응체계를 수립함으로써 대응전략이 미비했으며, 격리병상의 미비, 비축된 방역 자원의 부족 등으로 팬데믹을 대비하기에는 역부족이었다. 셋째로는 소극적 방역대응을 들 수 있다. 영국이나 미국은 이탈리아와 스페인의 상황을 보면서도 충분한 방역조치를 취하지 않았다. 의료시스템이 더 취약한 동유럽 국가들은 대유행이 먼저 발생한 나라들을 관찰하고 빠른 시일 내에 강력한 조치를 취함으로써 대규모 사망자 발생을 피할 수 있었다. 그러나 일부 국가에서는 중앙정부가 빠르게 사회적 거리두기 권고를 내렸음에도 국민들이 따르지 않고 오히려 여행자가 증가하는 등 부작용이 발생한 경우도 있었다(대통령직속 정책기획위원회, 2020: 213).

넷째로는 취약한 거버넌스를 들 수 있다. 이탈리아와 스페인 같은 지방분권이 강한 국가와 독일이나 미국 등 연방제국가는 지역별로 대응 역량과 속도, 방식이 달라 혼선이 발생했다. 중앙정부와 지방정부 간 갈등이 생기기도 하고 지방정부 간 자원 확보 경쟁이 발생하기도 했다. 미국과 영국은 국가 리더십의 한계를 보였으며, 자유의 제한에 대한 거부나 경제적 타격을 과도하게 중시했다. 다섯째는 의료시스템의 낮은 탄력성을 들 수 있다. 중환자실의 절대수와 지역 간 편차가 큰 지역에서는 빠르게 중환자실 포화상태를 경험했다. 부족한 중환자실 절대수를 보완하고, 병상의 탄력성을 극대화할 수 있는 환자 전원 네트워크와 이송체계가 없거나 부실했다. 이탈리아와 스페인 등 평시 인구당 낮은 간호인력을 보유한 국가는 의료진 공백을 더 심각하게 경험했다. 여섯째는 비효율적 장비와 검사역량 한계이다. 대부분의 나라에서 초기부터 개인보호장비의 부족을 경험했다. 해외 조달의 효율성에 따라 일부국가에서는 의료진 감염과 사망이 대규모로 발생하기도 했다. 검사역량을 확보하지 못한 나라는 경증환자까지 확진하고 격리할 수 없으며 갑작스런 악화에 대응할 수 없었다. 아울러 민간 병원이나 실험실의 역량을 최대한 동원한 나라(독일, 미국)와 그렇지 않은 나라(영국)는 검사역량 확보 속도에 큰 차이를 보였다. 일곱째는 의료자원 분배 및 낮은 의료접근성이다. 영국과 같이 중환자 진료체계에서 상시적으로 배분이 있는 나라에서는 대규모 환자 발생이 필연적으로 대규모 사망자 발생으로 이어진다. 스페인 또한 중환자실 포화 상태 시에 대비해 중환자 입실지침을 개발하고 있으며 자원분배의 우선권은 기대수명이 더 높은 환자에게 있다. 대부분의 국가가 무상으로 검사, 치료를 제공하는 반면, 미국은 여전히 진료비에 대한 부담이 존재한다. 상존하는 의료불평등이 더욱 심각하게 드러나게 되었다(대통령직속 정책기획위원회, 2020: 214).

이 같은 초기 팬데믹 대응 실패의 다양한 요인 가운데 이탈리아, 스페인, 미국 등 주요 실패 국가들은 신보수적인 복지예산의 축소과정에서 의료영역의 예산을 감축함으로써 공공의료의 취약성을 훨씬 더 광범하게 드러냈다. 영국의 경우 공중보건 의료시스템을 담당하는 전문 의료진이나 질병전문가 보다 SAGE 수장, 수석의료행정관 모형설계자, 역할전문가 등의 견해가 위기 거버넌스 대응방식을 결정한다. 2012년 건강사회복지법(Health and Social Care Act) 제정을 통해 잉글랜드 공중보건체제의 구조조정이 단행되었고, 이 과정에서 상급의료진 다수가 정리해고되었다. 2013년 보건청(The Health Protection Agency), 지방공중보건팀, 지역 공중보건기관 등이 폐지되었고, 나머지는 공중보건잉글랜드(Public Health England)로 축소개편되었다. 2012년 이후 공중보건 재정은 1,000만 파운드 가까이 축소되었다. 최근 10년간 NHS에 대한 예산삭감으로 의료인력과 장비가 부족했고, 2008년 카터보고서 이후 병원과 병리학 연구소들이 이른바 소위 허브모델로 통폐합되었다. 이 결과 근거리 의료서비스 제공이 어려워졌으며, 합리화 열풍 속에 지역의 병리학자들은 중앙에 대해 이견을 제기하기 어려워졌다. 이 같은 영국 공중보건 시스템의 위축은 2020년 코로나19 팬데믹 상황에서 중앙-지역 효율적 방역 네트워크의 구축을 어렵게 한 배경이 되었다(장선화, 2020: 294~295).

이탈리아 또한 2008년도 금융위기 이후 꾸준히 이어진 긴축정책에 따라 지난 5년간 이탈리아 전국의 병원 등 의료기관 758개소가 문을 닫았다. 스페인도 2008년 금융위기를 겪으며 정부의 공공의료분야에 대한 지속적 재정삭감정책으로 의료진의 월급이 삭감되었다. 이에 따라 이미 코로나19 사태가 발생하기 이전부터 대우가 상대적으로 나은 서유럽국가로 의료진이 유출되는 상황이 전개되었다. 스페인의 인구 1,000명 당 의사 수는 2015년 기준 3.8명으로, 유럽 평균 3.6명을 상회하지만, 간호사 수는 1,000명 당 5.3명으로 유럽 평균 8.4명에 훨씬 더 낮은 수준이다. 간호사 대 의사 비율 또한 유럽국가 중 가장 낮은 수준에 속한다. 이러한 의료인력의 절대적 부족은 코로나19 사태가 발생하며 의료시스템의 붕괴위기를 가져온 요인 중 하나가 되었다. 이러한 의료인력 부족에 따른 의료시스템의 과부하는 스페인의 높은 코로나19 사망률과 직접적으로 관련되어 있다. 미국은 고소득국가 가운데 보편적 의료보장이 되지 않는 유일한 나라로 의료 불평등의 문제가 심각하다. 특히 코로나19 팬데믹으로 인해 초기 도시를 중심으로 대규모 사망자가 발생했으며, 보편적 의료보장이 되지 않아 검사와 치료에 대한 접근성이 매우 낮다. 정부의 의료, 사회, 경제정책을 포괄하는 Cares Act 입법으로 보험을 가진 사람들에 대한 보호는 확대되었지만, 여전히 보험 미소유자들은 낮은 의료접근성을 가진다. 따라서 감염전파와 사망이 특정 계층에 집중되는 등 코로나19 사태가 미국 의료가 가진 의료불평등을 더욱 심화시키고 있다(대통령직속 정책기획위원회, 2020: 49~53).

코로나19 팬데믹에 대한 초기 대응에 실패한 나라들은 대부분 이 같은 공공의료 체계의 위축으로 인해 의료시설과 의료 인력의 한계, 의료불평등의 확대에 그 요인이 있다. 각국의 의료인력과 의료시스템의 여건이 다르다고 하더라도 무엇보다도 공공의료 기반을 튼튼히 구축하는 것이 중요하다. 코로나19 팬데믹처럼 감당하기 어려운 확진자 규모가 발생할 경우는 공공의료의 탄력성을 확대하고, 공공의료와 민간의료의 협업시스템을 구축해야 한다. 나아가 위기 상황에서 공공의료와 민간의료를 동원할 수 있는 리더십과 컨트롤타워, 거버넌스가 필요하다.

다. 개인화된 정치의 실패[7]

오늘날 대부분의 서구 선진국가에서 대의민주주의는 실질적인 시민의 삶과는 크게 분리되어 있다. 정치와 국가, 민주주의가 재정국가의 수준에서 복지서비스의 제공자로서 국민의 삶과 접할 뿐 시민의 참여적이고 자아실현적인 삶에 기여하지 못하고 있다. 대의민주주의는 엘리트민주주의의 한계를 드러낸 지 오래이다. 우리 시대 민주주의는 여기서 한걸음 더 나아가 주권자이자 민주주의의 주체로서의 시민은 의회에서 위임권력이 결정하는 바를 보고 따르기만 하는 '관객민주주의'로 전락했다는 평가가 일반적이다. 이처럼 정치엘리트의 전유물이 됨으로써 점차 '박제화'되는 경향의 현대 민주주의에 새로운 활력을 불어넣은 것이 직접민주주의의 요소였다. 주민투표나 주민소환과 같은 직접민주주의의 제도들뿐만 아니라 참여민주주의나 숙의민주주의의 제도들이 대의민주주의의 대안이나 보완적 요소로 주목되었던 것이다. 그러나 참여민주주의나 숙의민주주의의 절차는 보완적인 수준에 머물러 보편적 정치질서로 작동시키기에는 뚜렷한 한계가 있다. 따라서 현대 민주주의는 대의적 정치질서 안에서 위임권력이 작동하는 국가영역에 국한됨으로써 개인의 자유를 최대한 보장해주는 정치라는 보편적 경향을 갖게 되었다. 개인적 자유의 민주주의, 개인화된 정치의 경향은 현대정치의 공공적 범주를 극소화시킴으로써 무엇보다도 거대한 공동체적 위기나 공공의 위기에 대한 정치적 대응의 취약성을 여지없이 드러내기 마련이다. 포스트코로나 시대 개인화된 민주주의의 실패는 선진국 패러다임 실패의 또 하나의 축이다.

역사상 존재했던 민주주의의 유형은 대단히 다양하며, 유사한 유형이라고 하더라도 국가마다 독특한 차이를 갖기 마련이다. 대체로 보더

7 이 절의 내용은 『생활민주주의의 시대 - 새로운 정치패러다임의 모색』(조대엽, 2015, 나남) '제1장 생활민주주의 패러다임과 생활공공성의 논리'에서 발췌한 부분을 포함한다.

라도 민주주의의 유형들은 아테네 고전 민주주의, 로마 도시공화정과 근대 초기의 공화제 민주주의, 근대의 자유민주주의, 마르크스주의적 직접민주주의, 경쟁적 엘리트 민주주의, 다원민주주의, 신자유주의 법치민주주의(legal democracy), 참여민주주의(participatory democracy), 숙의민주주의(deliberative democracy) 등을 들 수 있다.[8] 이러한 민주주의의 유형들은 공화주의, 자유주의, 사회주의의 사상적 전통에 다양한 방식으로 결부됨으로써 정당한 권위의 문제, 정치적 평등의 문제, 자유의 문제, 도덕적 자기 발전의 문제, 공익의 문제, 공정한 도덕적 절충의 문제, 욕구충족의 문제, 효과적 결정의 문제 등에 대한 입장들을 발전시켰다(데이비드 헬드, 2010: 19).

이러한 입장들은 현대 민주주의론의 몇 가지 핵심적 쟁점에 관해서는 크게 대별되는 지점들을 보이고 있다. 첫째, 시민이 정치과정에 관여하는 수준이 어느 정도까지인가라는 문제에 관해 대별되는 입장이 있다. 민주주의를 시민이 공적 정치과정에 직접 관여하는 시민권력으로 이해하는 입장과 시민의 정치 관여는 대표 선출에 국한하고 선출된 대표들이 권한과 책임을 갖는 체제를 민주주의로 이해하는 입장이 구분될 수 있다. 직접민주주의나 참여민주주의는 전자에 해당하고 대의민주주의나 자유민주주의는 후자의 입장이라고 할 수 있다.

둘째, 민주주의의 적용범위에 관해서도 근본적으로 대별되는 입장들이 있다. 말하자면 사회구성영역을 국가와 시민사회로 구분할 때, 시민사회와 개인의 자유를 보장하기 위해 민주주의는 국가영역에 국

8 헬드는 역사적으로 등장한 민주주의의 주요 모델을 네 개의 고전모델과 다섯 개의 현대모델로 정리하고 있다(데이비드 헬드, 2010: 20~21).

한되어야 한다는 입장과 민주주의는 시민사회 영역까지 확대되어야 한다는 입장이 대별된다. 자유주의나 신자유주의, 엘리트주의 이론에 기반을 둔 민주주의 유형은 전자에 해당하고 사회주의, 신좌파 사상에 기초한 마르크스주의적 직접민주주의, 참여민주주의, 숙의민주주의 모델 등은 후자의 입장이라고 말할 수 있다.

셋째, 민주주의의 목적, 혹은 정치참여의 성격에 대해서도 서로 다른 입장이 구별된다. 즉, 민주주의를 시민의 근본적인 자기실현의 방식으로 이해하는 입장과 민주주의를 개인적 자유를 보호하기 위한 수단으로 간주하는 입장이 대별될 수 있는 것이다. 앞의 입장은 시민이 인간적 존재로 발전하는 데 있어 정치참여가 갖는 본질적 가치가 강조됨으로써 민주주의를 시민적 덕성을 갖추는 과정으로 보는 것이다. 뒤의 입장에서 민주주의는 자의적 권력으로부터 개인의 자유와 이익을 보호하기 위해 작동하는 제도적 장치로 이해하는 것이다. 직접민주주의, 참여민주주의, 숙의민주주의 등은 전자의 입장에 있고, 자유주의에 기초한 민주주의 유형이라고 할 수 있는 경쟁적 엘리트민주주의, 다원민주주의, 신자유주의적 법치민주주의 등의 흐름은 후자에 해당한다고 할 수 있을 것이다.[9]

9 민주주의의 다양한 모델들을 헬드는 민주주의의 목적이나 정치참여의 성격이라는 측면에서 '계발주의'(Developmental Democracy)와 '보호주의'(Protective Democracy)로 구분한다. 참여를 통한 시민의 자아실현을 지향하는 직접, 참여, 숙의민주주의 등은 계발주의적 요소가 강조되고, 민주주의가 국가영역에서 오로지 개인의 자유와 이익을 보호하기 위해 작동해야 한다는 대의민주주의 및 자유민주주의의 다양한 유형은 보호주의 요소가 강조되는 것으로 평가한다. 물론 공화제적 민주주의나 자유민주주의도 계발민주주의와 보호민주주의 측면이 공존하고 있으며 이러한 특성이 다시 민주주의 모델의 분화 경향을 드러내는 것으로 보기도 한다(데이비드 헬드, 2010: 22).

이제, 시민의 실존적 삶으로서의 '생활'과 민주주의의 관계라는 점에서 볼 때 민주주의의 다양한 유형들은 시민의 구체적인 삶 속에 민주주의와 국가와 정치가 깊이 결합되어 있는 '내재적 민주주의'와, 다른 한편으로는 민주주의와 국가와 정치의 영역에서 시민의 생활이 배제됨으로써 민주주의와 국가와 정치가 시민의 삶 밖에 존재하는 '외재적 민주주의'를 구분해낼 수 있다. 민주주의와 관련된 세 가지 핵심쟁점에 관해 대별되는 입장 가운데 직접민주주의, 신좌파적 시민사회 민주주의, 그리고 계발민주주의 등은 내재적 민주주의를 '지향'하고 있고, 대의민주주의, 자유주의 및 신자유주의 민주주의, 보호민주주의 등은 외재적 민주주의를 지향한다고 말할 수 있다(조대엽, 2015: 55~56).

2차 세계대전 이후 등장한 민주주의 모델 가운데 신자유민주주의(혹은 법치민주주의) 모델은 근대의 자유민주주의가 분화된 다양한 민주주의의 형태 가운데 서구 복지국가의 개입주의적 경향에 명시적으로 반대함으로써 자유주의를 재강화하는 신우파의 민주주의 모델이라고 할 수 있다. 이 모델은 개인 이외에 다른 어떤 사회적 실체나 정치적 실체도 존재할 수 없다는 전제에서 출발해 사회에 대해 우선순위나 분배유형을 명확히 제시해주는 어떤 일반원칙도 정당화될 수 없다고 강조한다(Nozick, 1974: 33; Hayek, 1976). 이 모델에서 강조되는 유일한 권리는 사회와 무관한 그리고 무엇보다 다른 사람의 권리를 침해하지 않는 한 자신의 목적을 추구할 수 있는 권리를 포함하는 양도할 수 없는 개인의 권리이다(데이비드 헬드, 2010: 383). 따라서 신자유주의적 민주주의는 개인 권리의 보호에 부응하는 최소 개입의 정치권력을 의미하며, 여기서 개인의 권리는 재산과 자원 축적의 권리와 관련되어 있고 개인은 정치적, 사회적 실체가 아니라 시장적, 경제적 존재인 셈이다. 대표적으로 이러한 관점에 있는 하이예크에게 민주주의는 목적이 아니라 하나의 수단일 뿐이다. 말하자면 민주주의는 최고의 정치적 목표라고 할 수 있는 자유를 보호하는 수단이자 실용적 장치인 것이다(Hayek, 1976: 62).

자유시장사회와 최소국가를 지향하는 신자유주의 민주주의 모델에서 시민의 생활은 정치과정으로부터 배제되어 있을 뿐만 아니라, 고도의 경쟁과 효율의 가치가 만연한 시장사회에서 개인은 자유로운 권리의 존재가 아니라 고단한 삶이 해체되고 파편화되어 마침내 삶이 파괴되고 마는 개인으로 몰락하게 된다. 일반적인 대의민주주의에서 제도정치영역은 위임권력이 작동하는 영역으로 다른 사회영역과 구분됨으로써 시민의 구체적인 생활영역은 정치에서 분리되고 배제되는 경향이 있다. 오늘날 신자유주의적 법치민주주의는 대의민주주의의 극단적 형태라고도 할 수 있는데, 1980년대 이후 신자유주의적 시장화 경향이 전세계적으로 몰아친 이래 선진국 정치의 보편적 경향으로 강화되고 있다. 이러한 경향 속에서 정치적 주체로서의 시민은 점점 더 원자화되고 개인화됨으로써 해체적 경향을 동반하게 된다. 여기에 한국과 같은 중앙집권적 국가주의의 오랜 정치 관행이 결합되면 시민의 삶은 더욱더 정치와 멀어지거나 해체되고 만다. 이러한 형식민주주의의 질서는 아무리 정당정치와 선거제도를 갖고 있다고 하더라도 시민의 실질적인 삶과 분리되어 시민의 생활 혹은 개인의 삶 바깥에서 작동하는 절차와 제도로 존재하는 외재적 민주주의라고 말할 수 있는 것이다.

근대적 자유민주주의는 오늘날 신자유주의적 민주주의로 진화했다. 사회경제적으로는 신자유주의적 시장주의의 세계화 경향과 함께

성장의 동력이 마침내 소진됨으로써 장기불황의 저성장시대를 맞게 되었고 불평등의 확대와 공동체의 해체를 동반했다. 공공성의 위기가 고도화되고 공동체 해체가 확대되는 가운데 문명사적이고 지구적인 공공성의 위기가 코로나19 팬데믹으로 인류에게 들이닥쳤다. 개인화된 민주주의, 해체된 정치는 지역공동체적 위기대응, 국가공동체적 위기대응, 나아가 지구공동체적 위기대응이 절실한 현실에서 선진국 민주주의의 무용성을 드러내고 말았다. 선진국 패러다임의 또 하나의 실패를 추가한 셈이다.

3. 새로운 세계와 분산과 복원의 혁명[10]

가. 포스트코로나 시대와 이중의 서사

'포스트코로나 시대'는 인류문명의 '현대성'(modernity)이 드러내는 가장 누적적이고 포괄적 특성의 시대일 수 있다. 20세기 후반 기존의 현대성에 대한 도전이 다양한 '후기 현대적' 현실로 등장했다. 지식정보시대, 소비사회, 네트워크사회, 해체사회, 액체사회, 위험사회 등의 후기 현대성을 특징 짓는 학술담론들이 현대성에 내재된 과학기술과 이성적 제도의 자기 파괴적 효과를 강조하면서 다양하게 나타났다. 포스트코로나 시대는 이 같은 후기 현대성의 파괴적 효과가 누적적이고 종합적으로 폭발한 '새로운 현대', '또 다른 현대'일지도 모른다.

포스트코로나 시대의 불안한 현재와 위험한 미래는 오래된 현재이

10 이 절의 내용은 『생활민주주의의 시대 - 새로운 정치패러다임의 모색』(조대엽, 2015, 나남) '제3장 생활민주주의와 분산혁명의 정치'에서 발췌한 부분을 포함한다.

자 오래된 미래일지 모른다. 이 같은 포스트코로나 시대의 현재와 미래는 일국적 문제를 넘어서 있다. 지구적 위험과 문명사적 위기의 현실이 개인의 삶을 폭넓게 위협함으로써 우리 시대의 불안과 위험의 징후가 깊고도 광범하다는 점을 말해주는 것이다. 우리 시대의 가장 거대하고 궁극적인 불안과 위험은 끝없는 경쟁과 효율, 이익추구의 윤리와 결합된 지구생태계의 재앙에 있다. 이미 IPCC의 보고서들은 이산화탄소 농도의 상승이 시베리아와 캐나다의 툰드라를 소멸시켜 대규모 메탄을 발생시키고 평균기온을 2~3℃ 상승시킴으로써 해수면이 30cm 내외로 높아진다는 점을 예측하고 있다. 이에 따라 국제분쟁이 늘어나고 생물종의 1/3이 멸종할 수 있는 위기를 예견하고 있다. 보고서들은 탄소포화점에 이르는 2030년을 인류문명의 갈림길로 보고, 2050년을 문명과 생태계의 1차 붕괴 시점으로 보고 있으며, 2100년을 2차 붕괴의 시점으로 보기도 한다(IPCC, 2007; 2013).

이 같은 지구생태계의 재앙은 무엇보다도 성장주의와 소비주의를 지향하는 자본주의 산업화와 결부되어 있고, 이를 정당화하는 근대 국민국가와 대의민주주의의 정치질서, 국가주의가 드러내는 폭력과 분쟁, 신자유주의 정책이 드러내는 멈추지 않는 경쟁과 효율의 논리가 결합되어 있다. 따라서 오늘날의 위기는 현대문명이 추구한 정치경제 질서가 생태계의 재앙을 가져오고 이 같은 재앙이 개인의 생활과 생명을 파괴시키는 '사회생태적' 문제로 인식되게 한다. 이러한 문명위기의 징후들은 우리의 생활양식과 정치경제적 질서를 새로운 패러다임으로 전환시키는 새로운 삶을 요구하고 있다.

20세기 말까지 인류문명의 거대경향은 '집중화'의 과정으로 이해할 수 있다. 원시적 부족에서 고대문명을 가능하게 한 국가 공동체로의 발전, 종교권력으로 통합된 중세를 거쳐, 근대 국민국가에 이르기까지 인류문명은 정치권력과 경제권력의 집중화, 재화와 문화자원의 집중화라는 거대경향을 보였다. 그 정점은 근대사회의 국가주의 정치질서와 함께 자본의 지구적 집중화를 가능하게 한 글로벌 자본주의 질서에 있었다. 글로벌 자본주의가 고도화되는 가운데 국가주의 정치가 여전히 위력적으로 남아 21세기로 진입하는 시기까지를 '집중문명의 시대'라고 말할 수 있다면, 이 시대를 관통한 것은 국가라는 운명의 관리자에게 일체화된 민족과 이념을 바탕으로 구성된 거대한 목적론적 서사였다(제레미 리프킨, 2005: 293). 말하자면 집중문명의 시대는 국가와 민족과 이념에 국민의 충성이 결합된 단일 거대서사가 작동하는 시대였던 것이다. 이 같은 거대 단일서사는 성장제일주의의 신화와 함께 일국 내적으로는 계급, 인종, 성적 불평등과 착취로 인한 균열과 갈등을 드러냈으며, 밖으로는 침략과 약탈로 인한 끊임없는 분쟁을 만들기도 했다. 다른 한편 글로벌 자본주의의 확산은 일국주의를 넘어선 탈영토주의의 거대경향을 재촉했으나, 지구적 수준에서 자본 축적시스템의 집중화와 부의 극단적 편중을 드러내게 되었다. 이러한 경향은 갈등과 분쟁의 또다른 원천이 되었다. 이처럼 확산되는 오늘날의 갈등과 분쟁의 숨겨진 원천은 가장 근원적 재화로서의 에너지 자원을 겨냥하는 경우가 대부분이어서 자연자원에 대한 공공재적 인식은 언제나 외면되었다.

포스트코로나 시대의 근본적 동력이라고 할 수 있는 새로운 문명의 가능성은 현대 문명의 '집중화'가 드러낸 파괴적 삶과 생태살해[11]의 현실에 대한 성찰로부터 시작된다. 이러한 성찰은 국가주의의 거대서사를 넘어 지구생명권의 문명사적 초거대서사를 가능하게 만들었다. 3차 산업혁명(third industrial revolution)과 분산자본주의(distributed capitalism)(제레미 리프킨, 2012), 자연자본주의(natural capitalism)(폴 호큰 외, 2011), 영성자본주의(conscious capitalism)(Aburdene, 2007), 생명자본주의(이어령, 2012), 자본주의 4.0(Kaletsky, 2011) 등 대안문명에 접근하는 다양한 초거대 담론에는 무엇보다도 공감과 공생의 가치, 협동과 평화, 생명의 가치가 내재되어 있고, 권력과 자원의 분산적 시스템이 강조된다. 리프킨은 인류문명의 서사가 커뮤니케이션 기술과 에너지원의 유기적 결합으로 형성되는 것으로 보았다(제레미 리프킨, 2012: 56). 에너지 체제는 문명의 조직방식, 부의 분배방식, 정치권력의 행사방식, 사회관계의 관리방식과 긴밀하게 결합되어 있다. 무엇보다도 21세기의 에너지 체계는 화석연료에 기반을 둔 중앙집권형 거대 에너지기업을 넘어 분산된 소규모 에너지 생산자에 주목하게 한다. 재생 가능한 녹색에너지를 기반으로 한 수백만의 분산된 소규모 에너지 생산자는 정치, 경제, 사회 권력의 분배방식 또한 분산시키는 '분산자본주의'를 주도하는 주체가 될 것이다(제레미 리프킨, 2012: 159). 집중문명의 시대를 넘어서는 대안의 문명체계는 무엇보다도 사회생태적 질서의 '분산화 과정'을 통해 실현될 수 있다. 이제 집중문명의 시대에서 분산문명의 시대로 전환하는 초거대 서사는 '탈탄소' 혹은 '탄소중립'과 같은 지구 생명권의 지속가능성을 보장하는 우리 시대의 핵심 담론이 되었다. 말하자면 우리 시대는 집중문명의 서사가 여전히 위력적인 가운데 분산문

11 브로스위머(Franz J. Broswimmer)는 생물종의 대량멸종위기를 생태살해(ecocide)라고 부르는데, 이것은 인간이 초래한 위기와 환경 파괴가 광대한 지역에 영향을 미치고 있으며, 그 영향이 계속 축적되고 있다는 점을 강조하는 표현이다(프란츠 브로스위머, 2006: 12).

명의 서사가 새로운 문명담론의 흐름을 만드는 '이중서사의 시대'라고 말할 수 있는 것이다.

나. 포스트코로나 시대와 '복원'의 프로젝트

포스트코로나 시대 대안문명으로서의 분산문명은 공감과 공생, 협동과 평화의 가치가 현장에서 실천되는 새로운 삶의 방식을 요구하고 있다. 새로운 문명을 모색하는 현실적 과제는 다른 무엇보다도 정치적 실천에 있다. 지구 생명권의 다양한 지역과 서로 다른 삶의 조건에서 만드는 공감과 공생, 협동과 평화의 정치적 실천들은 분산문명의 초거대 담론을 미시적 삶의 차원에서 구체화하는 실천의 서사라고 할 수 있다. 전제정치, 귀족정치, 대의정치 등 집중화된 권력구조의 시대를 넘어 우리 시대에 새롭게 실천되고 있는 공존, 공감, 협동, 평화의 실천 방식에는 집중문명에서 배제되었던 '자아실현의 정치'가 반영되어 있다. 개인의 삶이 국가주의에 포섭된 집중문명의 단일서사와는 달리 자아실현의 수준을 높이는 새로운 삶의 실험이 새로운 서사를 형성하고 있는 것이다.

포스트코로나 시대가 요구하는 이 같은 새로운 삶의 실험은 집중문명에 의해 파괴되고 해체된 인류의 공동성과 자아의 '복원'을 의미하는 것일 수 있다. 이러한 '복원'은 코로나 팬데믹으로 인해 파괴된 생명과 경제를 단순히 복구하는 수준을 넘어 집중문명의 서사로 파괴된 공동성과 공공적 자아를 복원해야 하는 문명사적 프로젝트일 수 있다. 포스트코로나 시대의 이중서사는 문명사의 눈으로 볼 때 과도적이다. 포스트코로나 시대는 여전히 화석에너지와 중앙집중화된 정치경제구조가 결합된 집중문명이 주류화되어 있는 가운데 초거대 문명전환의 담론이 새로운 주류화를 추구하는 과도기다. 포스트코로나 시대에 집중문명의 서사와 분산문명의 서사가 공존하는 현실은 대안문명으로서의 분산문명이 새로운 주류화를 지향하는 '분산혁명의 시대'를 맞고 있는 것이다. 분산혁명은 이중의 서사를 넘어 지구생명권을 분산문명의 시대로 전환시키는 '복원'의 혁명을 의미한다. 무엇보다도 분산문명의 서사를 현실로 만드는 것은 삶의 양식을 바꾸는 구체적인 정치적 실천이다. 국가적 프로젝트가 정치적 실천을 유도하는 방식과 아울러 아래로부터의 미시적 생활정치가 기존의 주류적 존재양식을 혁신함으로써 공동체와 자아의 복원을 주도하는 방식이 중요하다. 이 점에서 집중문명이 주도하는 데로 만들어진 오랜 삶의 방식을 전환시키는 국가적 프로젝트와 아울러 미시정치의 다양한 실천이야말로 분산문명을 가능하게 하는 새로운 도전들이다. 새로운 질서는 새로운 정치적 실천으로만 확보될 수 있는 것이다.

지속가능한 지구생명권을 위해서는 분산문명을 추구해야 하고 그것은 새로운 에너지원을 기반으로 가능하다. 문제는 새로운 에너지원의 '발견'이 아니라 그것을 새로운 삶의 방식으로 '선택'함으로써 분산문명이 가능하다는 점이다. 이러한 선택은 사회적 합의가 따라야 하고 그러한 합의를 확대하는 과정은 다양한 수준에서 작동하는 정치적 과제라고 할 수 있을 것이다. 포스트코로나 시대 분산혁명의 정치는 '복원의 정치'다. 이 같은 복원의 정치는 분산문명을 집중문명의 대안적 질서로 주류화시키고자 하는 다양하고도 폭넓은 프로젝트라고 말할 수 있다. 집중문명이 초래한 갈등과 분쟁, 공동체 해체와 생태파괴의 현실이 문명붕괴를 예고하는 현실에서 복원의 정치를 지향하는 분산혁명은 시대적 과제이자 지구적 과제라고 하지 않을 수 없는 것이다.

분산혁명의 정치는 다른 무엇보다도 중앙집권화된 집중문명을 움직이는 위계적이고 수직적인 하향식 권력구조를 해체함으로써 네트워크화되고 협업적 질서를 지향하는 '수평권력프로젝트'이다. 아울러 분산혁명은 집중문명이 드러내는 집권적이고 타자화된 질서를 개인의 실존적 삶에 결합시킴으로써 생활공공성의 공감적 질서를 확대하는 '자아실현프로젝트'라고 할 수 있다. 나아가 분산혁명의 정치는 집중문명을 분산적 사회질서로 전환시킴으로써 파괴된 지구생태를 복원시키고자 하는 '사회생태프로젝트'이기도 하다.

다. 포스트코로나 시대의 뉴노멀과 새로운 인류

포스트코로나 시대는 분산혁명의 시대이자 복원혁명의 시대이다. 분산과 복원의 동력은 사회경제적 시스템을 근본적으로 바꾸는 3대 전환의 축이다. 디지털 전환과 그린 전환, 그리고 휴먼 전환의 3축은 분산과 복원혁명의 기술적, 생태적, 사회적 동력이라고 할 수 있다. 포스트코로나 시대의 복원혁명은 대부분의 나라에서 위기대응의 차원에서 국가의 전폭적 재정투입을 통해 그 인프라를 구축하는 데 주목할 수 있다. 문재인 정부의 가장 광범한 혁신전환의 국가전략이라고 할 수 있는 한국판 뉴딜이 바로 3대 전환의 축을 중심으로 전개되고 있다는 점이 대표적이다.

디지털 전환은 데이터, 네트워크, AI 생태계 강화, 비대면 인프라의 고도화, 메타버스 등 초연결 신산업의 육성, SOC디지털화 등에 중점을 두고 기업과 산업영역의 디지털화, 교육인프라의 디지털 전환, 의료·돌봄 인프라의 디지털 비대면화, 온라인 비즈니스화, 교통·재난관리의 디지털화, 스마트 산단 및 스마트 시티, 스마트 물류체계의 구축 등을 통해 사회경제 시스템의 새로운 기반을 구축하는 과정이다. 그린 전환은 당면한 기후위기에 대응해 생태공동체의 기반을 복원하는 거대프로젝트이다. 지구적 기후위기에 대응한 탄소중립 추진기반의 구축, 도시·공간·생활 인프라의 녹색전환, 저탄소 분산형 에너지 확산, 녹색산업 혁신 생태계의 구축 등이 핵심과제이다. 2015년 파리협정은 온실가스 감축에 모든 국가가 참여할 것을 결정사항으로 하였다. 현재 탄소중립을 선언하거나 지지하는 나라는 134개국에 이르며 대부분의 나라는 온실가스 감축 기준을 이전보다 대폭 상향조정하고 있다. 한국 또한 2020년 탄소중립을 선언했다. 2020년 10월 문재인 대통령의 국회 시정연설에서 '2050 탄소중립' 목표가 제시되었다. 국제사회와 함께 기후변화에 적극 대응하여 2050년에 탄소중립을 목표로 설정한 것이다. 그린 전환은 이러한 탄소중립 목표와 결합되어 한층 더 탄력을 받게 되었다. 휴먼 전환은 다른 무엇보다도 코로나19 이후 심화되고 있는 불평등과 사회경제적 격차를 완화하여 포용성을 강화하고자 하는 전환의 전략이라고 할 수 있다. 휴먼 전환은 사람에 대한 투자가 강조된다. 디지털 전환과 그린 전환에 적응할 수 있는 첨단분야 인재양성과 소프트웨어 교육인프라의 확대, 디지털 아카데미의 확대 등이 과제이다. 또한 휴먼 전환은 고용·사회안전망 강화와 특히 청년정책, 나아가 격차해소를 위한 교육, 돌봄체계 마련 등이 핵심과제라고 할 수 있다.

포스트코로나 시대는 우울의 시대, 죽음의 시대를 넘어 인류가 새로운 비전과 전망을 열어가는 새로운 현대, 새로운 인류의 시대일 수 있다. 디지털혁명, 그린혁명, 휴먼혁명을 동력으로 하는 분산과 복원의 시대는 기존의 기술발전이 한층 빠른 속도의 동력을 얻어 디지털 전환과 그린 전환을 '가속화'하는 시대다. 코로나19 팬데믹이라는 죽음의 시대를 경험한 포스트코로나 시대는 생명가치, 생활가치를 기반으로 하는 '새 지향'의 시대다. 나아가 포스트코로나 시대는 분산적 경향을 근간으로 하는 디지털, 그린, 휴먼의 새로운 시스템을 구축하는 '새 구조'의 시대다. 가속화와 새 지향과 새 구조의 포스트코로나 시대는 불안과 불확실성을 넘어 예측 가능한 새로운 일상(new normal)의 시대이자 새로운 현대이다.

일반적으로 후기 현대의 특징은 모더니티의 해체와 근대적 공공성의 해체, 이성적 질서의 해체에 주목한다. 그러나 포스트코로나 시대는 공동체 해체로 인한 인류의 가혹한 '수업료'가 지불된 시대이다. 따라서 포스트코로나 시대는 디지털, 그린 전환이 드러내는 비대면과 분산의 사회적 거리를 결합시키는 새로운 가치의 시대이자 새로운 가치 협력의 시대이다. 분산적 시스템은 네트워크로 연결되고 연대와 협력으로 결속되어야 존속할 수 있는 사회다. 포스트코로나 시대의 값비싼 비용을 치른 후 인류에게 연대와 협력은 유일한 공존의 전략일 수 있다. 따라서 포스트코로나 시대의 새로운 현대는 연대와 협력으로 구축된 새로운 공공성의 질서를 절대적으로 필요로 한다. 새로운 현대는 분산과 복원의 시대이고 분산과 복원은 전술한 바와 같이 수평권력의 프로젝트, 자아실현 프로젝트, 사회생태정치 프로젝트로 구체화된다. 이러한 프로젝트들이 지향하는 복원혁명의 실천적 이념은 집중문명을 구현했던 자유민주주의나 사회민주주의의 대의적 질서를 넘어서는 '생활민주주의'를 강조할 수 있다. 집중문명의 대의적 제도에서 개인의 생활은 언제나 사적이고 실존적인 영역으로 공공적 영역과는 분리되었다. 그 결과 집중문명이 고도로 성장한 극단적 양극화 사회에서 개인의 삶은 공공적인 것에서 배제되고 정치에서 분리되어 마침내 해체되고 마는 현실을 초래하게 된 것이다. 복원혁명의 정치는 무엇보다도 조화, 협동, 공리, 공생, 공감 등의 가치가 실존적 삶의 본질이라는 점을 체득함으로써 개인의 '생활'을 공공의 윤리로 재구성하는 데 주목한다. 적어도 공감과 공생, 협동과 조화의 윤리가 개인의 생활을 자아실현적이고 자아확장적인 것으로 만들 수 있으려면 무엇보다도 민주주의의 원리가 개인의 삶과 분리된 제도로 작동하는 것이 아니라 자아실현의 제도로 삶에 내면화되어야 하는 것이다. 생활민주주의는 개인의 삶이 자아의 실현과 확장을 통해 민주적으로 재구성되는 사회체제이자 삶의 체제라고 말할 수 있다. 포스트코로나 시대 분산문명의 새로운 정치지향으로서의 생활민주주의는 개인의 삶에 공공적 질서가 내면화된 질서이며, 미시정치적 실천과 초거대 지구생태 담론의 결합지점이기도 하다.

분산문명의 실천적 정치이념으로서의 생활민주주의는 개인이 살아가는 사회적 삶의 공간, 즉 가족, 직장, 지역, 국가, 지구적 수준에서 생활공공성의 범주를 더욱 확장시키는 정치프로젝트라고 말할 수 있다. 자유민주주의와 사회민주주의는 대의적 질서 속에 구조화된 정치행정체계와 경제체계에 민주주의가 구현되어 있다는 점에서 '체계민주주의'라고 규정할 수 있다면, 생활민주주의는 체계민주주의의 대안적 질서라고 할 수 있다. 나아가 개인의 생활세계와는 유리된 제도와 절차로 구성된 체계민주주의를 '거시민주주의'라고 할 수 있다면 생활민주주의는 삶의 표현과 실현에 주목하는 '미시민주주의'라고 말할 수 있다. 또한 대의적으로 작동하는 거시 체계의 민주주의를 개인의 삶에 외재된 절차와 제도로 존재하는 민주주의라는 점에서 '외재적 민주주의'라고 한다면, 생활민주주의는 우리 삶에 공공적 질서로서의 민주주의가 내재화된 '내재적 민주주의'라고도 할 수 있을 것이다.

우리 시대의 인류는 포스트코로나 시대를 어둡고 우울한 비관의 시대에서 새로운 세계의 희망을 여는 낙관의 시대로 만들어야 한다. 어쩌면 포스트코로나 시대는 새로운 시대를 여는 인류의 확장된 역량을 기반으로 하는 새로운 인류의 시대일 수 있다. 새로운 인류가 여는 새로운 일상으로서의 새로운 현대는 새로운 공공성과 새로운 공동체와 새로운 연대의 질서로 구축되어야 한다. 이러한 질서는 코로나 팬데믹이라는 거대한 성찰 이후 비로서 얻게 된 '공동체적 자기애'를 근본으로 하는 공공성의 질서다. 자기생활의 근거로서의 지역공동체에 대한 자기애는 국가공동체적 자기애로 확장되고 마침내 지구공동체적 자기애로 확장됨으로써 생활공공성이라는 새로운 공공성의 질서 속에서 인류는 새롭게 탄생한 셈이다.

| 제2부 |

한국판 뉴딜과 거대전환의 비전

제3장 한국판 뉴딜과 대한민국의 거대전환

1. 포스트코로나 시대 3중 위기와 3중 전환

가. 3중의 위기구조: 방역위기, 경제위기, 공동체위기

2019년 12월 중국 후베이성 우한시에서 원인을 알 수 없는 폐렴 증상이 나타났다. 초기에는 의료종사자의 감염이 보고되지 않아 사람에서 사람으로의 전파 가능성이 낮을 것으로 추정되었으나, 유동인구가 많은 지역의 수산시장을 중심으로 이 폐렴 증상이 확산되고, 이후 수산시장에 방문한 이력이 없는 환자까지 발생하자, 2019년 12월 31일 중국 정부는 원인불명의 폐렴이 우한시에서 유행하고 있다고 공식적으로 발표하였다. 2020년 1월 1일 중국 질병예방통제센터(Chinese Center for Disease Control and Prevention, CCD)가 이 폐렴 환자들로부터 이전에는 알려지지 않은 새로운 코로나 바이러스를 검출하였고, 1월 11일 전 세계에 새로운 코로나 바이러스의 유전 정보를 공개하였다. 세계보건기구(World Health Organization, WHO)는 이 바이러스에 의한 질병을 2019년에 발생한 코로나 바이러스가 일으키는 질병이라는 뜻으로 '코로나 바이러스감염증-19(coronavirus disease 2019, 이하 코로나19 또는 COVID19)'로 이름 붙였다.[1]

1 WHO Director-General's opening remarks at the media briefing on COVID-19 - 11

코로나19의 감염 확산을 차단하려는 노력에 불구하고, 원인불명의 폐렴으로 공식 보고된 지 채 3개월도 되지 않은 2020년 3월 5일 중국에서는 8만 555명, 중국 이외의 90개국에서 1만 7,821명의 확진 환자가 발생하였고, 3월 11일에는 전 세계에 적어도 114개국으로 감염이 확산되며 4,000명 이상 사망하였다. 이에 세계보건기구는 2020년 3월 11일에 코로나19가 세계적 대유행(pandemic, 팬데믹)이라고 선언하였다.

우리나라에서도 2020년 1월 20일 첫 코로나19 확진자가 발생하였다. 첫 확진자는 당시 코로나19가 유행하기 시작한 우한에서 국내로 입국하다가 인천국제공항에서 고열증상이 나타나 격리되어 검사를 받았고, 코로나19로 확진 판정을 받았다. 이에 질병관리청은 "국내 확진 환자가 나옴에 따라 감염병 위기경보 수준을 '관심'에서 '주의' 단계로 상향 조정하고, 중앙방역대책본부와 지자체 대책반을 가동해 지역사회 감시와 대응 강화"에 나서기로 했다. 두 번째 확진자는 1월 24일 확인되었다. 중국 우한시에서 근무하던 55세 한국인 남성으로 지난 10일부터 시작된 목감기 증상으로 현지 의료기관을 방문하였고, 우한에서 상하이를 경유하여 22일 저녁 김포공항을 통해 귀국하던 중 검역 과정에서 발열과 인후통이 확인되어 능동감시 판정을 받았다. 이튿날 보건소 선별진료 검사 결과 확진자로 판명됐다. 이어서 세 번째 확진자는 1월 26일에 발생하였다. 우한시에서 거주하다가 지난 20일 입국한 54세 한국인 남성으로, 입국 당시 무증상이었다가 22일 첫 증

March 2020(www.who.int/dg/speeches/detail/who-director-general-s-opening-remarks-at-the-media-briefing-on-covid-19---11-march-2020).

세를 느껴 해열제를 복용한 뒤, 25일부터 기침 가래 증상이 발생해 질병관리본부 콜센터로 자진신고한 후, 국가지정 입원치료병상인 명지병원에 격리됐다. 이튿날 검사 결과 양성 반응이 나와 확진자로 판명됐다.

이처럼 우한시의 코로나19 상황이 악화되자 정부는 우한시에 거주하고 있는 교민들을 국내로 긴급 귀국시키기로 했다. 우한시 교민 중 귀국을 희망한 사람은 약 720명으로, 1월 30일과 1월 31일 이틀에 걸쳐 전세기 4편을 동원해 김포공항으로 이송하기로 하였으나, 중국 당국이 전세기 한 대의 운항만 우선 승인하면서 1월 31일에 404석 규모의 보잉747기 1대를 보내 368명을 이송하였고, 이후 추가적인 협상을 통해 2월 1일에 333명을, 2월 12일에 147명을 긴급 이송하였다.

이송된 교민들은 충청남도 아산시 경찰인재개발원과 충청북도 진천군 국가공무원인재개발원에 격리 및 수용되었다. 최초 언론 보도를 통해 후보지로 거론된 충청남도 천안시를 시작으로, 최종 결정된 지역의 일부 주민들이 교민 수용 반대, 임시생활시설 지정 철회 등 입장을 내며 국가와 지역사회 간 갈등이 고조되는 듯하였다. 하지만 교민들이 전세기를 통해 김포공항에 도착하면서 점차 기류가 바뀌기 시작했다. 시민사회 내에서 자성의 목소리와 포용의 여론이 나오기 시작하고, 실제 '수용 반대' 현수막을 자진철거하고 사회관계망서비스(SNS)에 'We are Asan(우리가 아산이다)'라는 해시태그와 함께 교민들을 응원하는 글들이 올라오면서, 교민들이 안전하게 각 아산과 진천에 도착하여 생활할 수 있었다.

[그림 2-1] 충북 진천 국가공무원인재개발원 정문 인근에 걸린 현수막

출처: 연합뉴스(2020.1.31), "우한 교민 우리가 보듬자...아산·진천 막판 시민정신 빛났다".

국내에서는 2020년 2월 18일 31번 확진자 이후 특정 지역과 특정 종교단체를 중심으로 감염 클러스터가 형성되었고, 2월 23일 위기 경보 역시 최고 단계인 '심각'으로 격상되었다. 환자 발생이 집중된 지역에서는 일시적이긴 했지만 병실 부족 현상이 나타나는 등 의료체계의 심각한 균열이 우려되기도 하였다.

4월 30일에는 국내 발생 확진자 0명으로 안정적으로 관리되던 코로나19는 '이태원 감염'을 기점으로 산발적 집단 감염으로 변화했다. 2월 말부터 3월 중순까지 발생 양상이 특정 지역과 종교집단을 중심으로 한 '폭증'이었다면, 이 시기부터는 감염원이 전방위적으로 확산되는 양상을 보였다. 클럽, 물류센터, 방문판매회사, 운동시설(탁구장), 종교시설(교회·사찰), 소모임, 학교·학원, 요양기관, 공장, 사회복지시설, 캠핑장, 돌잔치, 노래방, 선박 등을 중심으로 집단 감염 사례가 나타났다. 이 시기에 중앙재난안전대책본부가 매일 국민에게 발표하는 정례 브리핑에서 새로운 지표가 등장했다. '감염 경로 불명 비율'과 '방역망 내 관리 비율'이다. 감염 경로를 알 수 없고 방역망에서 관리가 어려운

소위 '깜깜이 환자'가 증가한 것이다.

이후 수도권을 중심으로 몇 차례 집단 감염 및 대유행을 거치며 보건의료체계와 방역체계의 붕괴를 가져올 수 있는 위기를 겪었다. 특히 우리나라는 공공병원에 비해 민간병원이 많은 구조[2]이고, 인구 고령화와 의료비 증가에 대처하기 위해 보건의료 정책의 중심축이 공급체계의 효율성, 비용 대비 가치, 성과 연동 등으로 이동한 상황에서 갑작스레 닥친 코로나19 감염병은 환자의 규모, 위험의 전파력, 위험의 범위 측면에서 각각 '대량·단기간·전국'에 해당하는 의료와 방역의 위기를 초래하였다.

코로나19는 경제적으로도 위기를 가져왔다. 백신이나 치료제가 아직 개발되지 않은 신종 감염병 앞에 사람들의 활동이 위축되는 것은 당연한 결과라고 할 수 있다. 특히 수도권이나 산업단지와 같은 특정 지역, 공장이나 사무실 같은 특정 공간에 모여서 생활하고 일하는 현재의 고밀도 사회 및 산업구조 속에서 감염률이 높은 감염병은 더욱 치명적일 수밖에 없다.

첫째, 위축된 경제활동 속에서 고용이 줄어든다. 한국은행에서 분석한 자료[3]에 따르면, 코로나19 확산으로 인하여 전 세계 노동시간이

2 메디게이트뉴스(2022.2.19), "공공병원 의료서비스 전체의 11%, 전문의 수도 85명 그쳐…국립중앙의전원 설립 주장도"에 따르면, 우리나라 의료서비스 제공량을 비교해 봤을 때 공공의료기관 전국 평균 점유율은 11.0%, 민간의료기관 점유율은 89.0%인 것으로 나타났다. 우리나라 전체 의료기관 수는 3,924개로 OECD 주요국 평균 의료기관 수(1,253개)보다 많지만, 공공의료기관이 차지하는 비율은 전체의 5.71%(224개)로 OECD 평균 51.79%(461개)보다 훨씬 낮다.

3 한국은행 금요강좌 제864회(2021.10.15), "코로나19와 노동시장(조사국 고용분석팀 송상윤 과장)".

8.8% 감소하였는데, 이는 전일제 일자리 2억 5,000만 개가 사라진 것과 유사한 결과이다. 우리나라의 경우도 크게 다르지 않아서 2019년과 2020년의 2~4분기 가계동향조사를 비교해보면, 비취업가구(가구주와 배우자가 모두 비취업상태인 가구)의 비중에 8.7% 포인트 늘어났다. 구체적으로는 저소득층, 임시·일용직 가구에서 비취업가구의 비중이 더 크게 상승하여 코로나19로 인한 경제위기에 더욱 취약한 것으로 확인되었다. 고소득의 사무직 종사자들은 재택근무, 유연근무 등을 활용하여 고용을 유지하는 반면, 저소득 대면서비스 종사자들은 고용이 줄면서 일자리를 잃게 되기 때문이다. 특히, 키오스크(Kiosk) 등 자동화시스템 도입이 가능한 직종, 예를 들어 패스트푸드 매장에서 주문을 받는 직원, 주유소의 주유원 등은 빠르게 기계로 대체되고 있다. 여기에 인간의 노동력을 대체할 수 있는 과학기술의 발전, 감염률이 높은 전염병으로 인한 비대면 선호 현상 등이 이런 변화를 가속화하고 있다.

[그림 2-2] 비대면으로 주문이 가능한 키오스크

출처: 한국일보(2021.11.9), "코로나로 2025년까지 '단순노무' 일자리 21만 개 사라져".

둘째, 감염병 확산 방지를 위한 사회적 거리두기로 인하여 자영업자와 소상공인의 경제활동이 위축되고 영업손실이 발생한다. KB금융경영연구소가 발표한 『2021년 KB 자영업 보고서』에 따르면, 2020년 소상공인의 매출은 2019년이 비해 24% 감소했다. 매출과 수익이 줄어든 이유로는 '방문 손님 감소(40%)'와 '사회적 거리두기에 따른 영업 제한(32%)'가 가장 많은 비중을 차지했다. 그로 인하여 자영업자 수가 2019년 대비 2020년에는 약 11만 명(1.65%) 감소하였다. 이는 2019년(전년 대비 0.83% 감소)과 2018년(전년 대비 0.76% 감소)에 비해 감소폭이 커진 것이다. 특히, 간이주점(15.3%), 호프전문점(12.1%), 예식장(7.2%), 구내식당(6.1%), 여행사(5.7%) 순으로 감소세가 컸다. 또한, 소상공인 중에서 매장을 본인이 소유한 경우는 16%에 불과하며, 84%가 임대한 매장에서 사업체를 운영하고 있다. 이는 영업이익이 감소하더라도 고정적으로 지출되는 비용이기 때문에 코로나19와 사회적 거리두기 조치로 매출이 줄어들 수밖에 없는 소상공인들에게 더욱 큰 부담이 된다. 문제는 국내 자영업자가 2020년 기준 657만 명으로 국내 경제활동인구의 약 4분의 1을 차지하고 있다는 점이다. 즉, 코로나19로 인해 국내 경제활동인구 4명 중 1명이 경제적으로 위기를 겪고 있다고 볼 수 있다.

이와 같은 경제적 위기는 공동체의 위기로 이어진다. 앞에서 살펴보았듯이 코로나19로 인한 경제적 위기는 저소득층, 임시·일용직, 대면서비스 업종, 임대매장의 자영업자 등 사회경제적 취약계층에 더욱 큰 충격을 주었다. 반면, 온라인을 이용한 재택근무나 유연근무로 일자리를 유지할 수 있는 전문직, 사무직 등은 그나마 피해가 적었다. 이로 인하여 경제 불평등 격차가 더욱 커지면서 사회 양극화 현상이 심화되었다.

공동체의 위기는 경제적 차이뿐만 아니라 종교적 차이, 지역적 차이, 정치적 차이로 인해 초래되기도 한다. 코로나19 방역조치 중 하나인 사회적 거리두기에는 다중이용시설 인원 제한뿐만 아니라 종교시설에 대하여 종교활동 인원을 제한하는 조치도 포함되었다. 이를 일부 종교단체에서 종교활동에 대한 탄압으로 규정하고 반발하였다. 심지어 방역조치를 무시하고 코로나19 상황 전과 동일하게 종교행사를 강행하는 경우도 있었다. 이 때문에 해당 종교단체와 방역당국 간 갈등이 고조되는 것은 물론이고, 지역사회 코로나19 확산을 우려하는 해당 지역 주민들과 신자들 간 갈등도 커지며, 결국 지역사회 공동체가 파괴되는 결과를 낳기도 했다.

또한, 시민들의 안전을 위해 공개한 코로나19 확진자의 정보가 의도치 않게 성별, 세대 등 특정 계층의 혐오로 이어지면서 갈등이 발생하였다. 코로나19 초기에는 국민의 알권리와 안전을 위해 확진자에게 고유번호가 부여되고 기본정보, 동선 등이 공개되었다. 그 정보를 악용하여 '남자가 문제다', '여자가 문제다', '젊은이가 문제다', '어디를 그렇게 나다니냐', '몇 번 확진자가 갔던 그곳은 성소수자들이 모이는 곳이다' 등 근거 없는 이유로 서로를 비난하는 혐오의 여론이 온라인 상에서 크게 번졌다.

코로나19 확산 방지를 위한 가장 큰 방역의 축인 백신접종과 관련해서도 정치적인 이유, 의학적 견해 차이, 근거 없는 미신 등의 이유로 갈등이 발생하며 공동체의 위기를 만들고 있다. '백신의 효과가 없다', '백신의 부작용 때문에 맞으면 안 된다', '백신을 통해 정부가 국민을 통제한다' 등의 가짜뉴스가 확산되면서 백신을 의도적으로 맞지 않는 사람들도 생겼다. 일부 백신의 부작용으로 병을 얻거나 사망하는 사례, 청소년들의 백신접종 계획발표, 백신을 맞지 않은 사람들의 다중이용시설 출입을 제한하는 백신패스 발표 등으로 백신을 둘러싼 갈등이 지속적으로 이어지고 있다.

[그림 2-3] 백신 접종에 반대하는 시위

출처: 연합뉴스(2021.12.9), "청소년 방역패스 조정되나...정은경 '개선안으로 불편 줄이겠다'".

나. 3중의 전환 전략: 디지털 전환, 그린 전환, 휴먼 전환

코로나19는 의료체계의 위기, 경제위기, 공동체위기 등 우리 삶의 밀접하게 연결된 모든 부분에서 위기를 초래하며 지금까지 현대사회의 체계와 구조를 만들어낸 집중문명의 한계를 드러나게 하였다. 대량생산과 대량소비로 대표되는 규모의 경제를 지탱하는 집단노동 시스템, 개인의 창의성과 자율성보다는 집단의 규율과 체계가 강조되는 대면 중심의 업무환경, 경제적 이윤을 위해 물과 공기, 나아가 인간을 희생시키는 생산방식 등으로 대표되는 집중문명을 넘어 분산혁명을 통해 새로운 패러다임으로 전환되어야 한다. 그리고 앞으로 다가올 포스트코로나 시대를 위해서 코로나19 사태로 발생한 문제점들을 극복하고 사회의 구조와 체질을 전환해야 한다. 이는 한국사회만의 과제일 뿐만 아니라, 전 세계 공통으로 해당하는 사안으로서 코로나19 충격으로부터의 빠른 구제 및 회복, 그리고 신속한 개혁이 코로나 이후 국가와 경제의 위상을 좌우할 것이기 때문이다.

이를 위한 첫째 전략은 디지털 전환이다. 과거 산업혁명 시절에는 석탄이나 석유 등 화석연료가 경제성장의 동력이었던 것처럼, 21세기에는 데이터가 세계 경제를 이끌어간다고 할 수 있을 만큼 데이터의 중요성이 매우 커졌으며, 데이터를 기반으로 하는 디지털 경쟁이 전 세계적으로 가열되고 있다. 우리나라는 일찍이 디지털 전환에 관심을 갖고 다양한 정책들을 추진하며 IT 강국으로 자리매김했지만 미국, EU, 중국 등 주요국들이 초고속통신망 구축이나 AI 개발 등 대규모 투자계획을 경쟁적으로 발표하면서 강력한 경쟁상대로 부상하고 있다.

둘째, 탄소중립의 전략적 중요성이 증대되었다. 미국, EU, 중국 등 주요 25개국의 공식적인 탄소중립 선언과 2021년 4월 기후정상회의, 2021년 5월 P4G 정상회의 개최 등 국제사회에서 탄소중립이 글로벌 뉴노멀(new normal)로 정착되었다. EU가 2027년까지 친환경·디지털 전환을 위해 33.7억 유로 투자를 계획하고, 일본이 탄소중립·신산업 분야 육성 등을 위해 2조 엔 규모 기금을 신설하는 등 앞다퉈 탄소중립을 위한 계획을 내놓았다. 우리나라도 전 세계적인 흐름에 동참하는 한편, 탄소중립을 전략적으로 활용하여 미래 성장 동력으로 육성하여 글로벌 탄소중립경제를 선도할 필요성이 한층 커졌다.

셋째, 코로나19로 인해 격차가 발생한 교육·돌봄 분야와 줄어든 일자리로 어려움에 처한 청년층 등에 대한 보다 진화된 국가발전 전략이 필요하다. 국민권익위원회에서 조사한 결과[4]에 따르면, 학부모의 57.6%는 학교에 등교하는 대신 실시한 온라인 수업에 만족하고 있지만, 87.2%는 학생들의 교육격차가 심해졌다고 응답했다. 특히, 중·고등학교의 학부모와 초등학교 고학년 학부모의 90% 이상이 교육격차가 심해졌다고 응답하여, 자녀가 고학년일수록 교육격차 문제를 심각하게 느끼는 것으로 나타났다. 학교뿐만 아니라 아동 및 노인 돌봄 시설도 코로나19로 인해 운영되지 못하자, 아동과 노인에 대한 돌봄도 공백이 발생하였다. 이 때문에 맞벌이 하는 가족은 구성원 중 한 명이 직장을 그만두어야 할 상황도 발생하였다. 무엇보다 가장 심각한 상황 중 하나는 바로 일자리 문제이다. 사회적 거리두기로 인한 경제활동 위축, 산업전환 등 구조적 대전환에 따른 일자리 미스매치 등으로 인해 고용충격이 발생하였고, 이는 취약계층에게 더 큰 위기로 닥친다. 따라서 노동, 교육, 돌봄 등 삶과 생활, 즉 사람에 대한 새로운 투자 전략이 요구된다.

4 국민권익위원회가 2021년 1월 29일부터 2월 14일까지 학부모, 교사, 학생 등 1,450명을 대상으로 정책참여 플랫폼인 국민생각함을 통해 '코로나19 교육격차 해소방안'을 주제로 실시한 설문조사 결과임.

2. 거대전환: 가속화, 새지향, 새구조

가. 한국판 뉴딜과 전환의 가속화

코로나19 사태가 장기화되면서 일상과 방역의 공존을 위해 비대면·디지털 수요가 급증하고, 4차 산업혁명으로 대표되는 디지털 경제로의 전환이 전례 없이 가속화[5]되면서, 우리 생활 속에 디지털 문명이 더 깊숙이 들어왔다. 원격 교육, 원격 근무 등 비대면 활동이 일상화되었고, 수년 뒤에나 자리 잡을 것 같던 4차 산업혁명의 미래가 1년 만에 우리 앞에 펼쳐지게 되었다.

디지털 경제로의 전환 속도도 빨라졌다. 우수한 디지털 인프라를 통해 방역 위기를 극복해나가는 한편, 중·장기 성장 동력 확보 차원에서도 디지털을 적극적으로 활용할 필요성이 대두되었다. 온라인 쇼핑과 배달 서비스가 오프라인 소비를 대체하고, 재택근무, 사이버 교육 등 전 분야의 디지털화가 짧은 기간에 급속히 진행되었다. 데이터·네트워크·인공지능(D.N.A.) 등 디지털 기반 기술이 다양한 영역에 활용되면서 산업의 혁신을 견인하고 경쟁력을 결정 짓는 핵심요소로 자리매김하게 되었다.

이러한 상황에서, 정부는 코로나19 경제위기를 극복하고 경제와 사회 전반의 디지털 대전환을 가속화하기 위해 한국판 뉴딜의 핵심정책으로 '디지털뉴딜'을 추진하였다. 디지털뉴딜은 세계 최고 수준인 정보통신기술(ICT) 역량을 기반으로 '디지털 선도국가'로 도약하기 위한

5 "코로나19로 2년간 일어날 디지털 변화를 2개월 만에 경험했다." (Satya Nadella, Microsoft CEO)

사회·경제시스템 혁신전략으로 추진하고 있다. 이를 통해 우리 경제 구조를 '추격형 경제'에서 '선도형 경제'로 거듭나도록 하는 것이 목표다. 우리 일상과 관련해서는 공적 마스크 판매를 원활히 하기 위해 공공데이터를 개방하였으며, 원격교육에 클라우드 기반 인프라를 활용하는 등 코로나19 위기 극복에 디지털 기술을 적극 활용하고 있다.

코로나19 위기 상황에서 과감한 국가전략으로 채택한 '디지털뉴딜'은 미국, EU 등 주요국에서도 뒤이어 유사한 관련 국가정책을 추진하면서 세계적으로도 옳은 선택이었음이 확인되고 있다. 앙헬 구리아 전 OECD 사무총장은 "한국은 디지털뉴딜과 그린뉴딜 어젠다를 모두 제시할 수 있는 리더가 되기 위해 필요한 모든 디지털 기술을 보유하고 있다"라고 평가하였다.[6] 정부는 2025년까지 49조 원의 재정을 투입해 디지털뉴딜의 성과를 경제, 사회 전반으로 확산하는 한편, 제도개선 작업도 함께 진행하고 있다.

정부는 코로나 대응의 연장선에서 디지털화 가속화뿐만 아니라 환경 문제에도 관심을 경주했다. 기후변화와 환경문제는 국민 안전을 위협하고 경제에 부정적 영향을 초래하지만 그 시급성은 높지 않다고 여겨지는 사안이었다. 그러나 코로나19를 계기로, 기후변화 위기의 파급력과 시급성이 재평가되기 시작했다. 2020년 4월 맥킨지가 지적한 바에 따르면, 감염병과 기후변화 사이에는 다음과 같은 네 가지 유사성이 있다.

첫째, 전염병의 가능성에 대한 전문가들의 계속된 경고에도 불구하고, 전 세계가 코로나19를 제대로 대비하지 못했다. 기후변화 또한 전

6 문화체육관광부(2021.12.23), 「대한민국 위기를 넘어 선진국으로」.

문가들이 계속 경고하고 있으나 제대로 대비되지 못하고 있다. 둘째, 전염병과 기후변화 모두 일정 수준(역치)을 넘어가면 사회경제적 비용이 기하급수적으로 증가한다. 셋째, 비정형적이라 과거 지식만으로 미래 예측에는 한계가 있다. 마지막으로, 감염병과 기후변화 모두 물리적 요인의 제거와 해소를 통해서만 제거될 수 있다.

저탄소 친환경 경제로의 전환을 통해서만이 기후변화라는 중대한 위협요인을 해소할 수 있었다. 이에 따른 녹색 경제, 즉 '그린 경제'로의 전환은 국민 삶의 질을 개선하는 동시에 전 세계적 투자 확대를 유발하여 일자리와 신산업을 창출할 수 있는 기회이기도 하였다. 2019년 2월 OECD는 '친환경 전환은 장기 성장에 부합하며, 새로운 사업 기회를 창출한다'고 한 바 있으며, 2020년 6월 IMF는 '그린 투자는 수많은 고용창출을 통한 코로나19 충격 회복을 견인'할 것으로 판단하였다. EU가 코로나19 지원기금 집행의 기본 원칙으로 환경규제 준수를 설정한 것처럼, 코로나19는 기후변화의 위협을 최소화하고 장기 성장에 부합하는 그린 경제로의 전환을 가속하였다. OECD 등 국제사회는 코로나19 극복을 위한 '더 나은 재건' 전략으로서 '녹색회복(green recovery)' 정책을 추진하였다. 만약, 그린 경제 전환에 뒤처질 경우 GVC(Global Value Chain, 글로벌 가치사슬) 내에서의 경쟁우위가 상실될 우려도 상존했다. 애플·구글·BMW 등 241개 글로벌 기업이 RE100(100% 재생에너지 사용)을 선언하고, 공급망 기업들에게도 RE100 준수를 요구하기 시작했기 때문이다.

디지털 경제와 그린 경제로의 전환은 신기술·신산업 일자리가 늘어나고, 플랫폼 노동, 원격근무 확대 등 일자리의 형태 또한 다양화되게 하는 요인이었다. 그러나 이는 일자리 미스매치(mismatch), 저숙련 노동수요 감소를 유발하고, 자체적인 전환이 어려운 전통적 서비스업, 제조업 등 영역의 일자리를 축소시켜 이직 또는 전직의 어려움, 실업, 양극화 등에 대한 부담과 우려를 불러왔다. 실제 디지털 기반이 취약한 전통 서비스업, 중소 제조업체 등에서 산업전환의 충격이 집중되는데, 통계청에 따르면 2020년 비자발적 실직자 수는 220만 명으로 2019년의 148만여 명 대비 49%나 증가하였는데 그중 숙박·음식점, 농림어업, 건설업, 보건복지, 제조업 실직자가 118만 명으로 절반 이상이었다.

이에 2020년 4월 미국의 사회과학 연구소인 브루킹스(Brookings) 연구소는 '노동집약 분야에서 코로나 여파가 지속되기에, 향후 직업훈련, 구직지원, 임금지원, 공공일자리 등 노동시장에 대한 적극적 재정투자 등이 매우 중요'하다고 언급하였다. 이처럼 직업훈련 확대 및 고도화, 새로운 고용형태에 대한 법적 보호, 실업·소득격차 완화 등 노동시장에서의 안전망 강화 요구에 대응하여 사회적 안전망을 강화할 필요성이 제기되었다.

따라서 정부는 저탄소 및 디지털 산업전환에 대응하여 인적자원을 육성하여 사람에 대한 투자를 늘리고, 전 국민의 평생학습지원 지원체계를 강화하는 등의 '휴먼뉴딜' 정책을 한국판 뉴딜에 포함시켰다. 이를 통해 국가의 미래자산이자 경제구조 전환의 핵심동력인 청년층이 코로나19로 인한 어려움을 극복할 수 있도록 집중 지원하고, 소득 및 가정환경 등에 따라 심화되는 교육과 돌봄의 격차를 해소할 수 있으리라 기대한다.

나. 한국판 뉴딜과 전환의 새지향

한국사회는 세계 어느 국가보다 빠른 기간에 산업화를 달성하였다. 하지만 장기간 지속된 군사정부의 독재로 사회가 안정되지 못했고, 성숙하고 공정한 자본주의가 정착하지 못했다. 대신 군부독재의 부족한 정당성을 메꿔주기 위한 수단으로써 경제성장이 강조되며, 효율, 경쟁, 결과, 이익만을 추구하는 성장우선주의가 팽배해졌다. 게다가 1997년 외환위기와 함께 거세게 밀려들어온 신자유주의의 광풍은 한국사회를 글로벌한 신자유주의 경쟁 체계 속으로 내몰았다.

신자유주의 시장화는 자본과 자원의 집중화 경향을 가속시키며 집중문명 사회로 한국사회를 이끌었다. 사실 인간사회의 발전과정을 보면, 사유재산이 출현하면서부터 자원, 부, 권력이 한곳으로 쌓이는 문명의 집중화 경향을 보인다. 신자유주의 시장화의 거대한 흐름은 집중문명 현상을 가속시키며 지구적 수준에서 경쟁과 합병, 이익과 효율, 개인화의 경향을 고도화시키고 있다. 지구적으로 확장한 글로벌 신자유주의는 재화와 자원의 집중화, 정치권력과 경제권력의 집중화를 넘어서 지구적 집중화를 가능하게 했다. 이런 집중문명의 궁극적 동력은 인류문명의 물질적 원천이라고 할 수 있는 에너지 자원, 특히 화석연료의 확보와 깊이 관련되어 있다. 화석자원을 채굴하고 가공하는 석유, 석탄, 철강 산업과 화석자원의 수송을 위한 철도, 항공, 선박 산업은 인류 삶의 방식을 근본적으로 변화시키는 동력이 되었다. 화석연료를 채굴하고 수송하는 산업기반 자체가 이미 지구의 생태환경을 훼손하는 일이지만, 화석연료를 과도하게 사용하는 인류의 삶 자체가 이산화탄소의 농도를 상승시켜 오늘날 지구 생태계를 재앙으로 몰아가고 있다. 훼손된 지구 생태계는 다양한 방법으로 인간에게 위험을 알리고 있는데, 코로나19도 결국 고도화된 집중문명에 대한 지구 생태계의 경고라 할 수 있다.

한국판 뉴딜의 디지털뉴딜, 그린뉴딜, 휴먼뉴딜은 코로나19 팬데믹을 극복하기 위한 위기대응 전략인 동시에 포스트코로나 시대를 대비하는 미래대응 전략이며, 집중문명에서 분산문명으로 새로운 문명사적 전환을 준비하는 중·장기적인 국가 프로젝트이다. 분산문명은 현대 문명의 '집중화'가 드러낸 파괴적 삶과 생태파괴의 현실에 대한 성찰로부터 시작하며(조대엽, 2015: 120),[7] 생명과 안전, 혁신과 도약, 균형과 포용의 가치를 지향한다.

첫째, 분산문명은 집중문명이 만들어낸 파괴와 위험의 가치를 배격하고 생명과 안전을 지향한다. 독일의 사회학자 울리히 벡(Ulrich Beck)은 성찰과 반성 없이 근대화를 이룬 현대사회를 '위험사회'라 명명하였다. 그는 산업화와 근대화를 통한 과학기술의 발전이 물질적 풍요를 가져다 주었지만, 동시에 새로운 위험을 가져왔다고 설명한다. 이 새로운 위험은 성공적 근대가 초래한 딜레마로서 산업과 경제가 발전하면 발전할수록 그 위험도 증가한다. 그 때문에, 소위 후진국에서 발생하는 현상이 아니라 성공적으로 과학기술과 산업이 발달한 선진국에서 나타나며, 무엇보다 예외적 위험이 아니라 일상적 위험이라는 데 문제의 심각성이 존재한다. 예를 들어, 서울에서 부산까지 이동할 때 과거에는 걷거나 말을 타고 이동했으나, 과학기술과 산업이 발달함에 따라 자동차나 기차를 이용하게 되고, 경제적 수준이 높아지면서 KTX와 같은 고속열차나 비행기를 이용할 수 있게 되었다. 이때 걷거나 말

7 조대엽(2015), 「생활민주주의의 시대」, 나남.

을 탔을 때의 위험, 자동차를 탔을 때의 위험, 기차를 탔을 때의 위험, 고속열차를 탔을 때의 위험, 비행기를 탔을 때의 위험을 비교해보면, 그 위험이 점차 증가함을 알 수 있다. 다시 말하자면, 4인승 자동차를 타고 가다가 사고가 나면 4명이 다치거나 죽을 수 있지만, 비행기를 타고 가다가 사고가 나면 수십, 수백 명이 죽거나 다치게 된다는 것이다. 그렇다고 해서 인간이 이룩한 과학기술과 경제적 발전을 포기하자는 것이 아니다. 여기서 중요한 것이 바로 앞서 밝혔듯이 '성찰과 반성'이다. 집중문명의 가치가 경쟁을 통한 독점이나 비용 대비 효율성을 최우선으로 두고, 어떻게 하면 빨리, 많이 성과를 낼까에 집중했다면, 분산문명의 가치는 생명의 가치를 최우선으로 두고, 어떻게 하면 안전하게 목표에 도달할 수 있을까를 고민하는 것이다.

둘째, 분산문명은 한계를 드러낸 집중문명을 넘어선 혁신과 도약의 가치를 지향한다. 집중문명은 석탄이나 석유 같은 화석연료를 기반으로 한다. 화석연료는 채굴하는 과정부터 자연환경을 파괴하고, 사용할 때 발생하는 이산화탄소도 생태계에 치명적이다. 화석연료 사용으로 기후위기 및 환경위기가 가속화되고 있으며, 이로 인해 국민의 생존이 위협받는다. 2021년 8월, '기후변화에 관한 정부 간 협의체(Intergovernmental Panel on Climate Change, IPCC)'가 발표한 제6차 평가보고서(AR6 WG I)에 따르면, 현재 대기 중의 이산화탄소 농도는 200만 년 간 전례가 없던 높은 수준인 것으로 평가되었다. 전 지구의 대기 중 이산화탄소 농도는 지속적으로 상승해왔고, 2019년 기준으로 전 지구의 대기 중 이산화탄소 농도는 410.5ppm인 것으로 관측되었다. 2020년을 포함하여 최근 6년은 기상관측 이래 가장 온난한 6년으로 기록되었으며, 2020년 상반기에만 기상학적 위험과 재난으로 전 세계적으로 약 980만 명의 이주민이 발생하였다. 우리나라도 예외는 아니다. 지난 106년간(1912~2017) 우리나라 연평균 기온은 약 1.8℃ 상승하여 전 지구 평균 온난화 속도보다 빠른 것으로 나타났다. 이로 인하여 2020년 최장기간 장마(중부지역 54일)와 집중호우, 2018년 최다 폭염일수(31.4일)와 최고기온(서울 39.6℃) 등 이상기후가 발생하였다. 경제적 피해도 막대하다. 최근 10년(2009~2018)간 기후변화로 인한 경제 손실액은 3조 4,000억 원인 것으로 조사됐고, 특히 세계적 기상이변으로 인한 재해의 경제적 손실은 연간(1976~1985, 2005~2014 기준) 약 140억~1,400억 달러(약 16조~160조 원)에 달했다. 2019년 이코노미스트 인텔리전스 유닛(EIU)은 기후변화로 인한 실물경제의 피해액이 2050년에 GDP의 3% 이상에 달할 것으로 전망하였다. 기후온난화 심화에 따른 해수면 상승, 폭염, 태풍, 홍수, 건조지역 농업과 생태계 가뭄 등 극한 기상현상과 기후재난의 빈도와 규모는 모두 증가할 것으로 전망되었다. 이렇게 생태환경을 파괴하는 자연자원의 무모한 채굴, 그 가운데서도 화석연료의 확보를 위한 경쟁은 고도로 집중화된 문명을 만들었고, 이러한 집중문명은 화석연료와 같은 자원을 무기화하며 지구 생태계 전체를 재앙으로 몰아가는 악순환을 거듭하고 있다. 집중문명을 넘어서는 새로운 문명체계는 무엇보다도 에너지와 사회생태질서의 '분산화'를 통해, 한계에 도달한 집중문명을 뛰어넘는 혁신과 도약을 가치를 목표로 한다.

셋째, 분산문명은 집중문명의 부작용이라고 할 수 있는 경쟁과 불평등을 지양하고, 협력을 통한 균형과 포용의 가치를 지향한다. 집중문명은 고도의 경쟁을 통해 부와 권력을 편중시켜 사회적 불평등과 위계적 질서를 강화시켰다. 특히 근대 산업사회에 와서 자원과 자본의 집중화 경향은 자본주의적 불평등과 착취를 고도화하고 마침내 국가 간 침략과 약탈로 인한 전쟁과 분쟁을 확산시켰다. 이 같은 사회경제적 불평등의 질서는 경쟁과 효율의 가치, 갈등과 폭력적 분쟁을 수단으로 스스로를 확장하며 재생산하고 있다. 집중문명의 극단적 경향 속에서 분열과 갈등, 경쟁과 적대는 우리 시대에 만연한 현실이자 질서가 되고 말았다. 우리나라의 경우를 살펴보아도 근대화 및 산업화를 거치며 일부 기업에 모든 인적·물적 자원이 집중되었다. 한국전쟁으로 파괴된 사회기반시설, 부족한 자원 및 자본 등 열악한 환경에서 경제를 발전시키기 위하여 정부가 선택한 방법은 바로 외국으로부터 원조를 받거나 차관을 들여와서 소수의 선발된 기업에게 집중적으로 투자하는 것이었다. 선발된 기업들은 노동력을 집중적으로 투입하여 생산력과 이윤을 극대화하고자 하였고, 그렇게 생산된 제품들은 외화를 획득하기 위하여 대부분 수출하였다. 이렇게 국가가 기획한 경제발전 계획에 선발된 기업들이 바로 대부분 현재 우리가 알고 있는 대기업들이다. 그리고 그 과정에서 뿌리 깊은 정경유착의 폐해가 시작되었다. 또한, 이런 '집중화' 방식의 경제발전 전략은 대기업과 중소기업의 불평등한 구조를 만들어냈다. 대기업과 중소기업 간 불평등한 구조는 대기업 직원과 중소기업 직원 간 임금 및 복지 격차, 대기업이 있는 곳과 없는 곳의 지역 격차, 대기업 제품을 쓰는 사람과 아닌 사람 간 소비생활 격차 등 사회 곳곳에서 다양한 불평등과 균열로 확산되어 간다. 점차 사회가 양극화되고 분화되어가는 것이다. 모든 인적·물적 자원이 소수의 대기업에 집중되는 구조는 과거 경제발전 시기에는 나름 효율적인 방법이었지만, 시간이 흐름에 따라 부작용을 만들어내며, 나아가 새로운 경제활동의 주체들과 다양한 사업영역이 등장할 수 있는 창의

성과 역동성을 저해한다. 성장, 발전, 경쟁 등을 지향하는 집중문명이 만들어낸 불평등과 분열의 질서를 포용과 균형의 가치를 통해 극복해야 한다.

다. 한국판 뉴딜과 전환의 새구조

지금까지 한국사회가 발전해온 과정을 보면 '집중화를 통한 시공간의 응축'으로 표현할 수 있겠다. 서구에서 산업혁명과 시민혁명이 발생한 것이 18세기였다. 우리나라는 1950년대부터 1980년대까지 약 30여 년 만에 산업혁명과 시민혁명을 모두 겪어냈다. 물론 이 시기는 '한강의 기적'이라 불릴 만큼 다른 어느 나라보다 빠르게 경제를 성장시킨 시기였고, 시민들의 힘으로 독재정권을 몰아내고 민주화를 달성한 시기였지만, 이 응축된 시간 속에서 우리는 고르게 성장할 기회를 잃었고, 민주주의를 성숙시킬 시간을 잃었다. 그리고 그 결과 우리는 응축된 공간, 즉 대기업이 있는 수도권, 그리고 그 수도권에 있는 좁은 사무실과 공장에 모여서 일하고 생활하게 되었다. 그러나 집중문명이 만들어낸 응축된 시공간은 여러 문제점을 드러내며 한계에 봉착했고, 포스트코로나 시대를 준비하며 한국판 뉴딜을 통해 만들어내고자 하는 새로운 문명은 시공간의 분산을 통해 가능하다.

첫째, 분산된 경제 구조이다. 디지털 경제와 네트워크 경제를 통해 분산된 경제구조를 만들 수 있다. 디지털 경제와 네트워크 경제의 핵심은 바로 데이터와 IT기술이다. 최근 스마트폰 등 전자기기의 발달로 우리가 이동하고 소비하는 모든 것이 데이터로 축적될 수 있다. 예를 들어 우리가 이동하는 경로는 일정한 시간으로 이동통신 중계기와 정보를 주고받는 스마트폰의 위치, 빠른 길찾기를 위해 사용하는 내비게

이선의 출발지와 도착지 등의 데이터를 통해 정보화되고 축적되어 활용될 수 있다. 이렇게 여러 산업·생활 영역에서 데이터를 축적하고 분석하여 인공지능을 학습시키고, 학습된 인공지능을 의료, 금융, 교육, 교통 등 다양한 분야에서 활용할 수 있게 된다. 데이터를 구축하고 가공하는 과정에서 새로운 일자리가 생겨나고, 기업들은 축적된 데이터와 학습된 인공지능 기술을 활용해 혁신적인 제품과 서비스를 만들어 낼 수 있게 된다. 이런 데이터를 활용한 디지털 경제는 과거처럼 대규모의 사람들이 한정된 건물이나 공간에 모여서 노동하는 집중적 경제구조를 필요로 하지 않는다. 성능 좋은 IT기기와 빠르고 안정적인 인터넷 네트워크만 있다면 언제 어디서나 자신이 원하는 시간과 공간에서 노동할 수 있다. 이렇게 인터넷을 통해 경제 주체들이 서로 연결되어 움직이는 경제가 바로 네트워크 경제이다. 그 대표적인 사례가 바로 코로나19 위기를 겪으면서 익숙해진 재택근무이다. 우리나라는 이미 수년 전부터 재택근무를 할 수 있는 인터넷 네트워크와 IT기기가 충분히 보급되어 있었다.[8] 동네에 있는 카페에만 가도 빠른 무선인터넷을 무료로 이용할 수 있을 정도이다. 그동안 노동생산성에 대한 염려와 비대면이라는 불확실성 때문에 재택근무가 제대로 시행되지 못했지만, 코로나19 장기화와 디지털 기술의 발달로 원격회의와 재택근무 등 새로운 방식의 노동형태가 우리의 삶 속으로 깊숙이 들어오게

8 데일리한국(2018.6.24), 「한국, 인터넷 사용률·스마트폰 보급률 '세계 1위'」에서 미국 시장조사 기관 퓨리서치가 발표한 보고서를 토대로 보도한 내용에 따르면, 우리나라는 성인 94%가 스마트폰을 보유한 것으로 확인되어 세계 1위를 기록했다. 2위는 이스라엘이 83%로 꽤 격차가 큰 1위였다. 인터넷 사용률도 96%로 조사되어 세계 1위인 것으로 나타났다.

되었다. 고용노동부 실태조사에 따르면 2020년 국내 기업의 절반 정도가 재택근무를 운영했으며 한국경제연구원의 노동현안 조사에서는 2021년 주요 대기업 10곳 가운데 7곳 정도가 재택근무를 실시한 것으로 나타났다. 입법조사처도 보고서에서 "코로나19가 디지털 기술의 발달에 따른 취업형태의 다변화를 가속화시켰고 새로운 일자리는 다양한 업종에서 다양한 형태로 나타나고 있다"라고 지적했다.[9] 이렇게 데이터와 네트워크를 활용하여 다양한 곳에서 업무를 보는 분산형 노동구조가 포스트코로나 시대에도 새로운 경제구조로서 작동하며 확대될 것이다.

둘째, 분산된 공동체 구조이다. 지금까지의 공동체 구조는 직접 만나고 모임으로써 유지되는 대면적 특성을 갖는다. 하지만 코로나19에 대한 방역조치 중 하나로 시행된 사회적 거리두기가 장기화되면서 그 동안 당연했던 공동체들이 해체되기 시작하였다. 학교에서 친구를 만나 사귈 수 없게 되었고, 명절이나 기념일에 가족과 친지들이 모이는 것이 부담스러워졌다. 종교활동이나 취미활동 등 대부분 모든 대면 활동이 취소 또는 연기되거나 비대면으로 대체되었다. 직접 광장에 모여 얼굴을 보며 대화를 나누고 의견을 공유함으로써 작동하는 공동체의 연대감 생성·유지·확장 구조가 무너진 것이다. 예를 들어, 2021년 대학에 입학한 학생들은 1년이 넘도록 제대로 대학 캠퍼스에 가본 적도 없고, 동기들과 모여서 과제를 해본 적도 없으며, 교수님이나 선배들의 얼굴을 직접 본 적도 거의 없다. 이들에게 이전에 입학했던 학생과 동일한 수준의 학교에 대한 소속감이나 선·후배 간 연대감을 기대

9 서울신문(2022.1.30), "코로나19 이후에도 재택근무 시행 가능성 높아".

하기는 어렵다. 또한, 결혼식이나 장례식 등 인생의 중요한 시점에 많은 사람들이 서로 모여서 축하 또는 위로해주며 공동체의 연대감을 확인하는 일도 없어지거나 축소되었다. 정부에서 발표한 사회적 거리두기에 다르면, 3단계와 4단계의 경우 결혼식은 최대 49명까지만 허용된다. 누구를 결혼식장에 직접 초대할 것인가를 결정하는 것이 결혼하는 당사자들의 중요한 고민이 되었고, 초대를 받은 사람들은 코로나19 감염의 위험성을 감수하고서라도 직접 결혼식에 참석해야 하는지 결정하는 것이 중요한 고민거리가 되었다. 공동체를 유지하는 데에 중요한 기능을 하던 결혼식이 오히려 공동체의 균열을 야기하는 계기가 될 수도 있는 상황이 발생한 것이다. 그러나 발달한 정보통신 및 네트워크 기술을 활용하여 이러한 문제를 해결할 수 있다. 바로 결혼식을 SNS 또는 온라인 플랫폼을 활용하여 생방송으로 중계하는 것이다. 최근 실제로 이런 방식으로 결혼식을 진행하는 사람들이 생겨났고, 점차 코로나19 시대의 새로운 결혼 문화로 자리 잡고 있다. 공동체를 해체할 수 있는 코로나19와 사회적 거리두기 상황에서 정보통신기술을 활용하여 공동체의 유대감을 유지 및 확인할 수 있는 새로운 구조가 만들어진 것이다. 이를 통해 모이고 이동하면서 발생한 시간, 비용, 에너지의 낭비를 줄일 수 있게 되었다. 포스트코로나 시대에는 이렇게 분산된 형태의 공동체, 하지만 충분히 서로 연결되어 연대감을 확인 및 유지할 수 있는 새로운 구조가 뉴노멀이 될 것이다.

셋째, 분산된 정치 구조이다. 지금까지 한국사회의 정치 구조는 이념에 집중된 구조였다. 이는 대립과 갈등의 특성을 갖는다. 보수와 진보, 큰 두 개의 진영에 각자의 이념에 따라 모여서, 대화와 협력보다는 대립과 갈등, 그리고 세력 불리기를 통해 자신들의 입지를 확장하고

[그림 2-4] 온라인으로 중계하는 결혼식

출처: SBS(2020.4.6), "하객 없는 '온라인 결혼식'..."잘 살아" 휴대전화로 축하".

주장을 관철시키는 방식으로 진행되어왔다. 이런 정치 구조하에서 다루는 이슈는 결국 한정적일 수밖에 없다. 자신이 속한 진영의 지지자들을 만족시키기 위해서는 상대방 진영과 분명하게 차별되는 이슈들을 반복적으로 끊임없이 제기해야 하기 때문이다. 그래서 주로 계급, 민족, 국가 등 이념적 구도가 확실하고 근본적 사회구성요소와 관련된 이슈에 한정된다. 반면, 우리의 삶과 직접적으로 관련이 있는 이슈들, 예를 들어 노동, 복지, 여가, 예술, 문화, 소비 등 생활 정치의 이슈들은 소외되었다. 그러다 보니 자연스럽게 정치에 대한 무관심이 발생하였고, 이런 현상은 졸업, 취업 등의 사회 진출에 어려움을 겪고 있는 청년세대들에게 더욱 크게 나타난다. 한국갤럽이 2021년 12월 전국 성인남녀 1,001명을 대상으로 한 대선 후보 지지도 설문에서 18~29세는 '지지 후보 없음'(24.0%)을 가장 많이 골랐다.[10] '모름·응답거절'은 12.8%로 전 연령 중 유일하게 두 자릿수였다. 두 응답을 합치면 4명 중 1명꼴로 가장 무관심하게 반응했다. 같은 MZ 세대인 30대(20.5%)와 차이가 뚜렷하다. 열 명 중 서너 명(34.3%)은 지지 정당이 없고, 8명 가까이(76.4%) 향후 두 달 내 '얼마든지 다른 사람 지지로 바꿀 수 있다'고 했다. 피선거권이 25세에서 18세로 낮춰지기는 했지만, 20대로서는 삶과 무관해보이는 정치적 이슈에 관심을 갖기에 앞서 취업 걱정이 급하기 때문이다. 이런 정치적 무관심 현상은 보수와 진보의 진영 대립에 집중한 정치적 이슈, 거대 양당 중심의 정치적 구조에서 기인한다. 포스트코로나 시대는 수많은 삶의 영역에서 제기되는 서로 다른 수많은 생활 가치들이 정치적 이슈로 다루어지고, 이런 정치적 이슈들을 다룰 수 있는 다양한 정치적 주체들이 등장하는 분산된 정치 구조가 필요하다.

3. 포용적 회복과 도약

가. 혁신적 포용과 정의로운 전환

코로나19로 드러난 한국사회의 구조적 문제점들을 해결하고, 새롭게 다가올 포스트코로나 시대를 준비하기 위하여 문재인 정부는 2020년 7월 「한국판 뉴딜 종합계획」을 마련하여 발표하였다. 한국판 뉴딜은 문재인 정부가 출범 당시 제시한 국가 비전, 그리고 최근까지 진화하며 발전한 국정 비전에 담긴 국정철학과 실천윤리가 적용된 '선도국

10 매일신문(2022.1.2), "'정알못' 무관심, 정치적 악순환... 한 표가 삶을 바꾼다".

가로 도약하기 위한 대한민국 대전환' 전략이다.

문재인 정부는 '국민의 나라, 정의로운 대한민국'이라는 비전으로 출범하였다. 여기서 '국민의 나라'는 헌법 제1조의 정신에서 비롯한다. 헌법 제1조는 제1항 "대한민국은 민주공화국이다"와 제2항 "대한민국의 주권은 국민에게 있고, 모든 권력은 국민으로부터 나온다"로 구성된다. 박근혜 정부를 탄핵하기 위해 광장에 모인 촛불시민들은 "이게 나라냐"며 분노하고, "대한민국은 민주공화국이다", 그리고 "모든 권력은 국민으로부터 나온다"고 외쳤다. 소수의 집단이나 국민이 선출하지 않은 부정한 권력이 국정을 농단하는 것에 대한 경고였다. 그리고 이는 공정과 책임에 대한 요구였다. 이러한 촛불시민들의 준엄한 목소리는 '정의로운 대한민국'에 대한 요구로 이어졌다.

정의는 공정, 책임, 협력의 실천윤리로 구성된다. '공정'은 자유로운 경쟁을 보장하는 조건이며 기회의 동등성과 사회적 출발의 공평성을 제도적으로 갖추는 것이 중요하다는 점에서 '사회적 조건의 윤리'이다. 정부 출범 시 자주 언급되던 "기회는 평등하고, 과정은 공정하며, 결과는 정의로울 것"이라는 표현은 기회와 과정과 결과에 대한 분리된 표현이라기보다 정의로운 질서가 되기 위해서는 평등한 기회라고 하는 공정의 조건이 갖추어져야만 한다는 표현으로 해석할 수 있다. '책임'은 사회적 요구와 실천, 규범에 대한 개인·집단·제도의 응답이다. 책임의 윤리는 개인주의와 자유주의에 바탕을 둘 경우 자율적 행위의 결과에 대한 사회적 규율로 작동하며, 사회적 수준에서 국가 수준에 이르기까지 다양한 수준의 공적 권위의 체계는 사회적 책임의 위계를 구성하며, 책임의 위계에 따라 행위의 결과에 대한 도덕적, 법적 책임으로 응답한다. 가장 높은 수준으로 제도화된 국가의 공공성은 국민의 생명과 안전에 대한 책임으로 응답해야 하며, 사회적 약자에 대한 복지의 확충을 통해 사회경제적 불평등에 대한 책임으로 응답해야 한다. 이런 점에서 책임의 윤리는 '사회적 결과의 윤리'이다. '협력'은 사회구성원들 간의 상호인정과 신뢰를 기반으로 만들어질 수 있는 공존과 상생과 포용의 실천양식이다. 인류는 노동협력에 기원을 둔 협력의 유전자를 공유하지만 현실은 언제나 반협력의 억압과 배제의 질서가 인류를 지배했다. 두 번의 세계대전 이후 이념의 실패와 시장의 실패라는 두 번의 세계사적 실패에 이어 인류는 생명권의 실패라는 거대하고도 복합적 실패를 경험하고 있다. 세 번의 거대한 실패에 대한 대안의 윤리는 '협력'이다. 정치적 타협이나 협치의 수준을 넘어서는 사회적 연대와 사회적 협력의 질서가 절실한 시대 과제가 되었다. 협력은 상호적 과제이기 때문에 무엇보다도 호혜적 조건을 갖추어야 가능하다. 따라서 협력의 윤리는 불평등과 불균형을 넘어 적대와 대결을 봉합하는 '사회적 통합의 윤리'이다.

이런 정의의 실천윤리들은 '혁신적 포용국가' 비전으로 이어졌다. 여기에는 여전히 심각한 경제적 불균형과 정치적 양극화, 그리고 성·세대 등 사회갈등을 적극적으로 해결하겠다는 정부의 강력한 의지가 담겨 있었다. 혁신과 포용을 기조로 한 혁신적 포용 국가의 비전은 우리만의 고민이 아니라 세계적 흐름을 반영한 것이었다. 선진국이나 국제기구들은 이미 사회의 '포용성' 향상과 '혁신능력' 배양을 장기적 국가발전의 핵심요소로 보고 적극적 경제사회정책의 중요성을 강조하고 있었다. 당시에 이러한 흐름은 개별 국가를 넘어서 국제기구로 확산되는 추세에 있었다. 4차 산업혁명의 이슈를 선도하고 있는 세계경제포럼(WEF)은 매년 103개 국가를 대상으로 포용 발전 지수(Inclusive

Development Index, IDI)를 발표하고 있다. 이 지수는 전통적인 성장뿐만 아니라 세대 간 평등(intergenerational equity), 그리고 포용성으로 이루어져 있는데, 2018년 우리나라의 성적은 선진 경제 30개 국가 가운데 16위를 기록하였다. 하지만 포용성(inclusion) 항목만 보면 하위권인 22위에 머무르고 말았다. 또한 유엔개발계획(UNDP)도 평화를 지속하고 갈등을 예방하며, 구조적 불평등을 치유할 핵심 개념으로 포용적 정치과정(Inclusive Political Process, IPP)이라는 개념을 사용하고 있다. 여기에는 의회 발전, 헌법과 선거의 개혁, 시민참여, 여성의 평등한 정치참여 등이 핵심요소로 설정되어 있다.

코로나19가 장기화되자 정부는 '회복과 도약'의 비전을 제시하였다. 여기에는 코로나19에 대한 적극적 대응능력과 위기극복에 대한 강한 의지와 자신감이 반영되어 있다. 2020년 초 느닷없이 닥친 코로나19 위기 탓에 세계 경제는 극심한 침체와 구조적 대변혁을 마주했다. 우리 경제도 어려움을 피해갈 수 없었다. 팬데믹 위기 전까지만 해도 글로벌 경기·교역 회복으로 성장세가 개선돼 '사람 중심 경제'로의 패러다임 전환이 빨라질 것으로 기대했는데, 대공황 이후 최악의 글로벌 경제위기가 닥친 것이다. 정부는 '3T 전략'(진단검사-역학조사-신속한 치료)과 사회적 거리 두기 정책을 시행하였고, 여기에 시민들의 적극적 협조와 희생이 더해지면서 효과적으로 유행 확산을 억제할 수 있었다. 또한, 정부-의료진-국민의 삼각 협력 덕분에 세계 어느 나라보다 빠른 접종 속도를 기록하였다.[11] 이 과정에서 문재인 대통령은 비상

11 경향신문(2021.9.30), 「접종 속도, 선진국은 둔화됐는데... 한국은 빠른 접종 속도 꾸준히 유지」 기사에 따르면, 국내 코로나19 백신 1차 접종률이 50%에서 70%로 오르

경제회의를 8차례나 직접 주재하였고, 정부는 6차례에 걸친 추경예산을 편성·집행하였다. 또한, 회복과 도약에는 일본의 부당한 수출규제에 당당히 맞서 경제위기를 극복하고 나아가 이를 계기로 '제조산업의 허리 역할을 하는 국내의 소재·부품·장비(소부장) 산업을 제대로 키워 위기를 도약의 기회로 만들겠다는 문재인 정부의 강력한 의지가 담겼다. 2019년 7월, 일본 경제산업성은 한국으로 향하는 핵심 소재의 수출을 막았다. 느닷없이 수출규제를 한 것이다. 이에 정부는 이어 'K-소부장' 육성 대책을 내놓아 맞대응했다. 2019년 8월 5일 발표한 '소재·부품·장비 경쟁력 강화대책'에는 일본 의존도가 높았던 100대 품목을 중심으로 공급망을 내부화·다변화하고, 기술개발과 투자유치 등을 통해 공급을 조기에 안정화하는 내용이 담겼다. 또 기업 맞춤형 실증·양산 시험장(테스트 베드)을 확충하고, '소부장 경쟁력위원회'를 운영하며, 「소재·부품·장비 특별조치법」을 전면개정하는 등 강력한 추진체계를 마련하기로 했다. 그 결과 관련 기업들은 단 한 건의 생산 차질도 없이 제품을 공급했고, 국내산업의 일본 의존도는 크게 낮아졌다. 이는 회복과 도약이 코로나19 이전 상황으로의 복귀나 수출규제 이전의 한일 관계로의 단순한 회귀를 의미하는 것이 아니다. '회복'은 단순히 과거로의 복귀가 아니라 미래로의 도약을 준비하는 회복인 것이다

회복과 도약을 위한 설계도가 바로 한국판 뉴딜이다. 2020년 코로나19의 확산은 세계 경제의 톱니바퀴를 멈춰 세웠고, 그동안 당연했

기까지 걸린 시간은 28일(8월 21일~9월 17일)이다. 일본(44일), 프랑스(54일), 영국(118일) 등에 비해 속도도 빠를뿐더러 누적 1차 접종률을 비교해도 이들 국가를 모두 앞섰다.

던 일상도 사라지게 되었다. 세계 각국은 현재의 경기침체를 극복하고, 포스트코로나 이후 달라질 미래를 대비해야 하는 두 가지 숙제를 받게 됐다. 우리 정부가 꺼내든 해답은 디지털과 그린(친환경) 분야에 집중투자하는 '한국판 뉴딜'이었다. 먼저, 문재인 정부는 한국판 뉴딜의 한 축으로 디지털뉴딜을 제시했다. 코로나19 위기극복을 넘어 우리가 가진 세계 최고수준의 디지털 역량을 전 산업 분야에 결합하여 우리 경제를 '추격형 경제'에서 '선도형 경제'로 도약하는 것을 목표로 삼았다. 다른 하나는 코로나19 이후 기후·생태위기 대응이 세계적 이슈로 부상할 것이라는 전망 하에 마련한 그린뉴딜이었다. 우리 경제를 탄소 중립 경제로 전환시키기 위해 선제적 투자를 하고, 이를 통해 국가의 신성장 동력을 마련하겠다는 것이다.

나. 선도방역과 세계선도국가 도약

코로나19가 장기화되면서 문재인 정부는 새로운 국가비전으로 '세계선도국가'를 제시하였다. 코로나19 바이러스가 변종으로 확산되기 전에 대한민국은 방역 모범국가로 세계의 주목을 받았다. 3T 전략과 함께 유전자 증폭방식의 코로나19 진단기법이 ISO 국제표준으로 지정되었을 뿐만 아니라 드라이브 스루방식, 생활치료소 등은 새로운 표준이 되었다. 포스트코로나 시대는 새로운 세계를 선도할 수 있는 새로운 표준이 절실한 시대이다. 문재인 정부는 선도방역의 성과를 선도경제로 이어나가기 위해 선도국가 모델을 제시한 것이다.

여기에는 코로나19로 인한 지구적 위기와 성장 중심의 선진국 패러다임에 대한 비판적 성찰이 깔려 있었다. 코로나19는 집중화한 성장경제 체계의 실패, 시장주의에 물든 의료·생명·안전 체제의 실패, 그리고 고도로 개인화된 정치·사회 질서의 실패를 여실히 보여주었다. 또한, 기존의 서열구조의 정점에 있는 선진국들조차 이러한 위기 극복에 무력하다는 사실을 확인시켜 주었다. 게다가 자국이기주의로 인한 교역질서의 위기, 생태파괴가 드러내는 기후와 보건 위기, 그리고 핵무기와 원전의 위협을 포함한 핵위기 등 일국의 수준을 넘은 지구적 위기는 날로 심화되고 있었다. 결국, 문재인 정부는 기존의 선진국 패러다임으로는 지구적 위기와 불확실한 세계질서를 이끌 수 없으며, 이제 세계사회를 선도할 수 있는 새로운 표준, 즉 세계선도국가가 필요하다고 판단하였다.

세계선도국가는 추격국가에서 선도국가(First Mover)로의 도약을 그리는 대한민국의 달라진 위상을 반영하고 있다. 또한, 양적·서열상의 우위를 점하는 선진국과는 다른 가치와 내용, 그리고 방식을 지향하고 있다. 즉, 세계선도국가는 "세계사회의 공공성을 추구하는 세계시민가치로서의 사람과 생명가치를 존중하고, 방역과 경제와 공동체의 다양한 영역에서 선도방역, 선도경제, 선도시민의 새로운 표준을 제시하며 대내외적인 연대와 협력으로 불확실한 인류의 미래를 개척하는 나라"로 정의될 수 있다. 그리고 이를 구체적으로 구현하기 위한 3대 방향으로 세계선도안전, 세계선도경제, 그리고 세계선도시민을 제시하였다.

첫째, 세계선도안전은 생명과 안전 가치를 추구한다. 세계표준의 K방역뿐만 아니라 탄소중립의 산업환경 구축, 안전하고 쾌적한 생활공간, 생명안전을 보장하는 미래에너지 등의 실천과제가 구체화되어야 한다. 둘째, '세계선도경제'는 혁신과 도약을 의미한다. 디지털 경제와 탄소중립경제 영역에서 새로운 세계표준을 제시하고 세계적 우위 분야에서 미래선도 일자리를 창출할 뿐만 아니라 경제성장과 자원 배분의 형평성을 함께 고려하는 혁신의 실천과제가 있다. 셋째, '세계선도시민'은 균형과 협력을 지향한다. 지구적 불확실성을 극복하기 위한 글로벌 정의를 공유하는 정의로운 세계시민, 지역과 다음 세대를 고려하는 정의로운 배분의 주체구축, 협력과 합의의 대화시스템, 두터운 돌봄, 교육, 안전망의 구축 등의 과제가 있다. 세계선도안전과 세계선도경제와 세계선도시민으로 구성되는 세계선도국 질서는 포스트코로나 시대 새로운 문명을 만들어야 하는 인류의 당면한 과제이기도 하다.

제4장 한국판 뉴딜과 정의로운 전환

1. 한국판 뉴딜과 새로운 자원배분

코로나19는 단순한 감염병이나 자연적 현상이 아니라 인류 문명사적 대전환기를 알리는 계기이자 신호라고 할 수 있다. 에너지의 84%를 화석연료에 의존하는 집중문명의 탄소경제체제는 인류에게 물질적 풍요를 가져다주었지만, 동시에 경제적 불평등 심화, 사회 양극화, 자연파괴 등의 사회문제를 유발하고 있다. 코로나19는 경제적·사회적으로 취약한 국가나 계층에게 더욱 가혹하게 다가가서 현재 집중문명의 폐해를 여실히 드러나게 하였다. 우리는 팬데믹을 극복하고 포스트코로나 시대를 준비하며 우리가 사는 사회를 거대하고 복합적 수준에서 정의롭게 바꾸는 문제에 당면한 것이다.

한국판 뉴딜은 코로나19가 준 사회적·경제적 피해를 회복하는 동시에 인간과 생명의 가치를 중심으로 연대와 협력의 방식을 통해 새로운 사회로 도약하기 위한 전략이다. 그리고 '정의로운 전환'을 통해 압축적 근대화와 급속한 산업화의 과정에서 배태된 불공정, 불평등, 불균형한 질서를 극복하고, 새로운 기회의 공평성, 절차와 과정의 공정성, 발전수준의 균형성을 만들어내기 위한 국가적 프로젝트이다.

사실 '정의로운 전환'이라는 개념이 이번에 처음 등장한 것은 아니다. 정의로운 전환의 기원은 냉전으로 대립하던 미국과 소련의 긴장이

[그림 2-5] 정의로운 전환을 처음 주창한 토니 마조치

출처: 미국철강노조 토니마조치센터 홈페이지(https://uswtmc.org/about-us/tony-mazzocchi).

다소 완화되던 1970년대 데탕트 시기에 실직 위기를 우려하던 미국의 안보 관련 산업 노동자들의 일자리 보호 프로그램 마련에서 찾을 수 있다. 당시 미국석유화학원자력노동조합을 이끌고 있던 토니 마조치(Tony Mazzocchi, 1926~2002)는 냉전 해빙기의 국제적 흐름 속에서 미국 내 정치권이 논의하기 시작한 군비 축소가 관련 업계에 종사하는 노동자들의 생계를 위협한다는 사실을 깨달았다. 이에 마조치는 노동조합이 탈냉전 계획 수립과정에 적극적으로 참여할 수 있기를 요구하였다. 미국이 군인 재적응법(Servicemen's Readjustment Act)을 제정하여 2차 세계대전 유공자의 전후 노동시장 재진입을 지원했던 것처럼 군비 축소로 인해 실업의 위기에 놓인 전쟁 관련 산업 노동자를 국가가 보호하고 지원해주어야 한다고 주장한 것이다. 이후 1980년대 환경보호의 필요성이 대두되고 규제정책들이 잇따라 효력을 발휘하면서 관련 산업의 노동자들이 실직하는 모습을 목격한 마조치는 자신의 주장을 환경 영역에 적용해 "노동자를 위한 수퍼펀드"를 통해 오염산업에 종사하던 노동자 생계 보호를 제안하였다. 이런 마조치의 사상은 이후 마조치 본인과 동료들에 의해 '정의로운 전환'이라는 개념으로 발전하였고, 1990년대부터 미국과 캐나다에서 활동하는 다수의 노동단체가 이 개념을 사용하였다.

'정의로운 전환'의 개념은 2000년대에 접어들면서 제적으로도 많은 관심을 받게 되었다. 2000년대 초부터 기후변화에 관한 관심이 높아지고 국제적 논의가 활발해지자 세계의 노동조직은 기후변화 관련 국제합의가 가져올 사회적 변화와 고용 충격을 우려하게 되었다. 이에 국제 노동조합 연합(International Trade Union Confederation)을 위시한 노동단체들은 '정의로운 전환'의 원리를 UN 합의 도출 과정에 포함하기 위해 노력하였고, 그 결과 정의로운 전환 원칙은 2009년 코펜하겐 기후협약 교섭문과 2015년 파리협정 전문에서 다루어졌다. 특히, 코펜하겐 기후협약 교섭문은 "보다 지속 가능한 생산 및 소비를 바탕으로, 세계 경제 성장 패턴을 저탄소 경제로 전환하고 지속 가능한 생활양식과 기후 탄력적인 개발을 증진하는 동시에 노동력의 정의로운 전환을 보장하는 경제 전환이 필요하다"라고 명시하였다. 정리하자면, 정의로운 전환은 환경보호와 경제 및 일자리가 대척점에 있다는 이분법적 사고를 극복하기 위한 노력이라고 볼 수 있다. 특히, 2015년 UN에서 지속가능발전목표를 채택한 이후 경제-환경-사회의 조화로운 성장이라는 방향성이 전 세계 개발 전략을 주도하고 있는 만큼, 기존 산업에 종사해온 경제주체를 포용하고 보호할 수 있는 사회안전망을 확립해야 한다는 공감대가 형성되고 있다.

정의로운 전환을 성공적으로 이행하기 위해서는 다양한 집단의 협력이 요구된다. 예를 들어, 오스트레일리아의 빅토리아(Victoria) 지역의 정의로운 전환 사례를 살펴보면, 정의로운 자원의 재배치를 위하여 노동자, 협동조합, 환경운동가, 신재생 에너지기업, 정부 등 다양한 주체 간 협력이 중요하다는 것을 알 수 있다. 이 지역은 세계에서 두 번째로 큰 갈탄 매장량을 자랑하는 만큼 지역사회의 대부분을 석탄산업이 차지하고 있었다. 그러나 전 세계적으로 탈(奪)석탄 기조가 거세지자 다양한 사회경제적 문제가 발생하기 시작하였다. 결국, 탄광 폐쇄 과정에서 기업이 노동조합 및 정부와 상의하지 않고 독단적으로 폐쇄 결정을 발표했다. 그 결과 지역에서의 정치적 갈등도 격화되었다. 친환경 에너지 전환 정책을 지지하는 지방정부와 반대하는 중앙정부 간 갈등도 발생하였다. 이러한 가운데 빅토리아 지방정부는 이 지역을 특별경제구역을 지정하여 지역 노동자 및 신사업에 포괄적인 재정 지원과 재교육 프로그램 등을 제공하였고, 노동조합은 권익 보호를 위해 환경운동가와 연합하여 협력조직을 창설하였다. 이런 지방정부의 적극적인 정책적 지원으로 인해 빅토리아 주의 실업률이 하락하였고, 전기차 생산업체와 태양광 기업을 지역에 유치하였다. 노동조합이 창설한 협력조직(Earthworker Energy Manufacturing Cooperative) 역시 활동을 계속하여 지역에서 태양광을 통한 급탕 시스템을 지역에 건설하였다. 이런 빅토리아 지역의 사례는 전환 과정에서 소외될 수 있었던 노동자들이 주체적으로 조합을 만들고, 친환경적인 공장을 설립해 성장시켜 나갔다는 점에서 배울점이 많다. 또한, 전통적으로 석탄산업이 주를 이루던 지역에서, 탈석탄화와 신재생에너지를 통해 일자리와 수익을 창출하여 지역 경제의 침체를 막았다는 점 역시 앞으로 저탄소 경제로의 전환을 이루는 데 있어 중요한 시사점을 제공해준다.

한국판 뉴딜은 한국사회의 산업구조의 재편과 장기적 차원에서 대전환을 이루는 프로젝트로서, 포스트코로나 시대의 세계질서 중 가장 중요한 두 축인 디지털 전환과 기후변화 예방을 동시에 목표로 삼고 있다. 그러나 이 과정에서 특정 산업은 의도하지 않게 경제적 혜택에서 주변화되면서 관련 산업의 종사하고 있는 노동자, 기업, 지역사회

[그림 2-6] Earthworker Energy Manufacturing Cooperative

출처: Earthworker Energy Manufacturing Cooperative 트위터(@EemcEnergy)

등에게 불가피한 피해를 줄 수밖에 없다. 이들에 대한 피해를 최소화하기 위해서라도 사회적 또는 산업 간 합의를 기반으로 자원을 재배치하는 정의로운 전환이 필요하다. 탄소중립경제를 견인하는 '그린뉴딜' 뿐만 아니라 4차 산업혁명을 선도하는 '디지털뉴딜', 그 과정에서 발생하는 피해를 최소화하기 위한 사회안전망으로서 '휴먼뉴딜', 그리고 실제 뉴딜의 현장으로서 지역의 균형적인 발전을 도모하는 '지역균형뉴딜'의 거대복합전환 과정에서 구조적 피해를 최소화하고 우리 사회에 내재된 불공정, 불균형, 불평등의 질서를 공정하고 균형적이며 포용적 질서로 정의롭게 전환해야 한다는 것이다.

한국판 뉴딜은 에너지, 데이터 등을 포함한 자원의 불평등한 배분이 초래하는 격차를 줄이며 사회경제적으로 정의롭게 전환하고, 공간적·지리적 측면에서 자원을 균형적이고 공정하게 배분하며 지역적으로 정의롭게 전환하고, 정확한 미래전망에 기초해서 다음 세대를 위해 정의롭게 전환하는 것을 목표로 한다. 그리고 대화와 합의를 통해 자원에 대한 접근기회가 공평하게 주어지고, 배분의 과정이 공정하기 이루어지고, 지역의 균형발전을 지향한다는 데에 동의함으로써 정의롭게 실현하고자 한다.

2. 한국판 뉴딜과 사회경제적 정의

가. 한국판 뉴딜과 데이터 문제

한국판 뉴딜은 데이터, 에너지 등 산업전환에 필수적인 자원들의 불평등한 배분이 초래하는 격차를 줄이는 정의로운 전환이다. 20세기는 석유를 차지한 국가나 기업이 사회·경제적 우위를 차지하며 부를 독점했다면, 21세기에는 데이터를 많이 보유하고 축적한 국가나 기업이 새로운 산업을 이끌며 막대한 경제적 이익을 창출할 수 있다. 사실상 이미 데이터 확보 경쟁은 시작되었다고 볼 수 있다. 구글, 페이스북, 텐센트 등 온라인으로 다양한 서비스를 제공하는 IT기업들이 대표적인 사례이다. 이들은 무료로 정보와 서비스를 제공하여 사람들을 모으고, 가입자의 개인정보와 이용자의 서비스 이용행태 등을 분석한 막대한 사용정보를 축적한다. 이렇게 축적한 가입자와 이용자들의 정보를 활용하여 새로운 유료서비스를 개발하거나 개인 맞춤형 서비스를 유료로 제공하는 등의 방식으로 수익을 창출한다. 심지어 다른 기업에 이런 정보들을 판매하기도 한다. 사실 온라인에서 무료로 정보나 서비스를 제공하는 기업들의 진짜 목적은 이러한 정보들을 모으고 축적하는 것이다.

사실 가장 많은 데이터를 소유하고 있는 것은 국가이다. 사람이 태어나면 출생신고를 하고, 사는 곳을 옮기면 전입신고를 하며, 죽으면 사망신고를 한다. 의무적으로 건강보험에 가입하고 병원에 갈 때마다 건강보험의 혜택을 받는다. 경제활동을 하면 소득신고를 하고, 소득에 따라 국민연금에 가입하여 노후를 일정 정도 보장받는다. 이밖에도 취업하면 고용보험, 산재보험 등에 가입하게 된다. 이렇게 국민의 의무로서 관공서에 하는 신고, 국가로부터 받는 복지 등이 모두 정보로 생성되고 축적된다.

2017년 우리나라 스마트폰 사용률이 90%가 넘었다.[1] 그만큼 전 국민의 대다수가 스마트폰을 사용한다고 볼 수 있다. 우리가 하루 동안 스마트폰을 들고 다니면 우리의 이동 경로나 머무는 시간 등이 모두 데이터가 된다. 식사하기 위해 맛집을 검색할 때도 스마트폰을 사용하고, 필요한 물건을 살 때도 스마트폰을 사용한다. 이렇게 우리가 스마트폰을 통해 검색하거나 결제하는 모든 정보가 데이터가 된다. 즉, 기술이 발달할수록 인간의 모든 행동이나 선택이 모두 데이터로 생성 및 축적될 수 있다는 것이다.

따라서 국가든 기업이든 어느 누구라도 데이터를 독점하는 것은 경제적 부를 독점하는 결과를 가져올 것이고, 이는 경제적 불평등을 심화시킬 것이다. 기존의 경제적 불평등을 발생시키는 토지나 건물 등의

1 갤럽리포트(2021.6.3)에 따르면, 한국갤럽이 매년 스마트폰 사용률을 조사하여 발표하고 있다. 2012년부터 2020년까지 한국인의 스마트폰 사용률은 2012년 62%, 2013년 73%, 2014년 80%, 2015년 84%, 2016년 89%에 이어, 2017년 93%를 기록하였다. 그리고 그 이후 2020년까지 계속 93%를 유지하고 있다(https://www.gallup.co.kr/gallupdb/reportContent.asp?seqNo=1217).

재화는 현실에 실재하고 수와 양도 한정적이기 때문에 서류나 장부를 통해 확인이 가능하고, 세금을 통한 재분배가 가능했으나, 데이터는 가상세계에 존재하고 무한하게 복제하거나 빠르게 전송할 수 있는 등의 특성이 있기 때문에 사실상 통제가 불가능하다. 따라서 그 영향력은 무한대라고 할 수 있고, 심지어 데이터 독점이 독재로 이어질 수 있는 위험성도 존재한다. 물론 21세기의 데이터를 통한 독재는 과거처럼 무력과 공포를 동원한 통제의 방식처럼 노골적이지 않다. 통제하고자 하는 사람의 데이터를 활용하여 통제받는지도 모르게 통제할 수 있게 되기 때문이다.

데이터의 중요성 및 활용도가 높아지고 IT기술이 발전할수록 데이터가 누구 손에 집중되며 어떻게 활용하느냐에 따라 새로운 불평등이 발생할 것이다. 이를 막기 위해서 데이터를 어디에 어떻게 모으고, 이를 누구에게 어떻게 제공할 것인가에 대한 문제가 해결되어야 한다.

한국판 뉴딜의 디지털뉴딜은 가장 먼저 데이터 문제를 해결하는 데에 중점을 두고 있다. 우선 데이터 관련 법들을 정비하여 데이터의 축적과 활용에 필요한 제도적 기반을 마련하고, 데이터를 둘러싼 생태계가 잘 조성 및 발달할 수 있도록 민·관 합동 데이터 거버넌스 구축을 추진한다. 또한, 데이터 개방을 확대하고, 데이터 교육사업 및 데이터 산업 분야 인턴 프로그램을 통해 많은 사람이 데이터를 활용할 수 있는 능력을 갖추도록 지원한다.

나. 한국판 뉴딜과 에너지 문제

앞서 다룬 IT기술과 데이터 산업이 움직이기 위해서는 에너지, 즉 전기에너지가 필수적이다. 그럼 우리나라의 전기에너지 생산은 과연

자연환경이나 인간의 삶에 무해하고 지속가능한 방식으로 생산되고 있는가?

한국전력공사에서 발표한 2020년 에너지원별 발전량 현황을 보면, 석탄이 35.6%로 가장 많은 비중으로 차지하고 있으며, 원자력 29.0%, 가스 26.4%, 신재생 6.6%, 기타 2.4% 순이다. 석탄은 대표적인 화석연료로서 연소할 때 이산화탄소를 배출한다. 또한, 채굴 및 수송하는 과정에서 환경을 오염시키고 매장량에도 한계가 있어 지속가능하지 않다. 가스는 석탄보다 유해물질 배출이 적긴 하지만 환경오염과 매장량 측면에서 석탄과 동일한 문제점을 지닌다. 원자력은 표면적으로 봤을 때 화석연료보다 환경오염도 덜 시키고 발전 단가도 가장 저렴한 것처럼 보이지만, 발전과정에서 발생하는 막대한 양의 온수와 방사선 폐기물 등의 치명적인 문제가 있다. 다른 발전에 비해 그나마 자연에 미치는 영향이 적고 지속가능한 에너지원인 신재생에너지를 활용한 비율은 겨우 6.6% 수준에 머물렀다.

[그림 2-7] 에너지원별 발전량 현황

(단위: GWh)

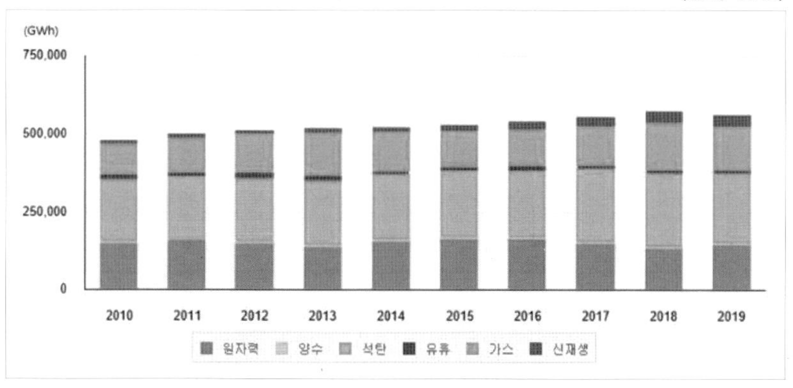

출처: 한국전력공사 월별 전력통계속보, 연도별 한국전력통계.

〈표 2-1〉 에너지원별 발전량 현황

(단위: %)

연도	계	원자력	석탄	가스	신재생	기타
2012	100.0	29.5	39.7	24.6	2.5	3.7
2013	100.0	26.8	39.5	27.0	2.8	3.9
2014	100.0	30.0	39.7	24.4	3.3	2.6
2015	100.0	31.2	40.0	22.5	3.7	2.6
2016	100.0	30.0	39.6	22.4	4.8	3.3
2017	100.0	26.8	43.1	22.8	5.6	1.8
2018	100.0	23.4	41.9	26.8	6.2	1.7
2019	100.0	25.9	40.4	25.6	6.5	1.6
2020	100.0	29.0	35.6	26.4	6.6	2.4

한국판 뉴딜의 그린뉴딜은 인간과 자연이 공존하는 미래사회를 구현하기 위하여, 지속가능한 신재생 에너지를 사회 전반으로 확산함으로써 미래 에너지 패러다임을 전환하는 데에 중점을 둔다. 항상 일정한 풍속이 유지되는 곳을 찾아서 풍력단지를 조성하고, 우리 생활 곳곳에 태양광 패널을 적용하여 주변에서 전력이 생산될 수 있도록 한다. 또한, 석탄발전의 비중을 줄이고, 그 과정에서 발생하는 일자리 감소 및 지역경제 피해 등을 정의롭게 전환하고자 한다.

3. 한국판 뉴딜과 공간지리적 정의

가. 에너지와 공간지리적 정의

한국판 뉴딜은 공간적·지리적 측면에서 자원을 균형적이고 공정하게 배분하는, 지역적으로 정의로운 전환이다. 앞서 살펴본 데이터와 에너지의 문제를 공간지리적으로 살펴본다면, 데이터센터는 수도권에 편중되어 있고, 발전소는 주로 해안가에 있다는 점에 주목할 필요가 있다.[2] 우리나라는 현재 대부분의 전기를 해안가에 위치한 대규모 원전과 석탄화력발전소에서 생산해 수도권과 대도시로 송전하는 중앙집중형 전력계통을 운영하고 있다.

[그림 2-8] 국내 원자력발전소 현황 및 위치

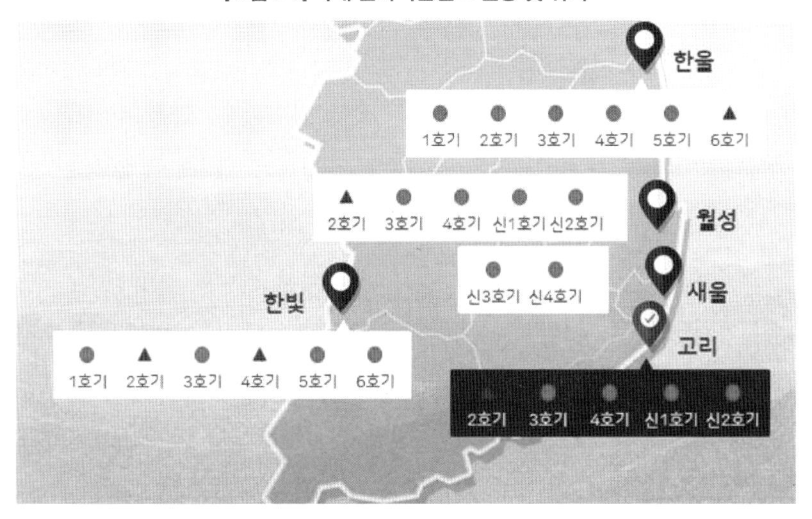

출처: 한국수력원자력 홈페이지(https://npp.khnp.co.kr/index.khnp).

화력발전에 사용하는 석탄의 대부분은 수입에 의존하기 때문에 선박이 들어올 수 있는 해안가에 위치하는 것이 지리상으로 유리하고, 화력발전으로 발생하는 대기오염물질 때문에 대도시나 인구밀집도가 높은 지역을 피하는 것이다. 원자력 발전소도 발전과정에서 원자로를 식히기 위한 대량의 물이 필요하고, 만약 방사능 유출 등의 문제가 발

2 전기신문(2021.7.28), "데이터센터는 수도권으로, 발전소는 외곽으로 가는 이유".

생했을 경우 인체에 미치는 영향이 크기 때문에 인적이 드문 해안가에 건설되었다. 문제는 이렇게 지역에서 생산된 전력의 대부분은 수도권 및 대도시에서 소비한다는 것이다. 이 때문에 전기를 고압송전해야 하고 그 과정에서 송전탑 및 송전선 주변의 환경피해 등이 발생한다.

우리나라 전력수요는 수도권에 집중되어 있다. 2019년 기준 수도권의 전력수요 비중은 37.4%에 달한다. 하지만 발전비중은 24.1%에 지나지 않아 전력자급률이 낮은 편이다. 특히, 대표적인 대규모 전력 소비자인 인터넷데이터센터(Internet Data Center, IDC)의 수도권 집중이 심화되고 있다. 산업부에 따르면 2020년 기준 국내 IDC 전력수요의 69%인 1.1GW가 수도권 주변에 위치하여 있다. 2028년까지의 신규 전력수요의 93%(7.7GW)가 수도권에 편중될 것으로 전망된다. 그러나 수도권 인근 송전선로와 발전소 증축의 어려움으로 수용능력확대에 한계가 있는 상황이다. 이처럼 IDC를 포함한 많은 기업들의 시설이 수도권 근처로 몰리는 이유 중 하나는 바로 땅값 때문이다. IDC는 지리적으로 본사와 가깝게 둘 필요는 없지만, 기업의 입장에서는 굳이 본사와 지리적으로 먼 곳에 두기보다는 입지가 좋고 땅값이 오를 만한 곳을 선택하는 게 투자관점에서도 유리하기 때문이다.

한국판 뉴딜은 에너지의 중앙집중형 구조가 가져오는 지역 격차 및 소외, 그리고 부작용을 해소하기 위해 친환경·분산형 에너지 구조를 구축하고자 한다. 스마트그리드를 통해 전력이 많이 소비되는 곳을 파악하여 집중을 분산시키고, 환경의 피해가 적은 소규모의 친환경 신재생에너지 발전을 확대하여 분산형 전력 생산체계를 만듦으로써 국토의 균형적인 발전을 도모한다.

나. 사람과 공간지리적 정의

에너지의 소비가 수도권에 집중되어 있다는 것은, 바로 수도권에 인구와 산업시설이 집중되어 있다는 의미다. 통계청 자료에 따르면, 우리나라의 수도권 인구 집중현상은 날로 심각해지고 있다. 2000년에는 우리나라 전체 인구의 46.3%가 서울, 인천, 경기 등 수도권에 집중되어 있었는데, 점차 그 비중이 늘어 2019년부터는 전 인구의 절반 이상이 수도권에 모여 생활하고 있는 것으로 확인할 수 있다.

[그림 2-9] 수도권(서울·인천·경기) 인구 비중

(단위: %)

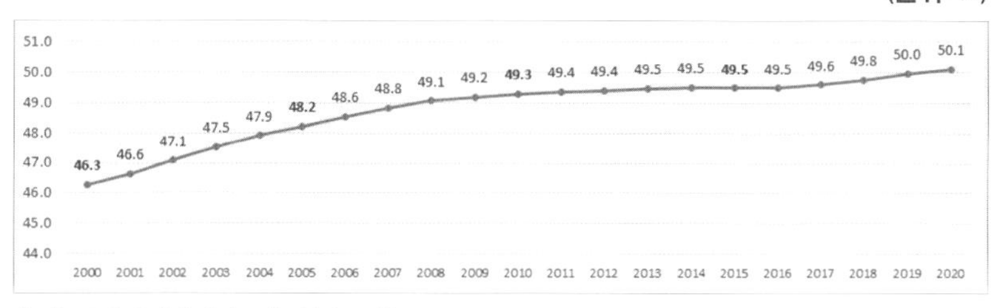

출처: 통계청, 「장래인구추계(시도편)」.

일정 기간에 일정 지역 내에서 새롭게 창출된 최종생산물가치의 합, 즉 각 시·도 내에서 경제활동별로 얼마만큼의 부가가치가 발생되었는가를 나타내는 경제지표인 지역내총생산(Gross Regional Domestic Product, GRDP)을 살펴보면, 2010년대에 접어들면서 서울, 인천, 경기 등을 포함한 수도권의 GRDP가 전체의 50%에 육박하고 있다. 결국, 2015년부터 수도권의 GRDP가 전체의 50%를 넘기 시작하여, 2020년에는 52.5%를 기록하였다. 즉, 수도권에서 우리나라의 절반 이상의 생산 활동이 이루어지고 있다는 의미이다.

[그림 2-10] 수도권(서울·인천·경기) 지역내총생산(GRDP) 비중

(단위: %)

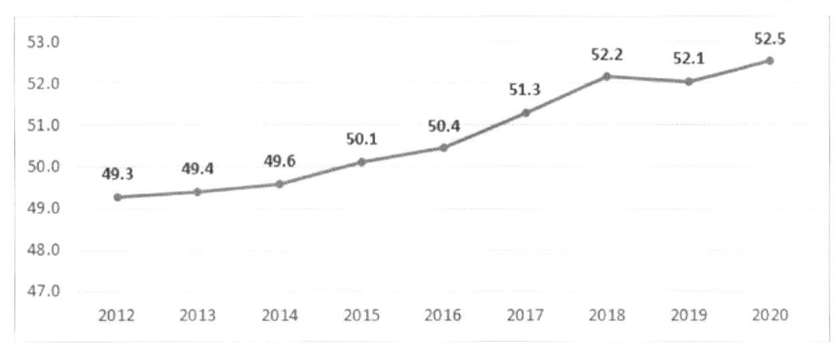

출처: 통계청, 「지역소득」.

이는 단순히 인구와 생산활동의 차이를 넘어서, 삶의 질과 건강의 격차로 이어진다. 실제로 통계청이 2021년 12월에 발표한 「2020년 생명표」에 따르면, 지난해 시·도별 기대수명(출생 후 기대되는 평균 생존 연수)은 서울 84.8년, 세종 84.4년, 제주 84.0년 순으로 높았으며, 경북 82.6년, 충북 82.6년 순으로 낮았다. 서울과 경북·충북 간 기대수명의 차이는 2.2년이나 나며, 서울 내에서 가장 기대수명이 높은 곳과 충북 내에서 기대수명이 가장 낮은 곳의 격차는 이보다 클 수밖에 없다. 이는 공간지리적 불평등과 관련한 다양한 요소들이 종합적으로 반영된 결과이다. 주거환경의 수준이나 상태, 병원이나 약국 등 의료시설에 대한 접근성 등이 복합적으로 기대수명에 영향을 준다. 문제는 수도권과 지방, 도시와 시골, 지역과 지역 간 불평등이 커질수록 수명 불평등이 커질 수 있다는 것이다.

이를 극복하기 위하여 한국판 뉴딜은 지역균형뉴딜을 통해 지자체 및 지역주민이 주도하여 지역의 맞춤형 산업을 제안하여 발전시키고, 지역균형발전의 거점인 혁신도시와 공공기관을 통해 지역경제를 선도

한다. 이를 통해 지역발전 격차를 줄이고 균형발전을 도모한다. 또한, 디지털뉴딜을 통해 의료서비스 접근성의 한계를 극복할 수 있는 디지털 환경을 구축한다. 이처럼 지역의 균형적인 발전을 통해 교육, 의료, 행정, 경제 등에 대한 지역적 격차로 인해 발생하는 불평등과 문제점을 극복하고, 어디에서 살든지 인간다운 삶을 충분히 누리며 살 수 있는 공간지리적 정의를 실현한다.

4. 한국판 뉴딜과 미래세대 정의

앞에서 살펴본 것처럼, 한국판 뉴딜은 사회경제적, 그리고 공간지리적으로 정의로운 전환을 통해 현재 한국사회가 당면한 불평등과 불합리성을 극복하고자 하지만, 정확한 미래전망에 기초해서 다음 세대를 위한 자원을 배분하는, 미래를 위한 정의로운 전환이기도 하다. 여성 1명이 평생동안 낳을 것으로 예상되는 평균 출생아 수를 나타낸 지표인 합계출산율은 2020년 현재 0.84명이다.[3] 이렇게 새로 태어나는 인구가 줄어들면, 미래사회를 책임질 수 있는 인구가 줄어들게 된다. 실제로 통계청에서 발표한 장래인구추계에 따르면, 앞으로 30년 뒤에는 전체 인구 중 약 절반 정도만이 생산연령인구에 해당한다. 즉, 그 절반이 나머지 절반을 먹여 살려야 한다는 것이다. 이렇게 출생하는 인구는 적고, 과학기술의 발달로 인간의 수명은 길어지면서 인구는 점차 노령화되어 간다. 65세 이상 인구의 추계를 살펴보았을 때, 2020년에

3 e-나라지표 합계출산율(https://www.index.go.kr/potal/main/EachDtlPageDetail.do?idx_cd=1428).

는 전체 인구 중 15.7%를 차지하고 있으나, 30년 뒤에는 65세 이상 인구가 전체의 40%를 넘게 차지한다. 물론 미래가 되면 건강수명도 늘어나서 생산연령도 늘어나겠지만, 미래사회를 이끌어나갈 현재의 청년세대에 대한 적극적인 대책이 필요하다.

[그림 2-11] 전체 인구 중 생산연령인구(15~64세) 비중

(단위: %)

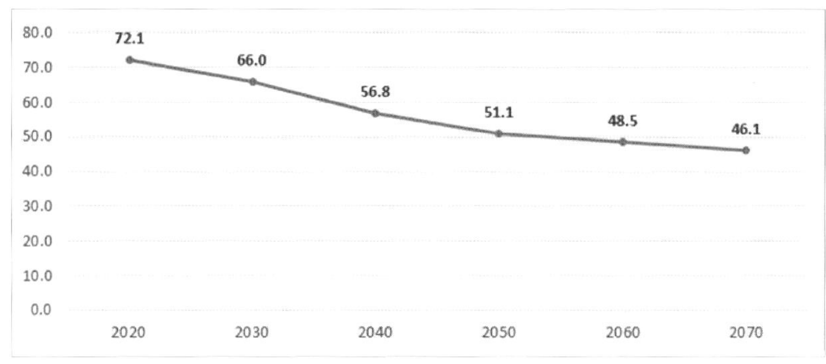

출처: 통계청, 「장래인구추계」.

[그림 2-12] 전체 인구 중 65세 이상 인구 비중

(단위: %)

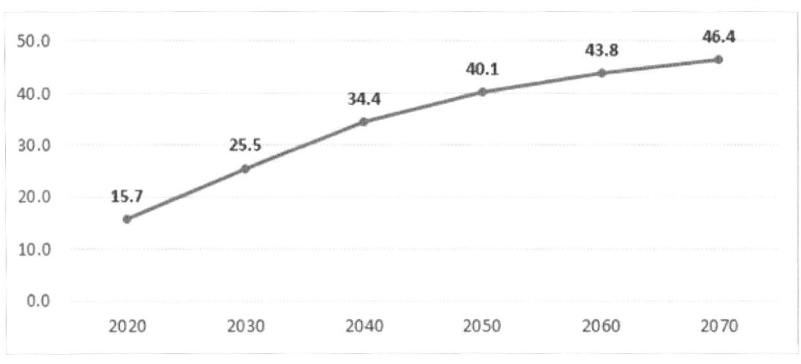

출처: 통계청, 「장래인구추계」.

특히 우리 사회가 당면한 포스트코로나 시대라는 문명사적 전환기에 청년세대의 역할은 매우 중요하다. 매우 짧은 주기로 새로운 IT기술이 등장하고, 과거의 자연파괴적인 발전방식의 한계를 극복하는 동시에, 새로운 친환경적 발전방식으로 전환해야 하는 시기이기 때문이다. 그러나 IT기술에 익숙한 청년세대들도 이런 디지털 전환기에 어려움을 겪게 된다. 그것은 바로 '일자리'이다. 문재인 정부에서 임기를 시작하는 첫날에 바로 '일자리위원회' 설치를 추진한 것도 이와 무관하지 않다. 디지털 전환 시대에 새로운 일자리들이 다양하게 늘어날 것이라고 전망하지만, 취업을 준비하고 있는 청년이나 대학생 등 아직 확실한 일자리를 구하지 못한 청년들이 주로 근무하는 아르바이트 등의 일자리는 크게 줄어들 수 있다. 이는 당장 청년세대가 삶을 유지하는 문제와 직결되고, 사회 첫 경력을 쌓을 수 없다는 점에서도 취업기회와 연결된다. 대학생이나 취준생의 대표적인 아르바이트인 패스트푸드의 경우 키오스크 등 무인 계산기의 도입으로 아르바이트생의 숫자가 급격히 줄어들고 있다. 최근 보도에 따르면, 국내 대표적인 패스트푸드의 키오스크 도입률은 롯데리아 68%, 맥도날드 62%, 버거킹 77%, KFC 98%인 것으로 나타났다.[4] 키오스크를 통해 주문이 자동화된다면, 그만큼 인력을 감축할 수 있다. 키오스크뿐만 아니라 인공지능(AI)과 사물인터넷(IoT)를 이용한 자동화 기기가 급증할 경우, 신규 채용이 줄어들면서 청년세대의 일자리가 줄게 된다.

또한, 창업을 준비하거나, 최근 창업을 한 청년세대에게도 디지털

4 시사위크(2022.2.28), "'알바 줄고 교육 격차 벌어지고' … 디지털 전환시대, 청년들의 고충".

전환은 부담이 된다. 대기업이나 경쟁 업체들의 경우 이미 인공지능을 활용한 서비스나 다양한 앱을 통한 부가서비스 등 디지털 전환을 통해 경쟁력을 갖추고 있지만, 이제 막 사업을 시작한 청년세대에게는 또 하나의 비용이 되기 때문에 부담으로 작용한다.

한국판 뉴딜은 2020년 발표된 후 2021년 '한국판 뉴딜 2.0'으로 진화하면서, 기존의 '안전망 강화' 부분을 '휴먼뉴딜'로 강화시켰다. 이때 새롭게 추가된 부분 중 하나가 바로 청년 정책이다. 이는 청년세대를 위해 자산형성, 주거안정, 교육비 부담 경감 등을 지원하고, 고용지원을 강화하는 방식으로 추진된다. 이렇게 직접적으로 청년세대를 지원하는 휴먼뉴딜 외에도 디지털 및 저탄소 산업전환의 과정에서 피해를 보는 청년세대가 없도록, 디지털뉴딜과 그린뉴딜을 통해서도 관련 신기술 교육 등을 통해 청년세대를 지원하고 있다.

5. 한국판 뉴딜과 합의적 정의

한국판 뉴딜은 자원에 대한 접근기회가 공평하고 배분의 과정이 공정하며, 균형발전을 지향하는 데에 동의함으로써 대화와 합의를 통해 실현하는 정의로운 전환이다. 그동안 근대 산업화를 견인한 화석연료와 근대화 발전전략은 환경문제와 경쟁을 부추겨 인간 사회와 지구 전반의 모순을 극대화하였다. 우리는 이 사실을 인정하고 개인-사회-자연 관계를 재설정해야 하며, 이를 기반으로 사회적 합의를 도출하여 저탄소 경제로 전환해나가야 한다. 성공적인 정의로운 전환을 위해서는 지속가능성과 정의로운 전환을 명확히 규정 및 이해하고, 이를 바탕으로 중앙-지방정부, 민간기업과 노동자 및 지역주민을 포함한 사회 전반의 논의와 합의가 이뤄져야 한다. 우리나라는 노사정 협력 문화의 전통이 상대적으로 약하므로, 사회적 합의에 다다르기 위해서 문재인 정부는 대학 및 연구소, 지역사회, 기업 등 각 분야의 전문가들이 의견을 나누고, 이를 바탕으로 새로운 전환의 방향성을 합의할 수 있는 위원회를 설립하여 운영하였다.

[그림 2-13] 대통령직속 4차산업혁명위원회 조직도

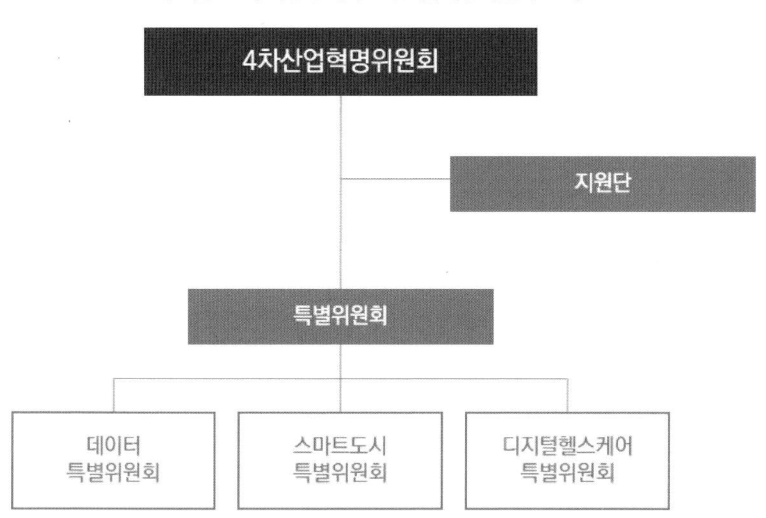

출처: 대통령직속 4차산업혁명위원회(https://www.4th-ir.go.kr/4thirMembers/organization).

대통령직속 4차산업혁명위원회(이하 4차위)의 위원장은 국무총리와 민간위원장이 공동으로 맡고 있으며, 과학기술정보통신부 장관을 비롯한 정부위원과 대학·연구소·기업 등에서 활동하는 전문가인 민간위원으로 구성되어 있다. 위원회는 급변하는 환경 속에서 특정 부처에서만 다루기 힘든 4차 산업혁명 관련 어젠다를 심의·조정하고 관련 혁신을 촉진하기 위해 설립되었다. 특히, 디지털뉴딜의 일환으로 '국가 데이터 정책 컨트롤타워'로서 역할을 하며, 데이터 기반 디지털 경제 활성화를 위해 다양한 정책을 합의 및 추진하고 있다.

[그림 2-14] 대통령소속 2050 탄소중립위원회 조직도

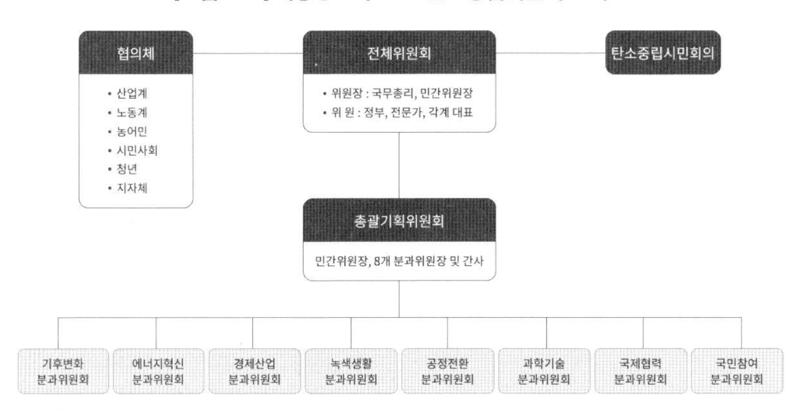

출처: 대통령소속 2050 탄소중립위원회(https://www.2050cnc.go.kr/base/contents/view?contentsNo=1&menuLevel=2&menuNo=3).

대통령소속 2050 탄소중립위원회(이하 탄중위)의 위원장도 국무총리와 민간위원장이 공동으로 맡고 있으며, 기획재정부장관을 비롯한 정부위원과 대학·연구소·기업·단체 등에서 활동하는 전문가인 민간위원으로 구성되어 있다. 위원회는 탄소중립 사회로의 이행과 녹생성장의 추진을 위한 주요 정책 및 계획에 관한 사항을 의논하고 의결하는 역할을 하고 있다. 특히, 그린뉴딜의 일환으로 탄소중립 정책의 총괄·합의를 위해 녹색성장위원회, 국가기후환경회의, 미세먼지특별위원회 등을 통합하여 출범하였다.

앞에서 살펴본 4차위와 탄중위는 각각 한국판 뉴딜의 디지털뉴딜과 그린뉴딜의 컨트롤타워 역할을 맡고 있으며, 정부와 대학·연구소·기업·단체 등 민간의 전문가들이 정책의 방향성을 논의하고 합의하는

기능을 한다. 대화와 합의를 통해 정의로운 전환을 성공적으로 추진하기 위한 제도적 장치라고 할 수 있다.

이밖에도 각 산업 분야에서 대화와 토론을 통한 합의로 정의로운 전환을 진행하고 있다. 대표적인 것이 바로 자동차산업이다. 자동차산업은 과거 대표적인 화석연료 기반 산업이었다. 그러나 탄소중립시대에 맞춰 전기차로 전환을 추진하고 있다. 그 과정에서 대규모의 노동인력 전환이 필요하다. 이들의 정의로운 전환을 위해 자동차산업과 관련된 다양한 이해관계자들이 충분한 대화와 토론을 이어가고 있다. 아래는 2021년 8월 더불어민주당 탄소중립특별위원회 실행위원회와 민주노총 금속노조가 주최하고, 산업통상자원부, 고용노동부, 대통령직속 탄소중립위원회가 후원하여 주최한 토론회였다. 이 토론회에는 한국폴리텍대학, 한국자동차산업협회, 한국자동차산업협동조합, 한국자동차부품협회, 노동연구원 노사관계본부, 고용노동부 고용정책총괄과, 산업통상자원부 자동차과, 경향신문, 금속노조 산업전환 자문단 등에서 전문가들이 나와 발표 및 토론을 진행했다.

2022년 1월에는 13명의 국회의원과 한국자동차전문정비사업조합연합회, 한국자동차부품재제조협회, 한국중소상인자영업자총연합회, 전국금속노동조합연맹 등 자동차산업 관련 노사단체가 공동주최한 토론회가 개최되었다. 이 토론회에 학계, 자동차산업 사업자단체와 노동단체, 정부, 연구기관 등의 9명의 전문가가 참석해 탄소중립 실현을 위한 자동차산업의 구조변화, 이에 따른 사업자, 노동자에 대한 영향을 전망하고 정의로운 전환을 위한 대안을 모색했다.

[그림 2-15] 자동차산업의 정의로운 전환을 위한 정책토론회

출처: 금속노조뉴스(2021.8.20),"'정의로운 전환 경로' 논의 주제 합의하면 대화 참여 가능".

[그림 2-16] 탄소중립과 자동차산업의 정의로운 전환 토론회

출처: 더불어민주당 이수진 국회의원실 보도자료(2022.1.13).

제5장 한국판 뉴딜과 세계선도국가

1. 선진화 패러다임

가. 주요 선진국 모임

사실상 세계 사회는 서열화되어 있다. 국가의 규모나 능력, 즉 경제적 수준, 국토의 크기, 군사력, 인구, 자원 등 가시적으로 비교 가능한 양적 수치를 기준으로 선진(先進)과 후진(後進), 혹은 강하고 큰(强大)과 약하고 작은(弱小) 등으로 서열화하고 경쟁한다. 이 경쟁에서 승리한 선진국이나 강대국들은 자신들이 경쟁에서 쟁취한 기득권을 유지하고

[그림 2-17] 2021년 G7 정상회담 기념사진

출처: 청와대 홈페이지.

확대하기 위하여 자신들만의 폐쇄적이고 배타적인 그룹, 즉 핵심적인 내부자 모임(Inner Circle)을 만들었다. 이 그룹은 내부적인 규칙, 하지만 전 세계적으로 영향을 끼칠 수 있는 규칙을 정하여 회원국의 자격, 역할 등을 제한하고, 이를 통해 선진국 중심의 세계질서를 유지하고자 한다.

G7(World Economic Conference of the 7 Western Industrial Countries, Group of 7)은 대표적인 선진국들의 모임이다. G7은 미국, 영국, 프랑스, 독일, 이탈리아, 캐나다, 일본 등 선진 7개 국가로 구성되어 있다. 1973년 1차 오일쇼크에 대한 대책 마련을 위해 미국, 영국, 프랑스, 서독, 일본 등 5개국 재무장관이 모인 것에서 시작된 후 1975년 2차 오일쇼크를 거치면서 G5 정상회의로 승격되었고, 1975년 이탈리아, 1976년 캐나다가 참여하면서 G7이 되었다. 구소련이 1991년 준회원처럼 참여하였다가 1997년부터 정식으로 참여하며 G8으로 확대되었으나, 러시아가 2014년 우크라이나 크림반도를 합병하자 G8에서 제외하여 다시 G7이 되었다. 우리나라도 2020년과 2021년, 2년 연속[1] 초청국 자격으로 참가했었다.

G7는 매년 재무장관회의와 정상회담을 개최하는데, 재무장관회의는 각 국가의 재무장관과 중앙은행총재가 1년에 2~3번씩 연석으로 회동하여 세계경제가 나아갈 방향과 각 국가 사이의 경제정책 협조 문제를 논의하며, 정상회담은 1년에 한 번 각 국가의 대통령과 총리가 참여해 세계의 주요 의제 등에 대해 논의한다.

2021년 정상회담에서는 코로나19 극복, 열린 사회와 경제, 기후

1 조선일보(2020.11.11), "靑 '미국 이어 영국도 G7 회의에 文대통령 초청'".

변화와 환경 등이 의제로 다루어졌고, 이를 바탕으로 한 공동선언(CARBIS BAY G7 SUMMIT COMMUNIQUE) 이외에도 부속선언으로 코로나19 극복을 위한 보건선언(Carbis Bay Health Declaration), 기후위기에 대응하는 자연협정(2030 Nature Compact), 민주주의와 인권의 가치를 재확인하고 이를 보장하기 위한 공동 노력을 약속하는 열린 사회 성명(2021 Open Societies Statement), 그리고 이러한 선언들을 실현하기 위해 학문의 자유를 보장하고 그를 통해 혁신을 진작시키기 위한 연구협정(2021 Research Compact) 등을 채택하였다.[2]

[그림 2-18] OECD에서 발표한 한국 관련 지표들

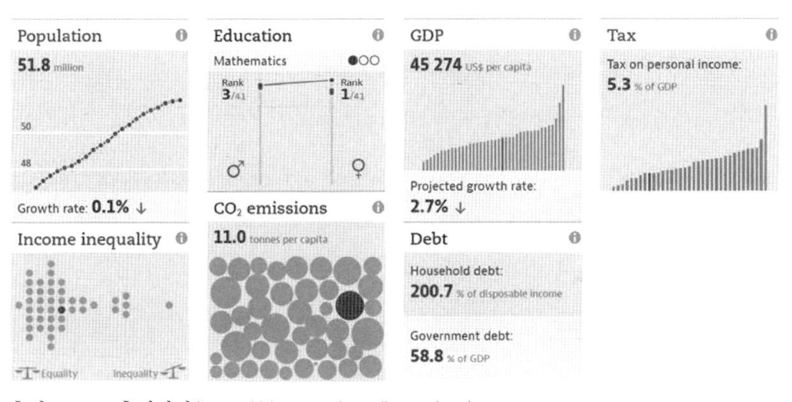

출처: OECD 홈페이지(https://data.oecd.org/korea.htm).

OECD(Organization for Economic Cooperation and Development) 또한 대표적인 선진국 모임으로, 상호정책조정 및 정책협력을 통해 회원국 간 경제사회 발전을 공동으로 모색하고 나아가 세계경제 문제에 공

2 오마이뉴스(2021.6.14), "G7 정상회담이 남긴 것… 동맹으로 중국·러시아 등 견제".

동으로 대처하기 위한 정부 간 정책연구 및 협력기구이다. 제2차 세계대전으로 몰락한 유럽 경제의 극복을 위한 미국의 마셜플랜에 의해 1948년 발족한 유럽경제협력기구(OEEC)를 모태로 1961년 9월 30일 파리에서 출범하였다. OECD가 OEEC와 다른 점은 OEEC가 유럽의 경제회복을 목적으로 한 데 비해 OECD는 서방세계 전체의 경제성장과 세계 경제의 발전을 목적으로 하고 있으며, OEEC가 유럽국만을 회원국으로 한 데 비해, OECD는 유럽 이외의 미국, 캐나다 등 서방 선진국과 남미 국가를 회원국으로 포함한다는 점이다. OECD 회원이 되기 위해서는 이사회의 초청과 전 회원국의 만장일치가 필요하며, 우리나라는 1996년 12월에 29번째 회원국으로 가입하였다. 2022년 현재 총 37개 국가가 회원으로 가입하였다.

OECD는 회원국의 경제성장과 금융안정을 촉진하고, 세계경제발전 및 개발도상국의 경제성장에 기여하는 것을 목표로 하며, 자본이동 자유화 규약, 경상무역외거래 자유화 규약, 국제투자 및 다국적 기업에 관한 선언 등을 채택하고 있다. 또한 세계무역기구(WTO), 국제통화기금(IMF), 세계은행, G7 등과 상호 보완해 가며, 선진국을 중심으로 국제 경제의 안정과 무역의 확대를 위해 노력하고 있다.

OECD 회원국 전체인구는 전 세계인구의 18%에 불과하지만, GNP는 전 세계의 85%, 수출입액은 70% 이상을 차지하고 있으며, 1960년대 비관세장벽 철폐와 반덤핑 과세 인정, 1970년대 일반특혜관세, 서비스와 금융부문자유화 등의 개념을 주창하며 자본주의 시장경제체제를 위한 국제규약 제정을 선도하였다. 또한, 회원국뿐만 아니라 전 세계 국가들의 GDP, 임금, 무역액, 세금, 채무 등 경제 분야의 지표들과 주거, 교육, 고용, 공동체, 환경, 시민참여, 보건, 삶의 만족도 등 다양한 분야의 지표들을 조사하여 발표하고 있다. OECD에서 제시하는 다양한 지표를 통해 국가들은 자국 순위를 알 수 있고, 이를 통해 OECD는 마치 선진국 확인증을 발급해주는 국제인증기구와 같은 기능을 하게 되었다. 우리나라 OECD의 지표들을 활용하는 것을 흔하게 볼 수 있다.

IMF(International Monetary Fund)는 2022년 현재 190개국이 가입한 만큼, 엄밀하게 말하자면 선진국들의 모임이라고 할 수는 없지만, 선진국 중심의 세계 경제 체제를 만들어내고 지속하게 하는 핵심적인 역할을 한다. IMF는 1945년 브레튼 우즈 체제(Bretton Woods System)가 출범하면서 IBRD(International Bank for Reconstruction and Development, 세계은행 또는 국제부흥개발은행)와 함께 창설된 국제기구로 선진국을 중심으로 세계 각국에서 일정량의 기금을 출자해 조성하였다. 특정 국가에 달러가 부족할 경우 달러를 융통해주는 기능을 하며, 국가별 특별인출권(Special Drawing Rights)에 맞춰 배당량(Quota) 형식으로 출자를 한다. 이 때문에 IMF 내에서 각 국가의 의결권도 특별인출권에 의한 배당량에 따라 부여받는다. 현재 미국이 17.86%로 가장 큰 배당량을 가지고 있는데, 안건 의결의 조건이 배당량 85% 이상의 찬성이기 때문에 사실상 미국이 동의하지 않으면 IMF는 아무런 안건도 처리할 수 없다.

IMF로부터 구제금융을 받게 된다면 IMF에서 제안하는 경제 개혁 프로그램을 수용해야 한다. 그런데 이 경제 개혁 프로그램이 기본적으로 달러 중심의 자유로운 세계무역 확대라는 방향으로 설계되기 때문에, 이 또한 미국 중심의 세계화를 공고히 강화하는 데에 기여한다. 우리나라도 1997년 외환위기 때문에 IMF로부터 구제금융을 받았을 때 강력한 고금리 및 재정 긴축 정책, 부실 금융 및 기업에 대한 구조조정

정책, 공기업의 민영화, 정부 재정지출 삭감, 시장의 완전 개방 등을 요구받았다. 정부의 강력한 정책 추진과 국민들의 희생으로 상환기일인 2004년 5월보다 빠른 2001년 8월에 차입금을 전액 상환하였으나, 이를 계기로 우리나라 경제는 신자유주의 세계 경제 질서에 깊숙하게 편입되었다.

IMF에서도 OECD와 마찬가지로 경제 분야의 다양한 지표와 보고서들을 생산하여 발표하고 있다. 특히 세계 경제 전망 보고서(World Economic Outlook)를 연 2회 발표하는데, 이는 각 국가의 경제성장률을 가늠할 수 있는 중요한 지표로 사용된다.

이밖에도 위에서 잠깐 언급했던 세계은행(IBRD)이나 세계무역기구(World Trade Organization, WTO) 등 많은 국제기구들도 선진국 중심으로 구성되어 있거나 선진국들이 주요 의사결정에 결정적인 비중을 차지함으로써 선진국 중심의 세계질서를 구축하고 있다. 나아가 이런 국제기구들은 양적으로 서로 비교할 수 있는 지표들을 생산하여 발표함으로써 선진국 중심의 세계질서를 유지하고 확장하는 데에 기여하고 있다.

선진국 클럽에 속하지 못한 국가들은 이들이 발표하는 보고서나 지표에 주목하며, 이들과 같은 수준에 도달하거나 이들이 발표하는 지표에서 좋은 평가를 받고자 한다. 이를 위해 가장 효율적이고 빠른 길을 선택하는데, 이때 가장 많이 선택하는 방법이 바로 이미 성공사례가 있는 좋은 경로를 따라가는 것이다. 그런 이유로 대부분의 후발 국가들은 선진국의 경제발전 모델을 따라 공업 중심의 자본주의 경제발전 전략을 채택하며 세계화, 아니 서구화되었고, 세계질서는 선진국을 중심으로 서열화되었다.

[그림 2-19] 각종 선진국 및 강대국 순위

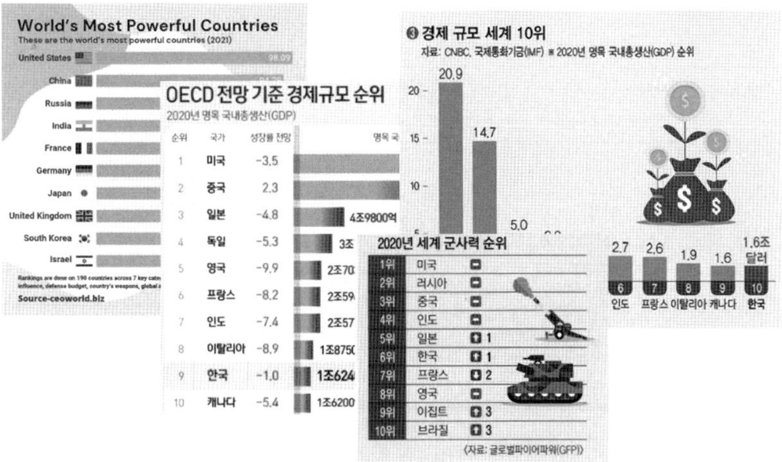

출처: 인터넷(기사 및 블로그 등) 자료 재편집.

나. 선진화 패러다임의 역사적 배경

역사적으로 살펴보면, 이런 선진국-후진국의 세계질서 패러다임은 근대화의 결과이기도 하다. 중세를 지나 근대로 접어들면서, 사회는 '종교와 신' 중심의 세계관에서 '과학과 인간' 중심의 세계관으로 전환되었다. 살아가면서 보고 듣고 느끼는 모든 주변의 변화와 현상을 신의 뜻으로 믿고 따르던 인간은 이성과 합리성을 동원하여 '나'를 둘러싼 자연현상에 대해 이해하고자 했다. 그 대표적인 사상이 바로 찰스 다윈(Charles Darwin, 1809~1882)의 진화론이다. 인간을 포함한 모든 지구상의 생물체는 신의 뜻에 의해 창조되고 신의 뜻에 따라 살아가는 것이 아니라, 환경에 적응하며 자연선택에 따라 진화한다는 그의 주장은 신 중심의 패러다임을 완전히 뒤집고 인간 중심의 새로운 패러다임을 열었다.

자연현상에 대한 과학적 이해의 방법, 즉, 자연과학은 사회현상에 대한 이해의 방법으로 확장되었다. 사회학의 창시자로 알려진 콩트(August Comte, 1789~1857)는 사회현상도 자연현상을 연구하는 것과 같은 과학적 방법에 의해 연구되어야 한다고 주장했다. 인간사회가 복잡해 보이지만 그래도 결국 자연현상과 같이 기본법칙이 존재할 것이고, 사회과학은 이를 찾아내서 인간사회가 어떻게 발전하고 어떻게 구성되는지에 대해 설명해야 한다는 것이다. 이를 위해 동원된 과학적 방법이 관찰, 실험, 그리고 비교이다. 그중에서 가장 중요한 연구방법으로 제안된 것이 바로 '비교'이다. 사실상 사회현상은 자연현상처럼 실험실에서 여러 조건을 통제해가며 관찰하거나 실험하기 어렵기 때문이다. 따라서 사회현상을 연구할 때는 연구대상이 되는 사회적 사실에 대하여 몇 개의 인간사회를 비교하여 분석해야 한다는 것이다. 이렇게 인간사회를 비교하기 위해서는 그 사회를 대표할 수 있는 양적인 수치가 필요하다. 어느 한 사회의 사상적 수준이나 도덕적 수준 등 질적인 부분은 비교하기 어렵기 때문이다. 인구의 숫자, 무역의 규모, 토지의 면적, 화폐의 가치 등 어느 한 국가나 사회를 이해할 수 있는 양적인 수치를 파악하고 정리하는 것, 즉 통계학도 근대화와 함께 발달하기 시작하였다.

진화론을 비롯한 자연과학의 발달, 이를 통한 인간사회의 진보와 사회과학의 발전 등은 근대화의 질서를 만들어냈다. 현재 모든 생물은 자연선택에 의한 진화의 결과라는 진화론의 관점을 인간사회에 적용시키면, 현재 인간사회의 모습은 진화의 과정이자 결과라는 의미로 해석될 수 있다. 그리고 이런 관점에서 각 국가를 비교하여 본다면, 사회발전에 적응하여 더 먼저 많이 진화한 '선진' 국가와 그렇지 못한 '후진' 국가가 있다고 해석할 수 있다. 특히 이런 사상적 흐름은 주로 유럽을 중심으로 한 서구 문명에서 나타났다. 이와 같은 근대화의 과정에서 나타난 사상들이 결국 서구 중심의 세계질서와 선진화 패러다임이 만들어지는 배경으로 작동하였다.

2. 한국판 뉴딜과 선도국 패러다임

코로나19 위기 이후 인구감소, 경제활동 위축, 실업, 기아 등으로 인한 사회적 혼란 속에서 세계질서의 근본적 변화 가능성에 대한 논의가 진행되고 있다. 사실 역사적으로 세계적인 전염병의 확산은 정치, 사회, 경제, 문화를 변화시키는 계기로 작용했었다. 예를 들어 중세 유럽에서 흑사병의 대유행은 대규모 인구감소를 촉발시켜 자본주의와 민족국가 발전에 매우 큰 영향을 미치기도 했다. 그동안 이른바 선진국의 지위에 있던 미국, 중국, 독일, 영국 프랑스 등이 코로나19에 대하여 다른 국가들이 수용할 수 있는 대안을 제시하지 못하고 있는 상황이다. 예를 들어, 미국의 경우 전염병의 피해가 인종갈등과 빈부갈등을 증폭시켜 2021년 1월 6일에는 트럼프 대통령의 지지자들이 미국 국회의사당을 테러하는 등 대통령 선거를 둘러싸고 매우 혼란스러운 상황이 연출되었다. 선진국들은 다른 국가를 지원하기보다는 오히려 국경을 봉쇄하여 무역이나 여행을 막고, 막대한 자본으로 백신을 선점하는 등 자국의 이익을 위해 다른 국가의 생명과 안전을 희생하는 정책을 추진하고 있다.

코로나19를 경험하며 세계질서는 새로운 기준을 중심으로 재편될 가능성이 있다. 그리고 코로나19 이후의 포스트코로나 시대에는 어떤 국가가 가장 효율적이고 바람직한 대안을 제공하는가, 그런 대안이 얼마나 많은 국가에 설득력을 갖는가 등이 세계질서를 선도하는 결정적 요인이 될 것이다. 그동안의 선진국 패러다임, 즉 경제적 규모나 군사력 순위 등 각종 양적 지표상의 우월한 수치를 통해 선진국의 지위를 유지하던 세계질서에 균열이 가기 시작한 것이다. 그 대신 얼마나 많은 국가가 수용할 수 있는 새로운 가치와 표준을 제시하느냐, 자국의 이익뿐만 아니라 세계 전체와 인류사회의 이익증진에 얼마나 기여하는가 등이 중요한 질문이 될 것이며, 이를 중심으로 새로운 세계질서의 패러다임이 등장할 것이다.

기존 세계질서는 선진국을 중심으로 유지되는 체제이다. 여기서 선진국이라는 개념은 앞서 살펴보았듯이 단일화된 진화의 경로를 전제한다. 이 경로상에서 먼저 발전한 국가가 선진국이 되는 것이다. 따라서 선진국 패러다임의 세계질서는 양적 지표를 기준으로 서열화된 수직구조를 갖는다. 이에 따라 세계 경제의 구조도 선진국 중심의 분업구조의 방식으로 구성된다. 후진국들은 선진국이 되는 경로를 따라가기 위하여 선진국이 경제를 발전시킨 방식을 답습한다. 어떤 국가가 이런 방식을 빠르고 효율적으로 따라가느냐가 중요해지면서 효율, 성장, 경쟁의 가치가 중요해진다. 선진국은 우월한 경제적 지위를 활용하여 후진국을 경제적으로 지원하거나 군사적으로 보호해주면서 세계질서 속에서 자신들의 리더십을 유지한다.

문재인 정부는 코로나19 팬데믹 상황에 대처하는 과정에서, 세계 최초로 드라이브 스루(drive-through) 방식의 검사소를 도입하고, 국경 폐쇄 없는 방역 정책을 추진하면서 세계적인 방역 모범 국가로 주목받았다. 그리고 한국판 뉴딜을 통해 코로나19로 인한 피해를 극복하고 세계문명사적 전환의 시기에 빠르게 대응하는 모습을 보여주었다. 이는 세계질서 속에서 기존의 선진국이 보여줬던 리더십과는 다른 형태의 리더십이었다. 우위에 있는 경제지표 및 군사력 순위 등에서 비롯한 리더십이 아니라, 새로운 가치와 표준을 제시하는 방식의 리더십이다. 이를 기존의 선진국과 구분하기 위하여 선도국으로 정의한다.

[그림 2-20] 세계 최초로 도입된 드라이브 스루 코로나19 검사

출처: 영남일보(2020.11.17), “경북대병원, 세계 최초로 드라이브 스루 선별진료 시행”.

선도국 개념은 선진국처럼 단일화된 발전 경로를 전제하지 않는다. 다만, 자국에서 성공적으로 실천한 이념, 제도, 정책의 경험과 교훈을 다른 국가들과 자발적으로 조건 없이 공유하고 지원하며, 이끌어 안내한다. 즉, 선도(先導)하는 국가이다. 선도국은 선진국처럼 경제적 지원이나 군사적 지원을 통해 후진국을 수직적으로 서열화하지 않는다. 대신 수평적 차원에서 세계 평화와 번영을 위한 기준을 모범적으로 솔선

수범함으로써 다른 국가들의 귀감이 된다. 따라서 경쟁, 성장, 효율 등의 가치보다 생명, 안전, 평화, 정의 등의 가치가 더욱 중요하고, 이런 가치를 중심으로 다양한 영역에서 새로운 표준을 제시함으로써 어느 국가라도 다른 국가들을 선도할 수 있게 된다.

선도국은 새로운 문명사적 전환기에 부합하는 정치, 경제, 사회문화, 과학기술의 새로운 규범을 제시해야 한다. 정치는 차별과 갈등을 통한 혐오의 정치를 지양하고, 자유와 평등의 가치 속에서 민주주의와 인권을 보장할 수 있어야 한다. 경제는 소모적이고 파괴적인 경쟁과 양극화를 지양하고, 안정적이고 지속적인 성장과 균등하고 공정한 분배를 통해 삶의 질을 개선할 수 있는 경제 체계를 만들어야 한다. 사회문화는 배제와 분열을 지양하고, 자율성과 창의성을 존중함으로써 개인의 능력을 마음껏 발휘할 수 있는 기회를 보장하는 열린 공동체를 만들어야 한다. 과학기술은 자연을 파괴하거나 일부 소수만을 위해 사용되는 것을 지양하고, 인류 전체에게 도움이 될 수 있는 새로운 발견과 발명을 가능하게 만드는 혁신을 만들어야 한다.

선도국이 새로운 규범을 제시할 때는 포용성, 공정성, 지속가능성의 원칙을 지켜야 한다. 모든 이해관계자가 참여하여 의견을 자유롭게 개진하는 민주적 방식을 통해 합의를 도출하는 포용성의 원칙이 전제되어야 한다. 특정 지역, 국가, 계층, 집단에 이익이나 손실이 집중되지 않도록 균형적이고 균등하게 분배하는 공정성의 원칙이 지켜져야 한다. 마지막으로 새로운 변화가 단기적으로는 물론, 장기적으로 인류의 생존을 위협하지 않도록 설계하고 관리하는 지속가능성의 원칙이 지켜져야 한다.

〈표 2-2〉 선진국 패러다임과 선도국 패러다임 비교

구분	선진국 패러다임	선도국 패러다임
시기	코로나 팬데믹 이전	포스트코로나 시대
세계질서	수직적 구조 (강대국 중심의 국제분업구조/GVC)	수평적 구조 (GVC의 재편)
발전 가치	효율주의/성장주의/경쟁우위	사람과 생명가치/지구 정의
선진/선도 지표	경제지표의 우위적 지위	다양한 영역의 새로운 표준
리더십	경제지원과 군사동맹의 서열	지구적 협력과 연대

출처: 대통령직속 정책기획위원회 내부 자료.

한국은 1960년대 이후 저개발국·약소국에서 중진국·중진국을 거쳐 강대국·선진국으로 발전한 경험을 가지고 있다. 이 과정에서 한국은 다른 국가들과 전쟁을 벌이거나 식민지를 건설하여 착취하지 않았다. 코로나19 상황에서는 기본권을 제한하는 국경 폐쇄 대신 유행 상황에 맞춘 유연한 사회적 거리두기를 통해 가장 민주적인 방역을 했을 뿐만 아니라 디지털 기술을 방역에 접목함으로써 가장 효율적인 방역을 한 국가라는 평가를 받고 있다.

코로나19가 한창 진행되던 2020년 7월에 한국은 한국판 뉴딜을 통해 코로나19 피해를 극복하고 포스트코로나 시대를 준비하고자 했다. 한국판 뉴딜은 문명사적 전환기에 가장 중요한 과제로 부상하는 디지털 전환과 에너지 전환을 정의롭게 추진하기 위한 방안으로 전 세계에 모범이 될 수 있다. 만약 한국이 한국판 뉴딜을 통해 디지털 전환과 에너지 전환을 동시에 달성한다면, 한국은 새로운 세계질서를 이끄는 선도국으로 도약할 수 있다. 이를 위해서는 국내적 차원에서 뉴딜을 성공적으로 추진하는 것은 물론 다른 국가들이 뉴딜을 시도할 수 있도록 지원을 해야 한다.

한국이 추구하는 선도국은 지구적 정의와 지구적 공공성을 추구하는 세계시민의 보편가치로서의 사람과 생명의 가치를 중심에 두는 나라이다. 인류가 지금까지 경험하지 못했던 지구적 위협과 지구적 불확실성에 대면해 사람과 생명의 가치를 바탕으로 지구적 정의와 세계시민가치를 선도한다.

선도국을 구성하는 요소는 민주적 원리에 기초한 거버넌스형 정치형태, 물질적 풍요와 양극화가 완화된 경제체제, 기술의 발전과 시대를 선도할 수 있는 가치를 갖춘 문화, 지구적 차원에서 역량과 규모에 합당한 의무와 책임 등이 있다. 그러나 무엇보다 가장 핵심적인 요소는 방역과 경제와 공동체의 다양한 부문에서 새로운 표준을 제시할 수 있어야 한다는 것이다. 나아가 혁신경제와 생명안전, 공동체 연대 등 다양한 분야에서 불확실성을 넘어서는 새로운 표준을 제시할 수 있어야 한다. 아무리 작은 나라라도, 어떤 삶의 방식이라도 새로운 표준과 모범이 될 수 있다면 세계 선도라고 할 수 있다.

선도국의 실천방식은 새로운 표준을 지구적인 연대와 협력으로 공유하는 방식으로 세계를 선도하는 것이다. 앞으로 다가올 지구적 위협과 지구적 불확실성에 대응하는 지구적 연대와 협력을 선도해야 하는 것이다.

새로운 문명의 전환, 새로운 가치의 시대에 물질적 성장과 패권 중심의 선진국 패러다임은 이제 뚜렷한 자기한계를 드러내고 있다. 포스트코로나 시대는 선도국 시대가 될 것이며, 새로운 선도적 세계질서가 인류문명의 새로운 미래를 열어야 한다.

3. 한국판 뉴딜과 3대 선도비전

〈표 2-3〉 세계선도국가의 3대 국정방향

방향	우리의 미래와 다음 세대에게 희망을 주는 세계선도**안전**·세계선도**경제**·세계선도**시민**	
개념	세계선도안전 (생명과 안전)	세계표준 K-방역
		그린 환경을 실현하고 점검할 수 있는 목표치 설정
		생활 공간에서 쾌적한 환경을 누릴 수 있는 환경
		미래 안전 에너지 생산을 세계적으로 선도
	세계선도경제 (혁신과 도약)	디지털·그린 경제 영역에서 새로운 세계표준 제시
		세계 우위 분야 집중투자를 통해 미래선도 일자리 창출
		경제 성장과 자원 배분의 형평을 함께 고려하는 선도모델의 창안
	세계선도시민 (균형과 협력)	지구적 불확실성을 극복할 수 있는 정의로운 세계시민 육성
		신구(新舊), 흥망(興亡)의 지역과 일자리 배분 주체로서 정의로운 전환 실현
		뉴딜 전환에 따른 갈등 해소와 협력과 합의를 위한 중층적 사회적 대화
		디지털 전환과 그린 전환의 다양한 피해계층에 대한 두터운 사회보장 마련

출처: 대통령직속 정책기획위원회 내부 자료.

가. 세계선도안전: 생명과 안전의 나라

세계선도안전은 생명과 안전을 최우선의 가치로 추구하는 비전이다. 이미 한국은 투명성, 개방성, 민주성을 원칙으로 검사(testing)·추적(tracing)·치료(treatment)의 3T 전략을 통해 선도적인 방역 정책, 즉 K-방역을 통해 세계선도안전의 비전을 제시하였다. 2022년 3월 현재 여전히 코로나19 팬데믹이 지속되고 있다. 코로나19는 알파, 베타에 이어 오미크론까지 변종이 나타나며 확진자를 만들어내고 있다. 이런 상황에서 K-방역으로 전염병 대응의 세계표준을 지속적으로 제시해야 한다.

한국판 뉴딜의 그린뉴딜은 안전하고 깨끗한 삶, 글로벌 기후변화 대응, 에너지 안보, 지속가능한 성장, 친환경 산업 육성 등의 차원에서 세계를 선도하는 방향성을 제시하고 있다. 에너지의 84%를 화석연료에 의존하는 현재의 탄소 중심 경제체제는 인류에게 물질적 풍요를 안겨 주었지만, 동시에 자연 훼손과 사회문제를 유발하였다. 화석연료 중심에서 벗어나 탄소중립사회를 만듦으로써 삶의 기반이자 부의 원천인 자연을 보전하고, 사회적 약자를 공동체의 동등한 구성원으로 세우는 것이 새로운 시대의 과제라고 할 수 있다. 나아가 탄소중립사회는 단순히 화석연료에서 신재생에너지로 바꾸는 것을 의미하지 않는다. 이는 산업뿐만 아니라 삶의 방식 모두를 완전히 새로운 방식으로 전환하는 것을 의미한다. 따라서 생명과 안전의 가치를 중심에 두고 안전하고 쾌적한 생활공간 마련, 생명안전을 보장하는 미래에너지 생산, 신재생에너지를 활용한 산업구조 조성 등 구체화된 실천과제가 중요하다.

화석연료가 석유와 석탄이 매장된 일부 국가 중심의 세계질서를 구축하고 유지하는 것에 역할을 했다면, 미래사회에서 생명과 안전을 위협하는 무기는 식량이 될 수 있다. 2022년 러시아의 우크라이나 침공이 일어나자 밀 가격이 급상승하고 있다. 러시아와 우크라이나의 밀 수출량은 전체 글로벌 밀 수출량의 약 30%를 차지하고 있다. 이에 글로벌 공급에 차질이 생길 것이 우려되어 밀 가격이 급상승한 것이다. 따라서 각 국가에서 기후, 토지 등 환경에 구애받지 않고 식량을 생산함으로써 자국의 식량안보를 지킬 수 있는 스마트 농업에 대한 발전과 공유도 필요하다.

나. 세계선도경제: 혁신과 도약의 경제

세계선도경제는 한국판 뉴딜이 디지털 및 그린 경제영역에서 새로운 세계표준의 제시하고, 세계에서 우위를 차지하고 있는 분야에 집중투자함으로써 미래를 선도하는 새로운 일자리를 창출하고, 경제성장과 자원분배의 형평성을 함께 고려하는 선도적인 경제발전모델을 창안하는 등의 방향성을 갖는 것을 의미한다.

한국은 인터넷 보급률, 스마트폰 사용률 등 IT분야에서 우위를 선점하고 있지만, 이런 우위는 인프라와 하드웨어의 우위를 의미한다. 4차 산업혁명 시대에는 우리 삶의 중심에 데이터가 놓이게 된다. 이런 데이터는 누가 얼마나 잘 축적하고, 분석하여 활용하는가에 따라 매우 큰 차이의 가치를 지닌다. 앞서 설명하였듯이 20세기 경제의 원동력이 원유였다면, 21세기 새로운 경제의 원동력은 데이터이기 때문이다. 따라서 양질의 데이터를 확보하기 위한 경쟁이 치열하다. 미래디지털기술의 핵심인 인공지능의 경우 학습데이터를 어떻게 확보하고 어떤 알고리즘을 사용하느냐에 따라 지능의 수준이 달라진다. 예를 들어, 인공지능이 사람의 얼굴을 인식하기 위해서는 엄청나게 많은 사람의 얼굴 데이터가 학습용으로 필요하다. 이 학습용 데이터가 많고 양질일수록 더욱 정교하게 사람의 얼굴을 인식할 수 있는 인공지능의 개발이 가능하다. 개인의 인권이나 초상권의 개념이 발달하지 않은 일부 국가에서는 당사자의 동의 없이 무단으로 대량의 얼굴 데이터를 만들어서 활용하기도 하지만, 대부분의 국가에서는 이러한 개인정보가 담긴 데이터를 생산 및 확보하기가 매우 어렵다. 따라서 4차 산업혁명과 새로운 디지털 문명 전환기에 선도적으로 제시할 수 있는 창의적이고 혁신적인 사고방식과 이를 뒷받침해줄 수 있는 제도개혁이 추진되어야 한다.

다. 세계선도시민: 균형과 협력의 사회

세계선도시민은 한국판 뉴딜이 글로벌 정의를 공유하며 지구적 불확실성을 극복할 수 있는 정의로운 세계시민을 육성하는 과정이라는 점을 강조한다. 무엇보다 정의로운 전환의 실현, 뉴딜 전환에 따른 갈등 해소, 그리고 이를 위한 협력과 합의를 위한 중층적 사회적 대화시스템의 구축, 디지털 전환과 그린 전환의 다양한 피해계층에 대한 두터운 안전망 구축, 충분한 돌봄과 사회보장의 마련 등이 핵심방향이다.

이를 위해서 한국은 균형과 협력의 사회를 만듦으로써 세계선도시민을 양성한다. 우선 행정수도 이전, 공공기관 지방 이전, 각 지역의 균형발전을 선도할 혁신도시, 핵심도시를 중심으로 일일 생활이 가능하도록 기능적으로 연결된 메가시티 등을 통해 지역균형발전을 도모한다.

포스트코로나 시대의 디지털·그린 산업전환의 과정에서 발생하는 피해를 극복하기 위해 정의로운 전환을 추구하되, 사회적 협의와 협력을 통한 전환이 될 수 있도록 중층적인 사회적 대화 레짐을 구축한다. 기초자치단체·광역자치단체·중앙정부, 구(舊)사업군·신(新)산업군, 대기업·중소기업, 노사 및 노노 등 다층적인 대화 구조를 구성하여 세계선도시민으로서 협력할 수 있는 채널과 방법을 선제적으로 마련한다. 또한, 디지털을 기반으로 하는 언택트 시대에 적극적으로 대응하여, 정보 격차를 해소하고 스스로 어려움을 호소하기조차 어려운 노인이나 장애인 등을 위한 선제적인 지원제도도 마련해야 한다.

| 제3부 |

한국판 뉴딜과 거대전환의 전략

제6장 한국판 뉴딜의 구성과 체계

1. 한국판 뉴딜과 전환의 수준

가. 근대화와 산업화 시대전환의 과정

한국전쟁 이후로 한국은 근대화와 산업화를 지속해서 추진해왔다. 근대화는 산업화를 토대로 현대사회가 전통사회로부터 어느 만큼 벗어났는가를 측정하는 도구로서의 개념으로 볼 수 있다. 우리 나라에서 근대화론이 처음 나타난 것은 1961년 5·16군사정변에 의한 군사정권이 등장하여 '조국 근대화'를 표방하면서부터였다. 군사정권은 4월혁명(4·19) 이념의 계승과 거부의 양면성을 보인 가운데, 경제면에서는 4월혁명 이후 민주당 정권이 제기한 자립경제와 경제발전의 요구를 조국 근대화의 깃발 밑에서 경제개발계획이라는 이름으로 얼버무리려 하였다(한국민족문화대백과사전, 2022). 이후 한국사회의 대내·외의 다양한 환경(국제적 변수 등)이 반영되어 경제개발계획은 검토되었고, 다양한 과정을 거쳐서 경제개발계획에 따라 한국의 경제개발과정이 지속적으로 진행하게 된다(박태균, 2007).

1) 산업화와 경제개발 5개년 계획[1]

한국은 미국의 경제원조를 시작으로 경제개발 5개년 계획을 수립하였다. 경제개발 5개년 계획은 1차계획부터 지속적으로 경제발전을 추진해온다. 한국만의 정치상황에서 경제성장이 시급한 과제로 한국 경제의 장기개발전략으로 경제개발 5개년 계획은 국내외적으로 성공적으로 평가를 받게 되었다.

경제개발 5개년 계획을 시기별로 살펴보면, 크게 8단계로 구분할 수 있다. 계획수립 이전단계(1948~1962)를 기준으로 8단계로 이루어지는데, 계획수립 이전단계는 자립경제의 토대 확립 및 기반조성을 목표로 경제원조협정 체결 등으로 첫단계로 이해할 수 있다.본격적으로 경제개발 5개년 계획은 1~7차로 이어지면서 추진하게 된다. 고도성장기로 제1차 경제개발 5개년 계획(1962~1966), 제2차 경제개발 5개년 계획(1967~1971), 제3차 경제개발 5개년 계획(1972~1976), 제4차 경제개발 5개년 계획(1977~1981)이 추진된다. 그리고 사회발전기로 제5차 경제개발 5개년 계획(1982~1986), 제6차 경제개발 5개년 계획(1987~1991), 제7차 및 신경제 경제개발 5개년 계획(1992~1997)으로 구분된다(국가기록원, 2022).

제1차 경제개발 5개년 계획(1962~1966)은 산업구조 근대화, 자립경제의 확립하고 더욱 촉진하는 것을 목표로 하였다. 중점과제로 식량자급, 공업구조 고도화의 기틀 마련, 7억 달러 수출 달성, 획기적인 국제수지 개선의 기반 확립, 고용 증대, 인구팽창 억제, 국민소득의 획기적 증대, 과학 및 경영기술 진흥, 인적자원 배양 등이 추진되었다.

제2차 경제개발 5개년 계획(1967~1971)은 산업구조 근대화, 자립경제의 확립을 더욱 촉진하는 것을 목표로 하였다. 중점과제로 식량자

1 본 파트는 국가기록원의 경제개발계획 자료 등을 토대로 작성하였다(2022.1.31 기준). https://theme.archives.go.kr/next/economicDevelopment/overview.do

급, 산림녹화와 수산개발, 화학, 철강 및 기계공업을 건설하여 공업 고도화의 기틀 마련, 7억 달러(상품 수출 5억 5,000만 달러)의 수출 달성, 획기적인 국제수지 개선의 기반 확립, 고용을 증대, 가족계획의 추진으로 인구팽창을 억제, 국민소득의 획기적 증대, 영농을 다각화하여 농가소득 향상에 주력, 과학 및 경영기술 진흥, 인적자원을 배양하여 기술수준과 생산성 제고 등을 추진하였다.

제3차 경제개발 5개년 계획(1972~1976)은 자립적 경제구조 달성, 지역개발의 균형을 목표로 하였다. 중점과제로 주곡 자급, 농어민 소득 증대, 농어촌 생활환경 개선, 수출 35억 달러 달성, 공업의 고도화, 과학기술의 향상과 인력 개발, 사회기초시설의 균형 발전, 지역개발 촉진, 공업과 인구를 적정히 분산, 국민의 복지와 생활향상을 추진하였다.

제4차 경제개발 5개년 계획(1977~1981)은 자력 성장구조의 확립, 사회개발을 통하여 형평을 증진, 기술의 혁신과 능률의 향상을 목표로 하였다. 중점과제로 투자재원의 자력 조달, 국제수지의 균형, 산업구조의 고도화, 1차적 소득분배 개선과 2차적 소득분배 개선을 위한 제도 마련, 농어촌 생활환경개선 사업 지속, 새로운 기술도입과 토착화 촉진, 연구개발 투자 증대, 노사협조체제 강화, 공정한 경쟁질서 확립, 수입자유화 추진, 기업의 경영합리화를 추진하였다.

제5차 경제개발 5개년 계획(1982~1986)은 경제안정 기반을 정착하여 국민생활 안정, 경쟁력 강화, 국제수지 개선, 지속적 성장기반을 다져 고용기회 확대, 소득 증대, 소득계층 간·지역 간 균형 발전으로 국민 복지 증진을 목표로 하였다. 중점과제로 물가를 10% 이내로 안정시키기 위해 구조적인 인플레 요인을 정비, 7~8%의 지속적인 성장 달성을 위해 투자효율 극대화 및 저축 증대, 경쟁을 촉진하여 시장기능을 활성화, 수출주도전략을 지속하고 대외개발정책 적극 추진, 국내외 시장에서 경쟁력 있는 비교우위산업을 육성, 국토의 균형 개발과 환경 보전, 국민의 기본 수요를 충족시키고 사회개발을 적극적으로 추진하게 된다.

제6차 경제개발 5개년 계획(1987~1991)은 능률과 형평을 토대로 한 경제 선진화와 국민복지의 증진을 목표로 하였다. 중점과제로 경제사회의 제도발전과 질서의 선진화, 산업구조의 개편과 기술입국의 실현, 지역 간 균형발전을 위한 제도개선과 여건 정비 등을 추진하게 된다. 지역 간 균형발전을 위한 제도개선과 여건 정비에서 사회복지제도의 확충과 도시영세민 등 저소득층 생활 향상을 제시하였다.

제7차 및 신경제 경제개발 5개년 계획(1992~1997)은 21세기 경제사회 선진화와 민족통일을 지향을 목표로 하였다. 그 목표 하에서 자율과 경쟁질서 확립을 통한 경제의 내실화·효율화, 경영혁신, 근로정신, 시민윤리의 확립을 추진하게 된다. 중점과제로 산업의 경쟁력 강화, 사회적 형평 제고와 균형 발전, 국제화·자율화의 추진과 통일 기반 조정 등을 추진하였다.

〈표 3-1〉 고도성장기(1962~1981)의 경제개발계획

	계획 목표	주요 정책
제1차 경제계획 (1962~1966)	자립경제의 달성을 위한 기반 구축	• 전력, 석탄 등 에너지원 확보 • 농가소득의 상승과 국민경제의 구조적 불균형 시정 • 기간산업 확충과 사회간접자본의 충족 • 고용의 증가와 국토의 보전 및 개발 • 수출 증대를 통한 국제수지 개선 • 기술의 진흥

	계획 목표		주요 정책
제2차 경제계획 (1967~1971)	산업구조 근대화, 자립경제의 확립을 더욱 촉진		• 식량자급 • 공업구조 고도화의 기틀 마련 • 7억 달러 수출 달성, 획기적인 국제수지 개선의 기반 확립 • 고용 증대, 인구팽창 억제 • 국민소득의 획기적 증대 • 과학 및 경영기술 진흥, 인적자원 배양
	계획 이념	계획 목표	중점 과제
제3차 경제계획 (1972~1976)	성장, 안정, 균형의 조화	• 자립적 경제구조 달성 • 지역개발의 균형	• 주곡 지급, 농어민 소득 증대 • 농어촌 생활환경 개선 • 수출 35억 달러 달성 • 공업의 고도화 • 과학기술의 향상과 인력 개발 • 사회기초시설의 균형 발전 • 지역개발 촉진, 공업과 인구를 적정히 분산 • 국민의 복지와 생활향상을 기함
	계획 이념	계획 목표	중점과제
제4차 경제계획 (1977~1981)	성장, 형평, 능률	• 자력성장구조의 확립 • 사회개발을 통하여 형평을 증진 • 기술의 혁신과 능률의 향상	• 투자재원의 자력 조달 • 국제수지의 균형 • 산업구조의 고도화 • 1차적 소득분배 개선과 2차적 소득분배 개선을 위한 제도 마련 • 농어촌 생활환경개선 사업 지속 • 새로운 기술도입과 토착화 촉진 • 연구개발 투자 증대 • 노사협조체제 강화, 공정한 경쟁질서 확립, 수입자유화 촉진 • 기업의 경영합리화

출처: 국가기록원(2022).
https://theme.archives.go.kr/next/economicDevelopment/overview.do

2) 근대화와 새마을 운동의 시대과제: 근면자조협동운동

근대화에 있어서 새마을 운동은 한국에서만 나타난 특징 중에 하나로 볼 수 있다. 새마을운동은 1970년부터 시작된 범국민적 지역사회 개발운동을 의미한다. 근면·자조·협동의 기본 정신과 실천을 범국민적·범국가적으로 추진함으로써, 국가발전을 가속적으로 촉진시키려는 목적으로 진행된 운동이다. 새마을운동에 대한 정의는 논자에 따라 매우 다양하다. 그리고 다른 모든 기획적 사회변동계획과 마찬가지로 새마을운동도 발의 이후 오늘에 이르기까지 상당한 변화과정을 거쳤다. 첫째 범주의 정의는 한국 고유의 농촌통합개발의 성공적인 유형이라고 보는 것이다. 새마을운동이 상대적으로 낙후되어 있던 농촌지역을 획기적으로 개발하면서 발의되었기 때문인데, 오늘날 이른바 농촌새마을운동이라고 구별되고 있다. 그런데 국제적으로는 여전히 새마을운동이 통합농촌개발유형, 즉 농촌새마을운동으로 이해되고 있다. 둘째 범주의 정의는 새마을운동이 도시지역에도 확대되어 이른바 도시새마을운동이 전개됨에 따라 새마을운동을 지역사회개발적인 기본틀에서 총체적인 국가발전을 위한 범국민운동이라고 보는 견해이다. 농촌새마을운동과 다르게 도시새마을운동에 대한 연구도 진행된 바 있다(문종훈, 1974). 셋째 범주의 정의는 새마을운동이 범국가적인 지역사회개발의 본질을 지녔다고 보는 것이다. 새마을운동의 기본철학이나 접근·집행 방법 등은 지역사회개발사업의 그것에 직결되어 있으며 농촌·도시를 총망라하고 있기 때문이다. 이와 같이 새마을운동은 논자에 따라 다양하게 정의된다. 특히, 새마을운동에 특별한 관심을 가진 전문가집단 사이에도 정의에 관한 합의는 거의 이루어지지 않았으며, 따라서 새마을운동은 어느 이론에 의한 것이 아니라, 경험 또는 실천에 의한 것이라고 많은 사람들이 주장하고 있다. 분명한 것은 새마을운동은 정부의 절대적 지원으로 전국으로 확대되면서, 단순한 농촌개발사업을 넘어 공장·도시·직장 등 한국사회 전체의 근대화운동으로 확대·발전하였다는 것이다(한국민족문화대백과사전, 2022).

한동안 잊혀져 있던 새마을운동은 최근 들어, 한국판 뉴딜과 관련하여 새롭게 논의되기 시작하였다. 정책기획위원회에서 한국판 뉴딜 지역순회 토론회 등을 거치면서 지역뉴딜 실천 원칙과 유형에 대해 발표하며, 한국판 뉴딜의 결정체로서의 지역뉴딜을 강조하였다. 특히, 제1차 대한민국 집현포럼("한국판 뉴딜, 새마을을 만나다")에서 한국판 뉴딜에서의 지역균형뉴딜을 논의하면서, 지역 생태계를 어떻게 일으킬 것인가에 대한 의문점에 대해서는 1948년 이후 지금까지 국가발전에 큰 영향을 미친 정책이 '새마을 운동'이었음을 강조하였다. 지역사회와의 결합을 통한 정의로운 전환으로 한국판 뉴딜, 새마을운동에 대한 논의의 장을 논의되었다. 이는 한국판 뉴딜의 확장을 위한 전국 확산 등을 위한 것으로 새마을 운동과 한국판 뉴딜의 공존과 결합의 필요성을 새롭게 제시하였다는 시도로 볼 수 있다(대통령직속 정책기획위원회, 2021).[2]

나. 코로나19 대응과 단기 전환: 문재인 정부의 과제

제7차 및 신경제 경제개발 5개년 계획시기(1992~1997) 이후 한국은 IMF사태를 맞이하게 된다. 그 후에 국민의 정부(1998~2003), 참여정부(2003~2008), 이명박 정부(2008~2013), 박근혜 정부(2013~2017)를 거쳐 오게 된다. 촛불혁명 이로 인해 문재인 정부가 2017년에 출범하게 된다. 문재인 정부 출범 이후 특히 2020년 초반부터 전 세계적으로 코로나19가 퍼지게 된다. 한국도 2020년 대구·경북지역을 시작으로 전국

2 "한국판 뉴딜, 새마을을 만나다",「제1차 대한민국 집현포럼」개최.
http://www.pcpp.go.kr/post/notice/reportView.do?post_id=2880&board_id=2&/post/notice/reportList.do?cpage=1&cpage=2

으로 확산된다. 코로나19는 이전에 접해보지 못한 초유의 사태로 대한민국 전체에 큰 충격을 주었다. 코로나19 초기 대응에 있어서도 전 세계 각국에서 대처가 미흡한 편이고, 편차가 심하였다. 당시 아시아 국가와 한국은 코로나19 대응에 있어 모범적인 접근을 하게 된다. 한국은 코로나19에 대한 치료제가 없고, 관련정보가 없는 상황에서 방역에 있어서 성공적이었다는 평가를 받았다(BBC, 2020).

[그림 3-1] 전 세계 코로나19의 100명 확진 이후 경과 일수

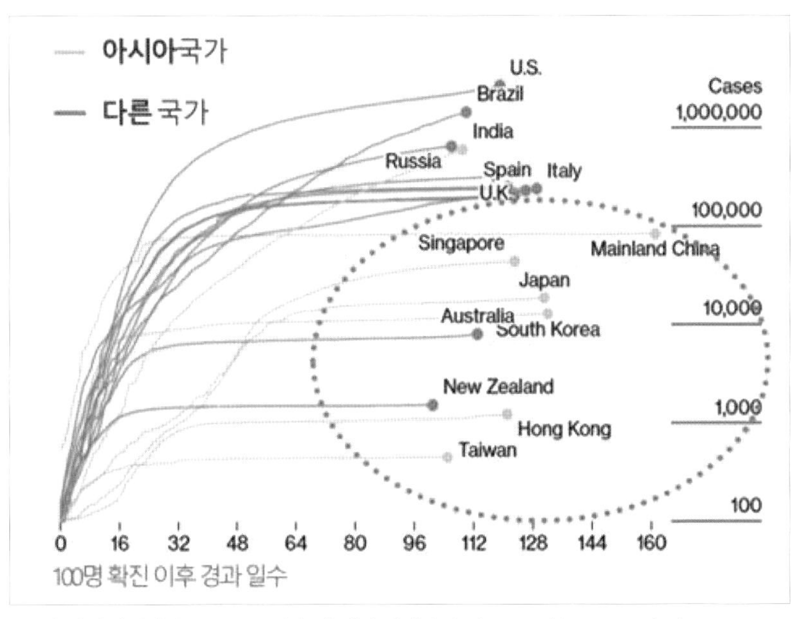

주: 전 세계 확진자 수 18,079,136명, 전 세계 사망자 수 689,347명(2020.8.3 기준).
출처: https://www.bloomberg.com/graphics/2020-coronavirus-cases-world-map/.

다. 포스트코로나 시대 국가경영과 중기 전환
: 포스트코로나 시대적 과제

코로나19 대유행이 끝나지 않은 상황에서 세계 각국의 경제는 어려워졌다. 한국에서도 한국판 뉴딜이 처음 공식적으로 언급된 것은 정부의 비상경제회의에서였다. 코로나19 사태 이후 어려워지는 경제 상황을 비상국면으로 간주하고 이에 대응하기 위해 2020년 4월 22일 개최된 제5차 비상경제회의에서 문재인 대통령은 '한국판 뉴딜'을 통해 미래를 향한 대규모 국가 프로젝트가 추진될 것임을 시사한 바 있다. 내부적으로 처음 구상할 때에는 디지털뉴딜 중심이었으나 2020년 7월 14일에 공식 발표된 「한국판 뉴딜 종합계획」에서는 디지털뉴딜뿐만 아니라 그린뉴딜이 포함되었고 뉴딜 과정에서의 부작용에 대응하고 안정적 기반을 갖추기 위한 고용·사회 안전망이 덧대졌다(김진우, 2020).

이 시점에서 한국판 뉴딜이 부각된 이유는 그것은 우리나라 사회·경제가 내재적 한계에 직면해 있고 코로나 팬데믹으로 경제 위기까지 겹쳐진 상황에서 코로나19 백신·치료제가 개발된다 하더라도 새로운 사회로의 전환을 피할 수 없어서다. 그뿐만 아니라 다가올 미래에 대해서도 선제적으로 준비하고 대응해 나갈 필요가 있기 때문이다. 즉, 자본제 사회에서 지속가능한 발전을 도모하기 위해서는 우리의 해묵은 숙제를 해결하면서 동시에 미래사회의 도전과 요구에 대비하여 도약을 위한 새 발판 마련이 시급하다고 볼 수 있다(김진우, 2020).

라. 문명사적 전환과 장기 전환: 문명사적 과제

앞서 살펴본 코로나19의 대유행은 대한민국의 국가체제에 많은 영향을 미치게 되었다. 이는 문명사적으로도 대전환의 촉매가 되는 것을 이해할 수 있다. 문명사에 있어서 큰 파급력을 주게 된다.

코로나19라는 질병으로 인해 감염병의 파급력에 대해 인식하게 되었고, 새로운 질병에 대해 전 국민이 공부하고, 정부의 방역정책에 따르게 되는 새로운 모습이 나타났다. 또한, 코로나19로 인해 인간사회의 생활패턴, 근로형태 등에 많은 변화를 주었다. 대면 중심의 인간관계는 비대면으로 전환이 다채롭게 이루어지게 되었다. 유치원, 초등학교, 중학교, 고등학교, 대학교 등에서는 비대면수업이 이루어졌고, 그로 인해 교육에 관한 다양한 문제를 생각하게 만들었다. 직장에서는 비대면 재택근무가 활성화되었고, 취약계층은 비대면 상황에서 더욱 어려움에 빠지게 되는 문제들도 발생하게 되었다.

특히, 노인, 장애인 등의 취약계층에게 코로나19는 더욱 큰 악영향을 주게 된다. 요양병원, 요양원, 시설 등에 거주하는 취약계층은 가족, 지인 등과의 접촉이 단절되고, 일부는 시설·병원 내 사망을 맞이하게 되는 상황이 증가하였다.

이러한 상황에서 대한민국은 새로운 세상으로의 준비를 위한 장기 전환을 준비하게 된다. 문명사적으로도 총, 균, 쇠에 따라 새로운 문명의 변화기점이 나타난 것이다(조대엽, 2020).

2. 한국판 뉴딜의 체계와 논리

가. 코로나19와 미래혁신

1) 현재 기반의 변화 필요성: 코로나19의 영향

실제로 우리나라 연평균 경제성장률은 1990년대 7.3%, 2000년대

4.9%, 2010년대 3.3% 정도로 지속적인 하락 과정에 있으며 미래 전망에서도 그리 긍정적인 시그널을 주지 못하고 있다. 기존의 과거 기반 발전 과정에서 벗어나 새로운 패러다임으로 대전환해야 함에도 불구하고, 사회적 합의 기반이 취약하여 갈등 상황이 빚어지는 것 또한 수면 위로 떠올리기를 꺼리게 한다(김진우, 2020).

여기에 코로나19가 오게 되면서 혁신의 필요성이 더욱 강조된다. 현재 기반으로는 코로나19 상황과 포스트코로나 시대를 맞이하기에는 한계가 있게 된 것이다. 정부에서는 2020년을 맞이하여 한국판 뉴딜을 발표하게 된다. 이는 '뉴딜(New Deal)'이냐는 것이다. 미국의 뉴딜은 제1차 세계대전의 특수를 누려온 1920년대의 미국 사회가 1929년 최악의 주식 폭락 사태가 촉발한 대공황을 극복하고 새로운 사회로의 전환을 모색한 그랜드 플랜이었다. 구제(Relief), 회복(Recovery) 및 개혁(Reform)의 기치 아래 자유주의에 정부 개입의 필요성을 덧댄 것이다. 파탄을 맞게 된 대다수 노동자의 삶을 긍정적으로 변화시키기 위해서 정부가 어떤 노력을 기울여야 하는지에 대한 사회적 합의를 끌어낸 것이다(김진우, 2020; 조대엽, 2020).

2) 코로나19의 영향에 따른 변화의 필요: 디지털뉴딜, 그린뉴딜

정부에서는 코로나19로 인해 경제정책 및 사회정책에 변화가 필요하게 되었다. 코로나19 이전부터 실질 GDP 경제성장률은 지속적인 하락이 있었고, 제조업 수출에서 국내 부가가치 낮은 비중도 있었다. 코로나19 이후 이런 현상은 심화되고 있었기 때문에 이런 상황에서 돌파구가 필요하였다.

특히, 초기 한국판 뉴딜 논의 당시에는 디지털뉴딜, 그린뉴딜이 먼저 부각되었다. 디지털뉴딜은 디지털 분야에서 한국이 새롭게 나아가기 위한 정부의 관계부처합동 전략으로 먼저 나온 키워드 중 하나였다. 또한, 기후변화에 대한 선도국가로서 나아가야 할 키워드로 그린뉴딜이 나오게 된다. 이런 논의가 청와대 비상경제회의(2020.6.1)에서 본격 논의되었다.[3]

3) 디지털뉴딜

디지털뉴딜(Digital New Deal)은 디지털 경제 가속화 상황속에서 나온 정책이다. 코로나19로 인해 디지털환경이 강화되면서 미래선도형 일자리가 필요하게 되었다. 디지털뉴딜은 미래형 혁신경제를 선도하기 위한 것이다. D.N.A 생태계와 비대면 산업을 육성하면서 국가 기반 시설을 대대적으로 디지털화해 디지털 경제로의 전환을 속도 있게 추진하는 것이었다.

디지털뉴딜은 우리가 강점을 가지고 있는 정보통신(ICT, Information and Communications Technology) 산업을 기반으로 데이터 경제의 꽃을 피우려는 전략이다. 데이터의 활용도를 높여 전 산업의 생산성을 비약적으로 높일 수 있도록 관련 인프라를 빠르게 구축해나갈 계획이다. 데이터 댐, 인공지능(Artificial Intelligence, AI) 기반 지능형 정부, 교육인프라 디지털 전환, 비대면 산업 육성 그리고 국민안전 SOC 디지털화 등을 주요 과제로 삼았다.

3 https://www.korea.kr/news/policyNewsView.do?newsId=148872980.

4) 그린뉴딜

그린뉴딜(Green New Deal)은 기후위기에서 국제사회의 요청에 따라 추진된 정책이다. 국제사회에서 미래세대에 대한 책임이 요구됨에 미래선도형 일자리가 필요하게 되었다. 그린뉴딜을 통해서는 지속 가능 성장의 길을 열어나갈 것이다. 그를 통해 국제사회의 책임 있는 일원으로 기후 변화에 적극 대응해나가면서 새로운 시장과 산업, 일자리를 창출하는 것이 목표가 되었다.

그린뉴딜은 탄소의존형 경제를 친환경 저탄소 등 그린 경제로 전환하는 전략이다. 기후위기에 선제적으로 대응하고 인간과 자연이 공존하는 미래사회를 구현하기 위해 탄소중립(Net-zero)을 향한 경제·사회 녹색전환을 추진한다. 신재생에너지 확산기반 구축, 전기차·수소차 등 그린 모빌리티, 공공시설 제로 에너지화, 저탄소·녹색산단 조성 등을 주요 과제로 삼았다.

나. 전환의 비용과 누적된 격차

1) 그간 해결하지 못한 숙제로서의 기존에 누적된 사회 경제적 격차와 불평등 과제

한국에서 수많은 역경에도 불구하고 그간 독립·정부수립·산업화·민주화·3050클럽 가입을 이루어 낸 위대한 국민의 역사를 가지고 있다(대통령직속 정책기획위원회, 2019). 평범한 사람들이 만든 위대한 역사가 대한민국의 과거이자 현재이다.

이러한 위대한 역사에서도 대한민국의 위기는 수없이 존재하였다. 지속적으로 나타나는 사회양극화, 빈부격차, 높은 실업률, 복지 사각지대

[그림 3-2] 대한민국의 역경과 성취

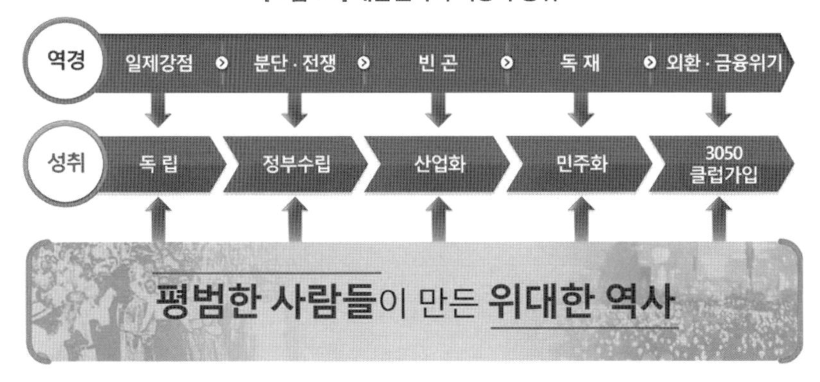

출처: 대통령직속 정책기획위원회(2019).

등이 발생하였다. 어두운 현실의 이면에는 정치-경제-사회의 공고한 결합체제가 존재한다고 할 수 있다. 사회-경제-정치 간의 얽혀 있는 사회구조에서는 끊임없는 문제를 만들어냈다(대통령직속 정책기획위원회, 2019).

[그림 3-3] 한국의 얽힌 사회구조와 문제

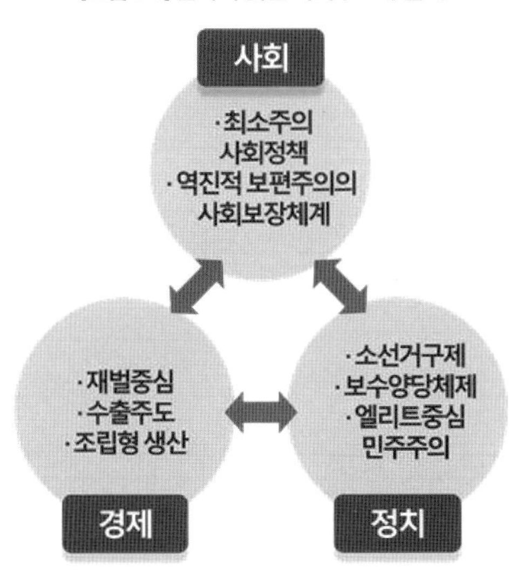

출처: 대통령직속 정책기획위원회(2019).

[그림 3-4] 위기의 재생산 구조

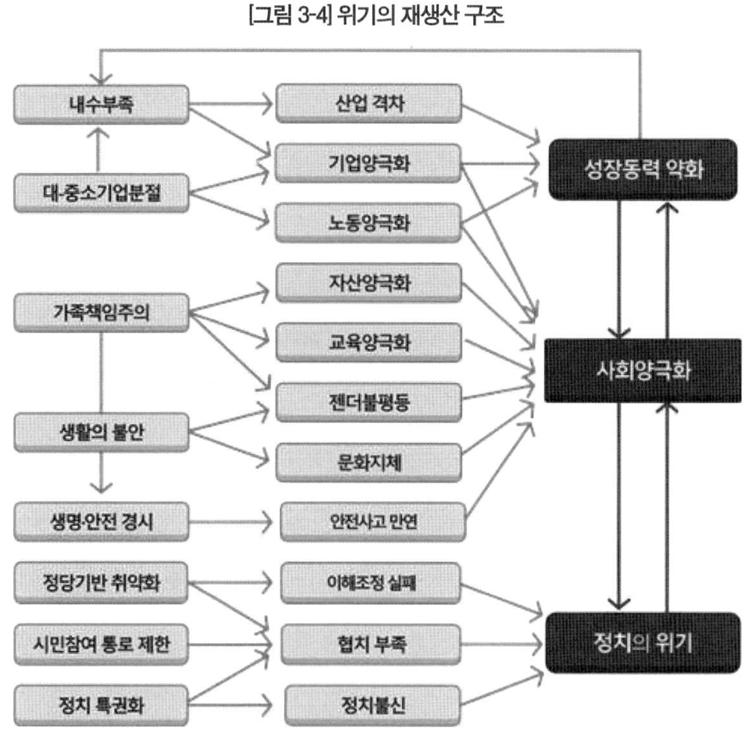

출처: 대통령직속 정책기획위원회(2019).

위기의 재생산 구조는 경제(성장동력 약화), 사회(사회양극화), 정치(정치의 위기)가 연관된 구조에서 다양한 사회문제들의 연결이 기인하고 있다. 궁극적으로 이런 문제는 국민 삶의 위기와 지속가능성의 위기가 더해지고 있음을 의미한다(대통령직속 정책기획위원회, 2019).

2) 디지털, 그린 전환에 따른 부작용과 전환의 비용, 사회적 취약 계층과 약자의 문제

한국은 사회불평등이 높은 국가로 나타나고 있는데, OECD 35개

국가 중에서 9번째로 지니계수가 높은 국가로 나타났다(대통령직속 정책 기획위원회, 2019; OECD, 2022). 한국은 시장소득을 보정하여 산출한 지니계수로는 IMF 이전에 비해 불평등수준이 현격히 높아진 상태이다. 이런 상황에서 코로나19가 유행함에 따라 한국경제와 한국사회에 큰 위기가 온 것이다.

코로나19 이전부터 누적되어온 사회적 문제를 해결하기 위해 한국판 뉴딜을 국가적으로 새롭게 추진하게 되는데, 여기에 디지털 전환, 그린 전환이 큰 두 개의 축으로 자리한다. 여기에서 사회적 취약계층과 약자가 소외되거나 배제되는 가능성이 발생하게 된다. 디지털에서 배제될 확률이 높은 노인층, 전통적인 제조업 종사자들과 미취업 청년층 등이 사회적 약자층으로 이전보다 높은 집단이다. 이들을 어떻게 새로운 대전환에서 함께 보듬어 갈 것인가가 중요한 이슈로 떠오르게 된다. 이는 결국 사람, 일자리 문제로 귀결되게 된다.

다. 정의로운 전환과 세계선도성

1) 노동문제, 양극화의 문제, 기술혁신 고용 교육 훈련 사회보장

코로나19가 1년 반 이상을 넘어오며 장기화 되면서 이른바 '코로나19 양극화'도 점차 심화되고 있다(2022.3 기준). 개인은 물론 기업간·업종 간 격차도 점차 심각하게 벌어지면서 코로나19가 몰고 온 양극화가 시급히 해결해야 할 사회적 과제로 부각되었다.

본래 사회·경제적인 양극화는 코로나19 이전부터 심각한 문제였던 것이 사실이다. 1990년대 후반 경제위기 사태를 계기로 본격적인 신자유주의 시대가 도래하면서 사회 양극화 문제는 세계적 이슈로 떠오르기 시작했다. 전 세계와 같이 우리도 젊은 청년들의 취업절벽과 비정규직의 양산, 부동산 투기 등으로 인한 '부익부 빈익빈' 현상이 심화되었다.

이 같은 현상은 치유되지 못한 채 코로나19 이후 또 다른 형태의 양극화를 낳는 결과를 초래한 것이다. 한편 이 같은 '코로나19 양극화' 이슈가 사회적 문제로 대두되면서 정부도 양극화 해소를 위해 팔을 걷어부치고 나서게 되었다. 이것의 시작이 한국판 뉴딜이 되는데, 이는 미국의 뉴딜(New Deal)정책에서 착안한 정책이라 할 수 있다.

코로나19 시대에서 정의로운 전환이 화두로 떠오른다. 정의로운 전환은 이전의 노동문제, 사회양극화 문제 등을 해결하기 위한 키워드가 된다. 새로운 사회변화는 새로운 사회문제를 만들어낸다. 새로운 사회문제는 적절한 해결책이 필요하고, 그것은 시대마다 변화하기 마련이다.

지금 이 시점에서는 한국판 뉴딜이 새로이 정의로운 전환을 선도하게 된다. 다른 국가와 다른 정의로운 전환을 통해 세계선도성을 확보하는 것이 중요하다. 정책적으로 한국판 뉴딜을 추진하려면 정책시행의 준비과정과 실행 등이 중요하나, 그것보다 더 중요한 이슈는 문명흐름에 있어 선도한다는 맥락이라고 할 수 있다.

2) 사람이 먼저인 세상 기반 위에서 뉴딜 전환을 통한 정의로운 공정사회 구현

문재인 대통령은 2020년 6월 1일 비상경제회의에서 경제를 빠르게 회복시켜 반드시 성장의 반등을 이뤄내야 하며, 포스트코로나 시대에 앞서가기 위한 선도형 경제 기반을 구축해나가야 한다고 모두발언하였다. 2020년 하반기에도 과감한 재정 투입을 통해 한국판 뉴딜을 제시하였다. 사람 우선의 가치와 포용 국가의 토대 위에 디지털뉴딜과 그린

뉴딜을 두 축으로 나란히 세운 한국판 뉴딜을 국가의 미래를 걸고 강력히 추진해나갈 것을 천명하였다. 여기에서 그것의 중심에 사람이 있고, 사람이 먼저인 국가정책이 필요해졌다. 사람 중심의 국가정책을 추진하면서 뉴딜 전환을 통한 정의로운 공정사회를 추진하기로 하였다.

정책기획위원회에서는 2020년 초부터 국가정책의 기획, 조정을 담당하는 대통령자문기구로서 새로운 국가방향을 선도국가로의 전환을 제시해왔다. 다양한 국제지표에서 한국은 OECD국가 내에서도 선진국 반열에 올라왔으나, 추격국가 차원에서 정책이 설계되어왔다. 그러던 것이 이제는 선도국가로의 전환이 필요함이 제시된 것이다. 여기에서는 선도 가치, 선도 내용, 선도 방식의 원칙이 제시되었다.

[그림 3-5] 한국판 뉴딜을 통해 나아가야 할 방향

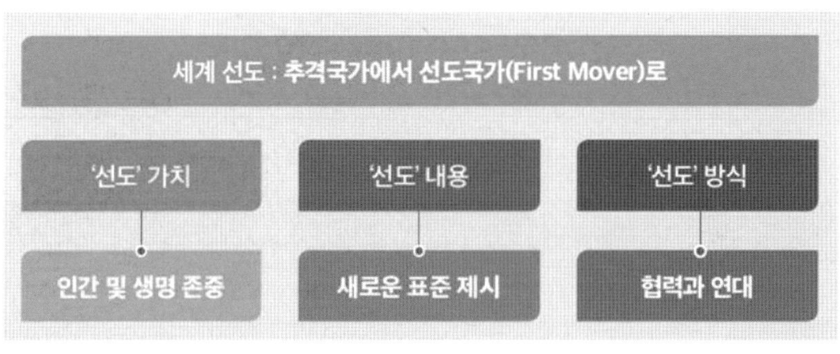

출처: 김진우(2020), '한국판 뉴딜의 비전과 전략', 『열린 정책』(2020년 통권 제8호), 대통령직속 정책기획위원회.

한국판 뉴딜은 자원의 공평한 분배라는 국정목표를 가지고, 생명과 안전의 나라, 혁신과 도약의 경제, 균형과 협력의 사회를 기반으로 한다. 이는 문재인 정부가 출범한 제시한 국정과제의 흐름도에서 진화된 형태로 새로운 공평한 분배를 제시했다는 것이 특징적이다.

[그림 3-6] 한국판 뉴딜과 국정목표

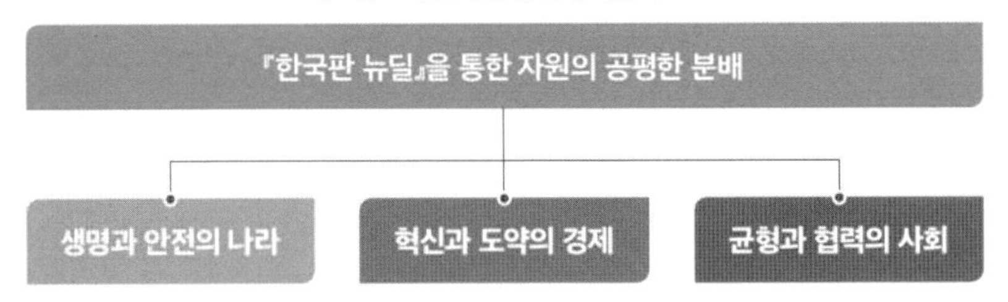

출처: 김진우(2020), '한국판 뉴딜의 비전과 전략', 『열린 정책』(2020년 통권 제8호), 대통령직속 정책기획위원회.

〈표 3-2〉 한국판 뉴딜의 추진 비전과 전략(안)

비전	정의로운 전환, 세계선도 대한민국		
방향	우리의 미래와 다음 세대에게 희망을 주는 세계선도안전·세계선도경제·세계선도시민		
국정목표	생명과 안전의 나라	혁신과 도약의 경제	균형과 협력의 사회
국정전략과 핵심과제	• 도시·공간 생활 인프라 녹색 전환 - 국민 생활과 밀접한 공공시설 제로 에너지화 - 국토·해양·도시의 녹색 생태계 회복 - 깨끗하고 안전한 물관리 체계 구축 • 탈탄소·분산형 에너지 확산 - 에너지 관리 효율화 지능형 스마트그리드 구축 - 신재생에너지 확산 기반 구축 및 공정한 전환 지원 - 전기차·수소차 등 그린 모빌리티 보급 확대 • 녹색산업 혁신 생태계 구축 - 녹색 선도 유망기업 육성 및 저탄소·녹색 산단 조성 - R&D·금융 등 녹색 혁신 기반 조성 • 보건의료 확충에 기초한 K-방역 모델화	• 디지털지능글로벌리더 - 데이터 구축·개방·활용 (데이터 댐) - 수퍼휴먼 디지털 지능 프로젝트(Moonshot Project) - 1, 2, 3차 전산업으로 AI, 5G 융합 확산(디지털 지능 전송) - 국가 AI 연구소(가칭) 설립 - 디지털 First-Mover 인재 양성 • 디지털 지능 확산 강화 - 중소기업 디지털 근무 및 디지털 비즈니스 확산·강화 - 디지털 교육 AI 플랫폼 확산·강화 - 디지털 헬스케어 및 디지털 의료 확산 - K-라이프 보호체계 구축 (K-방역, K-보안, K-안전) - 디지털지능형 정부 구현 • 디지털 지능 인프라 구축 - 디지털 지능 SOC(물류, 교통, 통신) - 디지털 지능 산업 밸리 구축	• 정의로운 전환에 맞는 일자리 확충과 사회보장체계 마련 - 지속가능하고 좋은 일자리 창출 - 포용적인 고용·사회 안전망 구축 - 사람 투자 및 전 국민 평생 학습체계 구축 • 지속가능한 균형발전 및 자치분권의 생태계 구축 - 중앙·지방 간 수평적 전략 - 주민, 시민사회 등 다양한 지역혁신 주체 참여 - 행정수도 이전을 포함한 (초)광역권 발전전략과 연계 • 사회적 합의 도출 - 사회적 협의 기제 분권화 - 지역주도 전환관리 지원 - 사회적 협의 주체 확장 - 사회적대화기본법 제정 추진

출처: 대통령직속 정책기획위원회(2020.8.31).

3. 한국판 뉴딜의 구성: 4개의 뉴딜과 2개의 전략 그리고 진화

가. 한국판 뉴딜의 전체 구조도

2020년 7월 14일에 발표된 한국판 뉴딜 1.0의 전체 구조는 디지털뉴딜과 그린뉴딜을 2개의 축을 기본으로 한다. 한국판 뉴딜 1.0은 선도국가로 도약하는 대한민국으로 대전환을 비전으로 하여, 선도형 경제, 저탄소 경제, 포용 사회를 제시하였다. 2+1정책방향을 기본으로 10대 대표과제를 추진과제로 제시하고, 전체 28개 과제를 발표하였다(관계부처합동, 2020).

당시 발표된 한국판 뉴딜 1.0은 안전망 강화, 재정 투자, 제조 개선이라는 키워드를 제시하였으나, 관련된 새로운 전략이 부재하다는 평가가 있었다. 김진우(2020)는 한국판 뉴딜 1.0에서 전략의 부재를 언급하며 한국판 뉴딜의 보완점을 제시하였다. 당시 고용사회 안전망을 휴먼뉴딜로 격상시킬 필요성을 제시하였다. 또한, 중요한 추진 전략의 부재를 지적하고 논의하였고, 그에 대한 대안을 제시하였다.

즉, 정책기획위원회에서는 추진 전략으로 지역 기반 전략, 사회적 합의 기반 전략을 제시하였다(김진우, 2020). 한국판 뉴딜이 잘 진행되려면 전국 지역에서 추진되어야 하는 전략이 필요하였고, 사회적 합의 기반으로 국가적 정책을 추진할 필요가 있었다. 이는 한국판 뉴딜의 추진동력으로 중요한 지점이 되었다.

[그림 3-7] 한국판 뉴딜의 구조

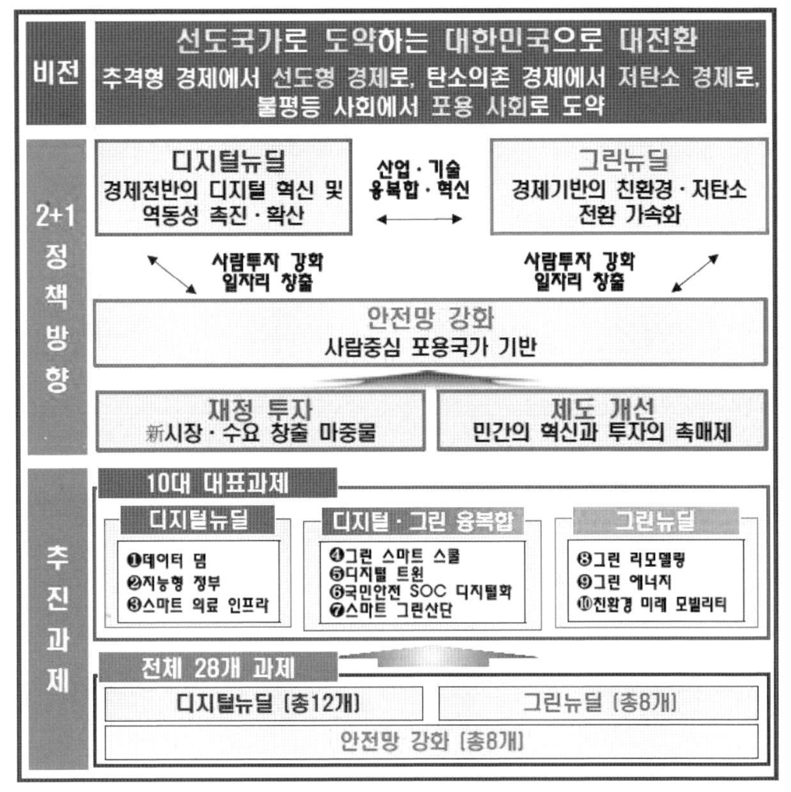

출처: 관계부처합동(2020), 한국판 뉴딜 종합계획-선도국가로 도약하는 대한민국으로 대전환-, 2020.7.14.자 보도자료.

정책기획위원회에서는 대통령 자문기관으로『한국판뉴딜 종합계획(7.14.)』의 고용·사회 안전망을 휴먼뉴딜로 대폭 확충하여 실질적인 정의로운 전환을 도모하고, 추진전략으로 '지역 기반 전략' 및 '사회적 합의 기반 전략'을 신규로 제시하였다.

[그림 3-8] 한국판 뉴딜의 전략

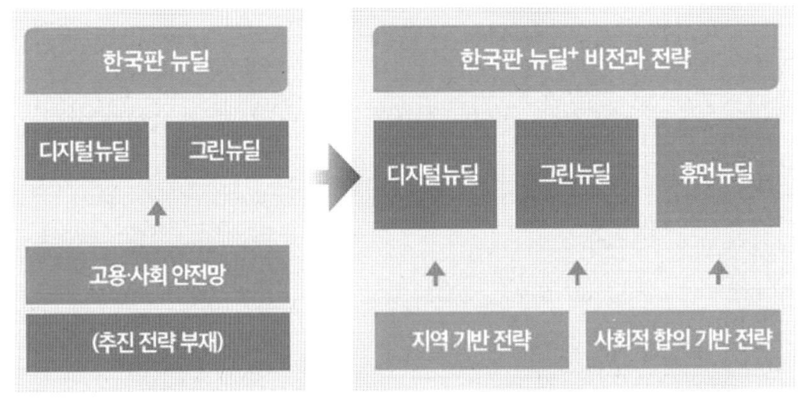

출처: 김진우(2020), '한국판 뉴딜의 비전과 전략', 『열린 정책』(2020년 통권 제8호). 대통령직속 정책기획위원회.

[그림 3-9] 한국판 뉴딜 전략 변화

한국판 뉴딜	
디지털뉴딜	그린뉴딜
↑	
고용 · 사회 안전망	
(추진 전략 부재)	

한국판 뉴딜' 비전과 전략		
디지털뉴딜	그린뉴딜	휴먼뉴딜 (확장)
↑	↑	↑
(신설)지역 기반 전략	(신설)사회적합의 기반 전략	

이는 향후 한국판 뉴딜의 진화에 반영되게 된다. 한국판 뉴딜 1.0이 발표한 1년 뒤에 한국판 뉴딜 2.0에서는 정책기획위원회 제안이 반영되어 이후 지역뉴딜, 휴먼뉴딜 등이 추가된다. 이러한 과정은 관계부처, 당·정·청, 대통령직속위원회 등에서 다양하게 논의된 결과로 한국판 뉴딜은 진화하였다.

중요한 점은 한국판 뉴딜은 지속적으로 변화, 진화한다는 점이다. 이렇듯 한국판 뉴딜은 지속적으로 보완, 수정되면서 한국사회, 경제문제를 해결하기 위한 큰 흐름으로 볼 수 있다. 그리고, 한국판 뉴딜이 발표되고 추진된 1년이 된 시점에서 한국판 뉴딜 2.0이 발표되었다. 2021년 7월 14일에 발표된 한국판 뉴딜 2.0은 뉴딜 1.0과 비교하였을 때, 휴먼뉴딜이 새로운 축으로 등장하였고, 지역균형뉴딜이 추가되었다. 지역 기반 전략은 지역균형뉴딜로 사회안전망은 휴먼뉴딜로 추가되고, 보완되었다.

[그림 3-10] 한국판 뉴딜 2.0

출처: 관계부처합동(2021), 한국판 뉴딜 2.0 미래를 만드는 나라 대한민국, 2021.7.14.자 보도자료.

본격적으로 추진된 한국판 뉴딜은 대통령 주재로 회의를 시작으로 관계부처합동의 한국판 뉴딜 추진체계가 아래와 같이 구성되었다. 당·정·청의 추진본부와 함께 관계부처합동으로 기재부를 중심으로 실무지원단이 운영된다.

[그림 3-11] 한국판 뉴딜의 추진체계

출처: https://www.knewdeal.go.kr/front/view/propel.do.

정책기획위원회에서도 관계부처합동의 한국판 뉴딜 추진체계와 함께 '한국판 뉴딜 국정자문단'을 운영하였다. 정책기획위원회는 국정과제의 효율적 추진과 국가 중장기 발전전략 수립에 관한 대통령의 자문에 응하기 위한 대통령 직속 기구로서 한국판 뉴딜 종합계획의 체계화 및 실현을 위한 자문 역할을 담당하였다. 한국판 뉴딜의 지속적 보완과 한국판 뉴딜의 필요성에 대한 공감대 확산 및 의견 수렴을 위해 '한국판 뉴딜 국정자문단'을 구성·운영하였다. 한국판 뉴딜 국정자문단 출범(2020.12.4) 전까지 정책기획위원회는 다음과 같이 활동하였다.

- 2020.7.14. 대통령 주재, 한국판 뉴딜 국민보고대회 - 한국판 뉴딜 종합계획 발표
- 2020.7.17. 청와대로부터 한국판 뉴딜 대통령 자문보고서 요청(정책기획위원회)
- 2020.7.24. 한국판 뉴딜 국정자문단 출범안 논의(정책기획위원회)
- 2020.7.31. 한국판 뉴딜 국정자문단 기획회의 개최(정책기획위원회)
- 2020.9.1. 한국판 뉴딜 대통령 자문보고서(「한국판 뉴딜+」비전과 전략) 보고(정책기획위원회)
- 2020.9.3. 대통령 주재, 제1차 한국판 뉴딜 전략회의(뉴딜펀드 조성방안 등)
- 2020.9.24. 한국판 뉴딜 국정자문단 구성을 위한 지역전문가 간담회(정책기획위원회)
- 2020.10.13. 대통령 주재, 제2차 한국판 뉴딜 전략회의(지역균형뉴딜 추가)

• 2020.12.4. 한국판 뉴딜 국정자문단 출범

국정자문단은 한국판 뉴딜의 발전전략, 정책방향 및 내용의 수정·보완 의견 제시하고 한국판 뉴딜 확산 및 의견 수렴을 위한 활동(토론회 등)을 하기로 정하였다. 이를 위해 각 분과별 정책 및 현안과제 연구, 한국판 뉴딜 관련기관과의 정책교류 및 협력 소통, 그 밖에 한국판 뉴딜과 관련하여 자문단이 결정한 사항을 진행키로 하였다.

국정자문단은 기획총괄 분과, 전환소통 분과, 지역전략 분과, 디지털뉴딜 분과, 그린뉴딜 분과, 안전망 뉴딜 분과 등 6개 분과로 구성하였다. 또한 위원은 한국판 뉴딜 추진 및 발전전략에 관한 학식과 경험이 풍부한 사람으로 성별, 연령, 지역 등을 고려하여 구성키로 하였다.

[그림 3-12] 정책기획위원회 한국판 뉴딜 국정자문단 구성체계

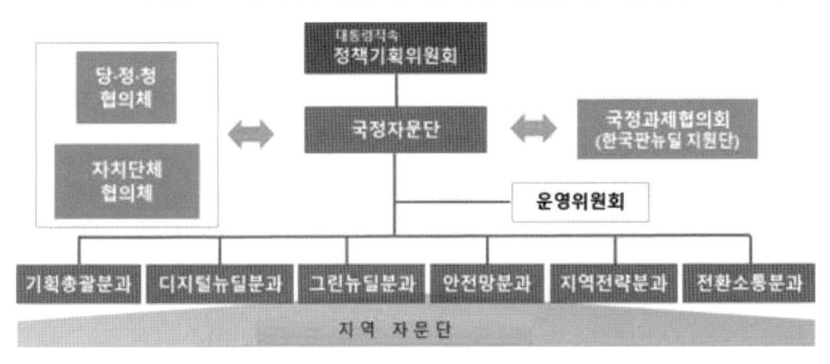

한국판 뉴딜 국정자문단 분과별 주요역할은 다음과 같이 정하였다.

〈표 3-3〉 한국판 뉴딜 국정자문단 분과별 역할

분과	주요 역할
기획총괄 분과	• 국정자문단 운영 총괄 및 기획 • 전국적인 가치 공유 및 의견 수렴 • 타 분과에 속하지 않는 사항 등
전환소통 분과	• 각 분과별 추진과정에서의 사회적 대화 촉진·지원 • 전환소통 관련 정책점검 및 보완책 마련 • 전환소통 관련 대외협력, 지원 등
지역전략 분과	• 한국판 뉴딜의 지역 확산 촉진·지원 • 지역 균형발전 정책 점검 및 보완책 마련 • 지역 균형발전 관련 대외협력, 지원 등
디지털뉴딜 분과	• 디지털뉴딜 관련 의견 수렴 및 현황 분석 • 디지털뉴딜 관련 정책점검 및 보완책 마련 • 디지털뉴딜 관련 대외협력, 지원 등
그린뉴딜 분과	• 그린뉴딜 관련 의견 수렴 및 현황분석 • 그린뉴딜 관련 정책점검 및 보완책 마련 • 그린뉴딜 관련 대외협력, 지원 등
안전망 분과	• 안전망 관련 의견 수렴 및 현황분석 • 안전망 관련 정책점검 및 보완책 마련 • 안전망 관련 대외협력, 지원 등

한국판 뉴딜 국정자문단장은 정책기획위원장을 포함하여 2인으로 구성하였고 국정자문단 업무를 효율적으로 추진하기 위해 약간명의 부단장을 선임하였다. 기획총괄분과 등 6개 분과는 각각 분과장(1인)과 부분과장(4인 내외)을 두었다. 정책기획위원회 국정과제지원단장은 '국정자문단'의 단장·부단장을 보좌하여 국정자문단 운영을 총괄 지휘하며, '기획총괄 분과' 분과장을 겸하도록 하였다. 우선 기획총괄 분과는 국정자문단 운영 전반, 분과별 운영 협의 및 조정 등에 관한 사항을 논의하기 위해서 5개 분과의 분과장 5인 등을 포함하여 20인 이내로 구성하였다. 나머지 5개 분과는 분과장과 부분과장이 참여하는 '분과장회의'를 구성하여 분과별로 제시된 의견의 검토 및 종합, 분과의 주요 결정사항을 논의하도록 하였다. '분과장회의'는 분과장이 주재하

고 현안과 관련된 분과내 전문가를 포함시킬 수 있으며, 분과별 결정 사항은 이후 기획총괄 분과에서 논의하도록 하였다. 이상과 같이 국정자문단이 중심이 되어서 한국판 뉴딜 보완 및 확산 업무를 추진할 수 있도록 분과별 활동체계를 마련하였고 나머지 국정자문단 위원들을 6개 분과로 배분해 본격적인 활동을 전개하였다.

한편 코로나19 및 분과 인원 등을 고려하여 의견수렴은 온라인 중심으로 진행하였다. 국정자문단 위원에게 이메일, 우편 등을 통해 정책기획위원회 소식, 한국판 뉴딜 관련 주요 자료 및 정보 등을 주기적으로 제공하였다. 정책기획위원회는 국정자문단을 온라인 중심 의견수렴, 분과 중심 활동, 정책기획위원회 행사 연계 등을 통해 효율적으로 운영하였다. 또한 국정자문단이 지역별 특성에 맞는 신규사업을 발굴하고, 지역에서의 한국판 뉴딜 확산 등을 위한 활동을 효과적으로 추진하기 위하여 지역자문단을 구성하여 운영하였다. 국정자문단 자문위원의 활동 지역을 고려하여 지역별 구성하였다. 정책기획위원회는 한국판 뉴딜 관련 토론회를 정기적으로 개최하고, 국정자문단은 정책기획위원회가 주최하는 토론회에 적극 참여하도록 하였다. 한국판 뉴딜 토론회는 지자체와 공동으로 개최하는 지역 순회 토론회와 한국판 뉴딜 관련 다양한 주제를 다루는 '한국판 뉴딜 대한민국 집현포럼'을 개최하였고 여기에 국정자문단 위원들이 참여하였다.

정책기획위원회 국정자문단은 분과별로 소관 분야에 대한 신규 사업 및 프로젝트를 발굴하고 한국판 뉴딜 추진의 걸림돌이 되는 제도·규제 개선 사항을 제안하였다. 정부의 한국판 뉴딜 신규사업 발굴, 기존과제의 보완 등에 대한 의견을 수렴하여 국회와 관계부처(청와대, 국회, 민주당 뉴딜추진위원회, 기재부 뉴딜실무지원단)에 다음과 같이 전달하였다. 국정자문단이 제안한 사업은 각 주무부처(행안부, 과기정통부, 복지부 등)에서 검토하여 한국판 뉴딜 사업과 예산사업에 반영되도록 하였다.

한국판 뉴딜의 지역 확산을 위한 '지역 순회 토론회(권역별)'를 추진하였다. 한국판 뉴딜 '경청·공감 지역 대토론'은 한국판 뉴딜정책의 효과적인 추진과 확산을 위해 지방자치단체와 공동으로 국민들과 지역 주문들의 의견을 듣고, 각계각층 전문가들이 함께 논의하고 소통하는 장으로 마련되었다. 2020년 11월 광주·전남 토론회를 시작으로 2021년 11월까지 대전·세종·충남, 대구·경북, 전북, 강원, 부산·울산·경남 등 총 6개 권역에서 6회 개최되었고 여기에 국정자문단 위원들이 발제 또는 토론자로 참여하였다.

- (1차) 한국판 뉴딜 경청·공감 광주·전남 대토론회(2020.11.10~11. 5·18기념문화센터)
- (2차) 한국판 뉴딜 경청·공감 세종·대전·충남 대토론회(2020.11.25~26. 한국철도공사)
- (3차) 한국판 뉴딜 경청·공감 대구·경북 대토론회(2021.4.8~9. 경북도청)
- (4차) 한국판 뉴딜 경청·공감 전북 대토론회(2021.5.20. 전북도청)
- (5차) 한국판 뉴딜 경청·공감 강원 대토론회(2021.6.22~23. 춘천시청)
- (6차) 한국판 뉴딜 경청·공감 부산·울산·경남 대토론회(2021.11.10~11. 울산전시컨벤션센터)

또한, 한국판 뉴딜 대한민국 집현포럼은 한국판 뉴딜의 국정비전과 전략을 공유하고 확산하며 구체화하기 위한 공론장이자, 한국판 뉴딜의 국정자문단 활동의 중심축이며, 국정자문단의 소통과 결속을 강화하기 위한 마중물로서 기획되어 생산적 논의의 장을 마련하였다.

제7장 한국판 뉴딜의 분야와 내용

대한민국 대전환 시대에서 우리나라의 경제와 사회를 새롭게(New) 변화시키겠다는 약속(Deal)으로 한국판 뉴딜의 분야와 내용을 살펴보겠다. 먼저 한국판 뉴딜 1.0 발표 이후 수정, 보완이 되고 있는 한국판 뉴딜 2.0을 중심으로 세부내용을 살펴본다. 한국판 뉴딜 1.0의 1년간 성과에 대한 검토 및 한국판 뉴딜 2.0 추진과 향후과제에 대한 접근을 하겠다.

먼저 코로나19에 따른 강도 높은 봉쇄조치 과정에서 한국은 경제의 침체와 일자리 충격이 있었다. 또한, 봉쇄조치보다는 정부의 방역정책에 따른 온라인, 비대면으로 사회 전반이 전환되었다. 그로 인한 경제, 사회구조의 대전환을 빠르게 맞이하게 된다. 그에 따라 한국판 뉴딜을 시행하게 되었다.

한국판 뉴딜 1.0은 아래와 같이 디지털뉴딜과 그린뉴딜의 2개의 축과 안전망 강화를 기본으로 후속조치를 하면서 진행되어왔다. 그럼에도 불구하고 각계각층에서 미흡한 점에 대한 논의가 있었고, 그를 바탕으로 지속적인 정책 보완이 이루어지게 된다.

[그림 3-13] 한국판 뉴딜 1.0의 구조

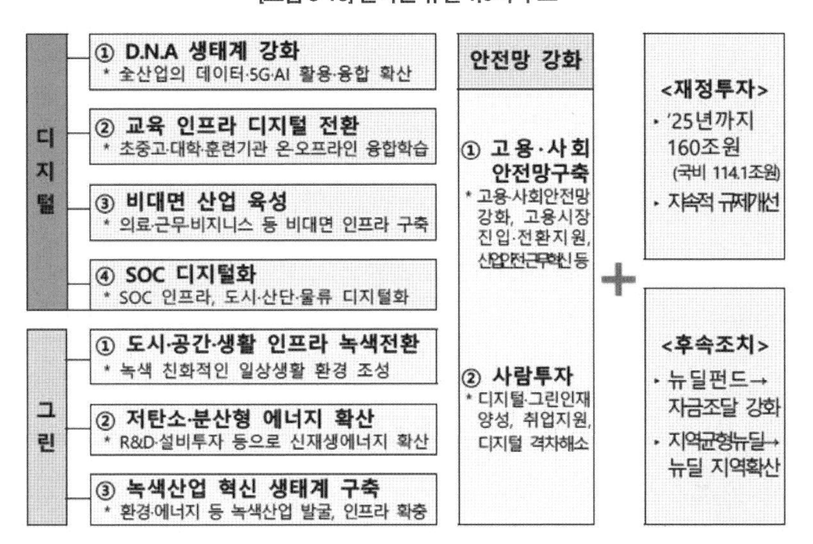

출처: 관계부처합동(2021), 한국판 뉴딜 2.0 미래를 만드는 나라 대한민국, 2021.7.14.자 보도자료.

한국판 뉴딜 2.0은 이와 같은 급변하는 사회환경변화에 대응하기 위해 한국판 뉴딜이 1년이 되는 시점에 발표되었고, 지속적으로 변화되고 있다. 이에 대한 세부사업을 살펴보도록 하겠다.[1]

한국판 뉴딜 2.0은 뉴딜 1.0의 기본 틀을 기반으로, 신규 과제가 추가되었다. 크게 4개의 뉴딜 축을 기준으로 하여, 제도 개편이라는 뒷받침이 추가되어 추진된다. 대한민국 대전환이라는 키워드를 중심으로 4개의 뉴딜 축이 세워졌다.

1 본 장은 한국판 뉴딜(1.0, 2.0)의 세부사업에 관한 내용이므로 2020~2021년 사업내용의 객관성을 위해 관계부처합동 보도자료(2020.7.14, 2021.7.14) 등을 중심으로 재정리하여 제시하였음을 밝힌다.

[그림 3-14] 한국판 뉴딜 2.0의 구조

비전

대한민국 대전환을 통해 선도국가로 도약

선도형 경제, 탄소중립 사회, 포용적 성장으로 진화하는 대한민국

추진 구조

휴먼 뉴딜

대한민국 대전환

디지털 뉴딜

그린 뉴딜

지역균형뉴딜

추진 과제

① 디지털뉴딜	② 그린뉴딜	③ 휴먼뉴딜
❶ D.N.A 생태계 강화	❶ 탄소중립 추진기반 구축〈신규〉	❶ 사람투자
❷ 비대면 인프라 고도화	❷ 도시 · 공간 · 생활 인프라 녹색전환	❷ 고용사회 안전망
❸ 메타버스 등 초연결 신산업 육성〈신규〉	❸ 저탄소 · 분산형 에너지 확산	❸ 청년정책〈신규〉
❹ SOC 디지털화	❹ 녹색산업 혁신 생태계 구축	❹ 격차해소〈신규〉

④ 지역균형뉴딜

①한국판 뉴딜 지역 사업 ②지자체 주도형 뉴딜 ③공공기관 선도형 뉴딜

뒷받침

재정 지원 | 민간 참여 | 제도 개편

출처: 관계부처합동(2021), 한국판 뉴딜 2.0 미래를 만드는 나라 대한민국, 2021.7.14.자 보도자료.

1. 디지털뉴딜과 혁신경제

디지털뉴딜은 한국판 뉴딜에서 핵심이 되는 기둥정책으로 혁신경제를 추구한다. 한국판 뉴딜 1.0의 디지털뉴딜에서 D.N.A. 생태계 강화, 교육인프라 디지털 전환, 비대면 산업 육성, SOC 디지털화가 제시되었다. 뉴딜 2.0에서는 비대면 인프라 고도화로 교육 인프라 디지털 전환, 비대면 산업 육성으로 통합되었고, 초연결 신산업 육성이 신설되었다.

[그림 3-15] 디지털뉴딜의 진화

2020.7월, 「디지털뉴딜」	⇒	2021.7월, 「디지털뉴딜 2.0」
① D.N.A. 생태계 강화		① D.N.A. 생태계 강화
② 교육 인프라 디지털 전환	⇒	② 비대면 인프라 고도화 (통합)
③ 비대면 산업 육성		③ 초연결 신산업 육성 (신설)
④ SOC 디지털화		④ SOC 디지털화

출처: 관계부처합동(2021), 한국판 뉴딜 2.0 미래를 만드는 나라 대한민국, 2021.7.14.자 보도자료.

디지털뉴딜은 뉴딜 1.0에서 경제 전반 디지털 전환을 추진하였다. 뉴딜 2.0에서는 디지털 융복합 확산이 강조되면서 메타버스 등 초연결 신산업 육성이 강조되었다. 이는 국민생활·지역사회 등으로 디지털뉴딜 1.0의 성과 확산을 유도하는 것이다. 또한, 디지털 융·복합을 다양한 분야로 확산하여 메타버스·클라우드·블록체인 등 초연결 신산업 육성이 추가로 제시되면서 진화된 모습을 보여주었다.

다음으로는 한국판 뉴딜 2.0을 추진과제별로 세부적으로 살펴보겠다.

〈표 3-4〉 디지털뉴딜 세부 과제

구분	〈뉴딜 1.0〉		〈뉴딜 2.0(변경)〉
디지털 뉴딜	**"경제 전반 디지털 전환 추진"**		**"디지털 융·복합 확산"**
	• D.N.A 생태계 강화 - 데이터·5G·AI 융합 및 활용 촉진 기업·산업 디지털화 추진		• D.N.A 생태계 강화 - 마이데이터 전 산업 확산(개인정보법 개정) 및 가명정보 활용 지원 - 디지털 경제전환 3법 제정 - 6G 국제공동 연구·개발 협력체계 구축
	• 교육인프라 디지털 전환 - 스마트학교, 온·오프 융합학습 등		• 비대면 인프라 고도화(통합) - 초·중·고 고성능 WiFi 조기구축 - 닥터앤서 클리닉 운영, 지능형 응급의료서비스 보급 추진 - 스마트기술(IoT, AI 등)을 활용한 스마트상점 질적 고도화
	• 비대면산업 육성 - 의료·돌봄 인프라 디지털·비대면화, 소상공인 온라인 비즈니스 지원 등	→	
			• 메타버스 등 초연결 신산업 육성 - 개방형 메타버스 플랫폼 구축 및 다양한 메타버스 콘텐츠 제작 지원 - 사회적 문제해결을 위한 5G·AI 기반 로봇·서비스 융합 실증 - 공공정보시스템의 민간 클라우드 전환 촉진 - 다부처 대규모 블록체인 기술 융합·연계 프로젝트 추진 - 지능형 IoT서비스 발굴 및 적용 확산
	• SOC 디지털화 - 교통·재난관리 등 디지털화, 스마트 산단·시티·물류체계 구축		• SOC 디지털화 - 스마트시티 데이터허브 확대 구축

가. D.N.A 생태계 강화

코로나19로 인한 경제위기를 극복하기 위한 D(Data), N(Network), A(A.I) 기반의 대한민국 회복 전략으로 디지털뉴딜은 코로나19로 인해 온라인 소비, 원격근무 등 비대면화가 확산되어 '디지털 역량'이 국가 경쟁력의 핵심요소로 부각됨에 따라 우리의 강점인 ICT를 전 산업 분야에 융합함으로써 경제위기를 극복하고 새로운 일자리를 창출하는 국가 디지털 대전환 프로젝트이다(과학기술정보통신부, 2022).[2] 먼저, D.N.A는 3가지 분야인 데이터(Data), 네트워크(Network, 5G), 인공지능(AI)을 지칭하는 것으로 디지털 시대의 새로운 키워드로 볼 수 있다. 한국판 뉴딜에서 디지털뉴딜 분야에서 처음으로 나오는 것이 D.N.A 생태계를 강화하는 것이다. 디지털 신제품·서비스 창출 및 우리 경제의 생산성 향상을 위해, 모든 산업의 데이터·5세대이동통신(5G)·인공지능 활용·융합 가속화를 한다. 신제품 서비스 창출 및 우리 경제 생산성 제고를 위한 전 산업 데이터·5G·AI 활용 가속화를 추진한다.

D.N.A 생태계 강화는 국민생활과 밀접한 분야의 데이터 구축·개방·활용한다. 데이터 구축·개방·활용을 위해 AI학습용 데이터 및 분야별 빅데이터 플랫폼 구축, 공공데이터 개방 확대 등을 통해 데이터 전 주기 생태계 강화를 한다. 4차산업혁명위원회를 확대 개편하여 민·관 합동 '데이터 컨트롤타워'도 마련한다(2021.1).

그리고, 공공데이터 14만 2,000개 전면 개방, 제조·의료·바이오 등 분야별 데이터 수집·활용을 확대한다. 바이오 및 한국어-외국어·점자 말뭉치 등 생활밀접 분야 빅데이터 구축·활용 확대, 데이터 거래·활용을 위한 분야별 빅데이터 플랫폼 구축을 한다. 인공지능(AI) 학습용 데이터 추가 구축, 인공지능 학습용 데이터 가공 바우처를 제공한다. 또, 마이데이터 전 산업 확산(개인정보보호법 개정) 및 가명 정보를 활용 및 지원한다. 지식재산제도 혁신 및 디지털 경제전환 3법 제정을 제시하였다. 이때 디지털 경제전환 3법은 '데이터기본법', '산업디지털전환촉진법', '중소기업 스마트제조혁신법'을 의미한다.

2 한국판 뉴딜 디지털뉴딜 https://digital.go.kr/(2022.3.1. 기준).

- (AI 학습용 데이터) 191종, 5.3억 건(~2020), 190종(2021) 구축 및 170종 개방(2021.6)
- (빅데이터 플랫폼) (2020) 16개 플랫폼, 150개 센터 구축, (2021) + 30개 센터 신규 구축
- (데이터바우처) (2020) 2,040건 지원, (2021) 2,580건 지원
- (공공데이터) (2020) 10.5만 개 조기 개방, (2021) 14.2만 개 전면개방 추진, 청년인턴 8,680명 참여

관련 추진사업으로는 공공데이터 개방, 공동 빅데이터 분석 시스템 구축, 제조 데이터 수집·분석, AI 전문인력 네트워크 지원, 소재 연구데이터 플랫폼 구축, 바이오 빅데이터 조기 구축, 공공기관 의료데이터 활용 개방형 플랫폼 확대 개편, 바이오 연구데이터 수집·제공, 바이오 데이터 관리 인력 양성, 한국어-외국어·점자 말뭉치 빅데이터 구축, 관광 빅데이터 구축·분석, 축산업 정보 연계·통합관리 플랫폼 구축, 119빅데이터 운영·분석, 데이터 경제 활성화를 위한 법적 기반 마련 및 제도 개선, 마이데이터 활용 활성화, 빅데이터 플랫폼 추가 구축, 바우처 제공 등 데이터 거래·유통 활성화, 데이터 플랫폼 연계, 데이터 거래 가이드라인 마련, AI 학습용 데이터 구축, AI 학습용 데이터 가공 바우처 제공, 디지털 집현전 통합 플랫폼 구축 등이 있다.

5G·AI 융합·확산으로 스마트공장 보급, 생활밀접분야 'AI+X 7대 선도프로젝트' 추진 등 산업현장에 5G·AI 기술 접목 확산을 추진한다. 또, 자율주행차(Lv4), 자율운항선박 상용화 기술개발 추진을 한다.

- (스마트공장) 2020년 + 2만 개사 보급(목표 대비 +11.2% 초과),

2021년 2만 3,800개사 보급 목표

- (AI+X) 의료·국방 등 7개 AI 융합 프로젝트 추진(실증랩 구축(7개소) 및 AI 솔루션 현장 실증(2021.7~)
- (자율주행) 레벨4+ 자율주행 상용화를 위한 기술개발 착수(53개 과제)
- (자율운항) 선박 자율운항시스템 성능실증센터 착공(울산, 2021.10) 및 해상시험선 진수(2021.12)
- (VR·AR) 국립중앙도서관 실감콘텐츠 체험관 개관(2021.3), 의료·제조·국방 등 7대 XR 플래그십 프로젝트 실증(2020.~)
- (디지털 전환 촉진) 비대면 스타트업 육성(400개), 디지털기술 활용 밸류체인 R&D(6개)
- (스마트팜) 스마트팜 혁신밸리 조성 중(4개소), R&D 지원 사업 연구 착수(1단계 48개 지정과제)
- 「국가정보화기본법」을 「지능정보화기본법」으로 전부 개정(2020.12 시행)
- 「인공지능 법·제도 규제 정비 로드맵」 수립(2020.12), 「국가 인공지능 윤리기준」 마련(2020.12), 「신뢰할 수 있는 인공지능 구현전략」 마련(2021.5)
- 5G 특화망 정책방안(2021.1), 5G 특화망 주파수 공급방안(2021.6) 마련
- 자율운항선박 범부처 규제혁신 로드맵 수립(2021.8)

관련 추진사업으로 공연·관광 등 실감콘텐츠 제작 및 'XR 융합 프로젝트' 추진, 스마트 박물관·미술관 구축, 예술·음악 등 융합서비스

개발지원, 자율주행기술 개발, 테스트베드 고도화, 모빌리티서비스 실증, 자율운항선박 핵심기술 개발·검증·실증 추진, 5G 비대면 융합서비스 모델 개발 및 공공선도 적용, 스마트공장 보급 및 로봇설비 구축 지원, 스마트공장 도입 자금·보증, 지능형 건축설계, 스마트건설기술 개발, AI 홈서비스 보급, 첨단제조로봇 실증장비 구축, 수요 맞춤형 AI 로봇 개발·보급, AI 기반 중환자 모니터링시스템 구축, 스포츠 AI코칭 서비스 개발 및 온라인 미디어 예술활동 지원 등이 있다. 또, 농업현장 실증 고도화, 차세대 융합·원천기술 개발, 첨단 무인자동화 농업 시범단지 조성, 양식클러스터 조성, 혁신기술 개발 및 청정어장 재생, 'AI+X 7대 프로젝트' 추진, ICT 기반 환경영향평가 기술개발사업, 실전형 과학화훈련장 구축 및 가상 교육·훈련체계로 전환, AI 윤리기준 수립, 포괄적 네거티브 규제 로드맵 마련 및 법제 정비, 비대면 스타트업·벤처 발굴·지원 디지털 혁신기업 육성 추진, 스마트 대한민국 펀드 조성, 비대면 제품·서비스, 디지털 인프라 분야 우대보증, 데이터 기반 혁신창업 및 스타트업 맞춤형 지원 강화, 6G 통신 핵심기술 개발 지원, 차세대 AI 등 AI 핵심원천 기술개발, 차세대 지능형 반도체 기술개발, 홀로그램 기술개발, 비대면 및 MEC 기술개발, AI 솔루션 구매 바우처 제공, 데이터·AI 기반 R&D 지원, 스마트서비스 솔루션 구축, 중소기업 혁신기술 개발 지원. 디지털 금융산업 및 혁신사업자 육성, 디지털금융 이용자 보호체계 확립, 디지털금융거래 인프라 구축, 디지털 금융보안 강화 등이 있다.

지능형 정부는 '모바일 공무원증', 'AI 국민비서(알림 상담서비스)', '보조금 24(보조금 통합 안내)' 등 개인맞춤형 공공서비스를 제공한다. '5G 국가망 구축 실증사업' 추진, '공공기관 클라우드 도입지원(선도사업 3개

기관)' 등 공공 스마트 업무환경의 기반을 마련하는 것이다.

- (모바일 신분증) 모바일 공무원증 도입(2021.1~), 모바일 운전면허증 시범서비스 개시(2022.1 예정)
- (국민비서) 알림형 8종(3.29), 상담형 11종(5.31) 제공, 알림형 30종 및 상담형 10종 추가(12월 예정)
- (보조금24) 중앙부처 서비스* 전국 개시(4.28), 보조금24 지자체 서비스 개시(12월 예정)
  * 중앙부처가 제공하는 양육수당, 에너지바우처, 청년우대형청약 통장 등 305개 서비스
- (5G 국가망) ISP 수립 중(2021.1~7), 실증사업 추진 중(3~12월, 과기정통부, 세종시, 경기도, 코레일, 금오공대)
- (블록체인) 블록체인 기술 선도적용 시범사업 13건 추진('20) 시범사업 19건·확산사업 5건 착수(2021)
- (클라우드) 클라우드 플래그십 프로젝트 추진(64개(2020), 55개(2021)), 클라우드 이용 바우처 지원(646개(2020), 500개(2021)), 행정·공공기관 클라우드 도입 확산 지원(2020년 선도사업 3개 기관, 컨설팅 30개 기관)

관련 사업으로 모바일 신분증 등 All-Digital 민원처리 구현, 부동산종합공부시스템, 건축물 생애이력 관리, 국가보조금 맞춤형 안내, 지능형 연금복지 통합 플랫폼 등 시스템 구축·고도화, 차세대자동차관리정보시스템 구축, 국토교통 데이터 활용 기반 마련, 교통안전정보관리시스템 고도화, 국가 지진정보 통합관리를 통한 지진조기경보체계 개

선 및 기상빅데이터 기반 기상융합서비스 개발, 블록체인 시범사업 추진, 블록체인 확산사업 추진, 5G기반 정부업무망 고도화, 5G 인프라 민간투자 확대 인센티브 마련, 행정·공공기관 정보시스템 클라우드 전면 전환, 클라우드 서비스 개발 지원, 중소기업에 클라우드 바우처 제공, 국립중앙도서관 소장물 디지털 DB 구축, 국제 학술저널 구독 확대, 디지털서비스 전문계약 제도 도입 등이 있다.

사이버 방역은 사이버 위협 증가에 효과적 대응을 위하여 '전국민 PC 원격 보안점검', '중소기업 보안 컨설팅 지원' 등 사이버 보안체계를 강화하는 것이 목적이다.

- 전국민 PC 원격 보안점검 (2020) 1만 건 → (2021) 8만 건
- 중소기업 보안 컨설팅 및 보안 제품·서비스 지원 (2020) 300개社 → (2021) 1,300개사
- AI기반 보안 시제품·서비스 15개 개발 추진(2021)
- 정보보호 관리체계(ISMS)인증제도 개선(정보통신망법 시행규칙, 고시 개정 완료(2021.3.31 시행)
- 정보보호 최고책임자(CISO)제도 개선(정보통신망법 개정 완료(2021.12.9 시행)
- 정보보호공시제도 의무화(정보보호산업법 개정 완료(2021.12.9 시행)

관련 사업으로 중소기업 보안 컨설팅 및 보안 제품·서비스 지원, 보안 위협정보 탐지 및 빅데이터 분석 시스템 구축·운영, 정보보호 관리체계(ISMS) 인증제 운영 내실화, 중소기업 서비스(웹사이트) SW 보안진단 및 기술지원, 개방형 보안취약점 분석플랫폼 구축, 민간 전문가 활

용 SW보안 취약점 발굴·신고 체계 활성화, 개인용 PC의 보안진단·점검 지원, 공공·민간서비스 시스템(SW) 선제 점검, 주요 웹사이트 심층 보안모니터링 실시, 4대 분야 보안기술 적용 시범사업 추진, AI 보안 유망기업 발굴 및 사업화 지원, 5대 분야별 보안모델 현장 배포 및 '보안 리빙랩' 운영 고도화, 양자암호통신 인프라 구축, IoT 제품 공공구매 촉진 및 보안인증 취득 지원 등이 있다. 부처별 주요 사업은 아래와 같다.

데이터 댐 프로젝트(과학기술정보통신부)
제조데이터 플랫폼 구축(중소벤처기업부)
관광데이터 플랫폼 구축(문화체육관광부)
공공데이터 개방(행정안전부)
디지털 집현전(과학기술정보통신부)
문화유산 실감체험(문화체육관광부)
XR 플래그십 프로젝트(과학기술정보통신부)
자율주행차량(산업통상자원부, 국토교통부)
자율운항선박(산업통상자원부, 해양수산부)
스마트공장 보급·확산(중소벤처기업부)
스마트건설(국토교통부)
비대면 디지털기업 육성 및 스마트 대한민국 펀드(중소벤처기업부)
모바일 신분증(행정안전부)
국민비서(행정안전부)
양자암호통신 인프라 구축(과학기술정보통신부)
ICT 중소기업 보안강화 및 시스템(SW) 안전진단(과학기술정보통신부)

나. 비대면 인프라 고도화

한국판 뉴딜 2.0에서는 뉴딜 1.0에서 분리되어 있던 교육인프라 디지털 전환과 비대면산업이 통합되어 '비대면 인프라 고도화'로 제시되었다. 비대면 인프라 고도화는 크게 세 가지로 제시되었는데, 디지털 기반 비대면 교육, 직업훈련 인프라 확충, 스마트 의료 및 돌봄 인프라 구축, 중소기업 및 소상공인 온라인 비즈니스 지원이다.

먼저 디지털 기반 비대면 교육·직업훈련 인프라 확충이다. 인프라 구축에서 초중고 전체 교실(유휴교실 등 제외)에 고성능 WiFi 조기 구축을 하였다. 또, AI·SW교육 관련해서 전 국민 누구나 쉽게 인공지능(AI) 교육을 받을 수 있는 비대면 AI교육 콘텐츠 제작·활용을 추진하였다. 비대면 AI교육 콘텐츠는 AI·SW 기반 실제 프로젝트 구현을 통한 실무 중심 교육 콘텐츠 개발에 중점을 두었다.

특히 원격교육의 제도화는 원격교육 운영기준 수립, 학교 등의 원격교육시스템 구축·운영 지원 등 원격교육 활성화를 위한 기반 마련에 초점을 두었다. 향후 「원격교육기본법」 제정 추진, 고등교육법 시행령 개정 등도 추진한다.

또, 전국 초중고·대학·직업훈련기관의 온-오프라인 융합학습 환경 조성을 위해 디지털 인프라 기반 구축도 추진되었다. 원격교육이 활성화 됨에 따라 「디지털 기반의 원격교육 활성화 기본법」 제정이 추진되고(2021.1.28 발의), 대학 원격수업에서 「일반대학의 원격수업 운영에 관한 훈령」이 제정(2021.2)되었다. 그리고 국립대학 정보통신(ICT) 고도화, 대학 원격교육지원센터 지정·운영, 국·공립 교원양성대학 미래교육센터 설치 등이 추진되었다. 또, 한국형 온라인 공개강좌(K-MOOC) 우수콘텐츠 확대 및 운영체계 혁신 K-MOOC 플랫폼 강좌 유료서비스가 도입되었다. 민간에서도 민간 직업훈련기관 교육과정 온라인 전환이 촉진되고 있다.

다음으로 스마트 의료 및 돌봄 인프라 구축이 있다. 스마트 의료 인프라의 경우, 스마트병원 선도모델 확산 및 지역거점 병원 내 '닥터앤서 클리닉'을 설치·운영한다. 닥터앤서는 폐렴, 간질환 등 12개 질환 대상 AI 의료 SW 24개 개발을 통해 의료서비스 질 개선, 의료비 절감 등 국민건강 및 삶의 질 개선에 기여하는 것을 목적으로 하는 사업이다. 또, 지능형 응급의료서비스의 보급을 추진한다. 지능형 응급의료서비스는 이송 중 응급환자의 중증도 예측, 최적 이송병원 선정 및 경로 안내 제공 등을 제공한다.

[그림 3-16] 닥터앤서 2.0

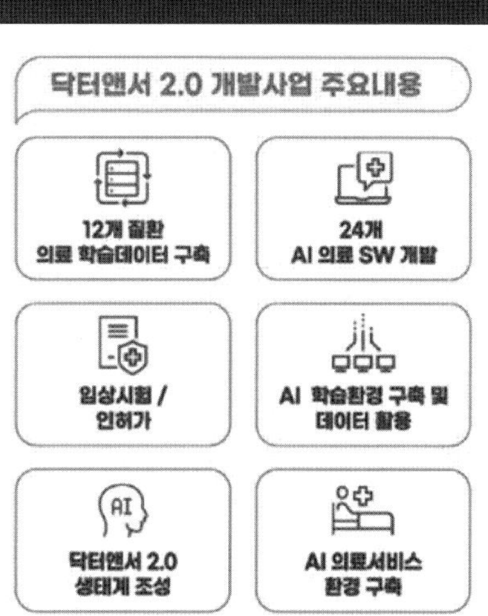

출처: 닥터앤서, https://dranswer.kr/ (2022.2.23 검색).

특히 AI 정밀의료 SW인 닥터앤서 1.0 개발이 이미 완료되었다. 대장암·소아희귀질환 등 8개 질환 진단을 지원하는 SW로 계속 진화하고 있다. 2022년 3월 기준을 폐암 등 12개 질환 진단을 지원하는 닥터앤서 2.0이 개발 추진 중에 있다.

코로나19 확산으로 인해 비대면 진료가 확대되었다. 먼저, 호흡기전담클리닉이 확대 설치되었고, 감염병 예방 및 관리에 관한 법률 개정으로 감염병 위기 '심각' 단계에서 한시적 비대면 진료 허용 법적 근거를 마련(2020.12.15)하여 새로운 시대를 맞이하고 있다.

또, 건강 취약계층의 스마트 건강관리를 위해 돌봄로봇을 개발·보급에 대해 지원한다. 돌봄로봇은 4종으로 욕창예방, 배설보조, 식사보조, 이동보조기구 탑승 보조 돌봄로봇을 말한다. 돌봄로봇 등을 활용하여, 건강관리 서비스 활성화를 위한 인증제 도입방안 마련 등을 추진한다. 또, 스마트 돌봄스페이스는 2개소 구축 및 배설보조 돌봄로봇

장애인보조기기 교부사업이 확대되고 있다.

디지털 기반 스마트의료 인프라 구축을 위한 스마트병원도 추진 중이다. 본격적으로 비대면의료 제도화를 추진하기 위해 재택의료 건강보험 수가 시범사업 확대, 혁신의료기술 평가 대상 확대 등도 추진 중에 있다.

[그림 3-17] 스마트 건강관리를 위한 돌봄로봇

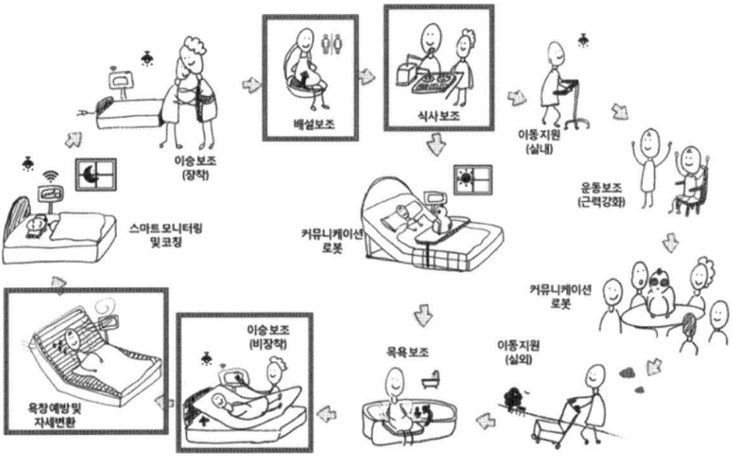

출처: 보건복지부 국립재활원 재활연구소, http://www.nrc.go.kr/(2022.2.23 검색).

다음으로 중소기업 및 소상공인 온라인 비즈니스 지원이 있다. 스마트상점은 소상공인 점포 특성에 맞는 스마트 기술(IoT, AI 등)을 집중 보급한다. 기존의 스마트 오더 등 단순 상용화 기술을 맞춤형 스마트 기술 중심 보급하는 것으로 변경하는 것이다. 이를 통해 양적 보급에서 질적 고도화로 전환한다.

비대면 산업육성은 비대면 비즈니스 사업화를 위한 8대 유망분야의 핵심 기술개발 및 실증 지원하는 것이다. 8대 유망분야는 금융, 의료, 교육, 근무, 소상공인, 유통물류, 문화·엔터, 행정으로 비대면 산업으로 성장가능성이 높은 산업이다. 이 분야를 위해 소상공인의 온라인 진출을 위한 지원과 관련제도가 정비되었다.

무엇보다 코로나19 시기에 특히 원격근무가 확대 및 일반화되었다. 그러 인해 원격근무 시스템 구축·컨설팅, 중소기업 대상 원격근무 솔루션 바우처 지원, (가칭)재택·원격근무 가이드라인 제정 등이 논의되면서 비대면 시대에 맞는 근로활동에 대한 논의가 다양화되었다. 비대면 바우처, 인프라의 고도화 등이 코로나 이후 시대를 대비하는 것으로 추진되었다.

다. 메타버스 등 초연결 신산업 육성(뉴딜 2.0의 신규 과제)

메타버스는 뉴딜 2.0에서 새롭게 추가된 과제이다. 메타버스(metaverse)는 현실·가상이 결합된 '초월(meta)세계(verse)'를 의미하며, 5G와 가상기술(AR, VR)을 토대로 여가생활과 경제활동을 하는 가상융합 공간으로 부상하고 있다. 전 산업의 디지털 융·복합 가속화에 대응하여, 메타버스 등 초연결 신산업 분야 집중 발굴·육성이 중요해지고 있다. 과학기술정보통신부에서는 메타버스를 확장가상세계(메타버스)로 지칭하고 있다.

먼저 메타버스·지능형 로봇 등 ICT융합 비즈니스 파격 지원에서는 메타버스, 지능형로봇이 있다. 메타버스는 개방형 메타버스 플랫폼 개발 및 데이터 구축이 중요하다. 데이터 구축은 플랫폼에 내재된 데이터와 저작도구를 제3자 기업이 새로운 서비스 개발에 활용할 수 있도록 공개한다. 관광 유니버스 등 다양한 메타버스 콘텐츠 제작 지원도 추진된다. 지능형로봇은 농어촌 고령화, 감염병 확산 등 사회적 문제 해결을 위한 5G·AI 기반 로봇·서비스 융합실증을 신규 추진한다.

다음으로 클라우드·블록체인·사물인터넷 등 디지털시대 기반기술 육성이 추진된다. 클라우드, 블록체인, 사물인터넷, 기타핵심기술 등이 중요한 키워드로 포함되었다. 먼저, 클라우드는 공공수요가 높은 클라우드 서비스 개발 및 보안인증 취득 지원으로 공공부문 민간 클라우드 전환이 촉진되었다. 민간 기업의 생산성 혁신 및 업무 연속성 보장 등을 위해 SW 기업의 서비스형 소프트웨어(Software as a Service, SaaS)에 대한 전환 지원된다. 서비스형 소프트웨어는 하드웨어나 소프트웨어 등 IT 자원을 소유하지 않고 인터넷에 접속해서 빌려쓰는 서비스 방식이 된다.

블록체인(Block Chain)은 대규모 확산 프로젝트를 추진하고, '기술혁신지원센터' 구축으로 산업 초기 성장지원, 블록체인 특성을 고려한 제도개선 병행한다. 블록에 기록된 개인·위치정보는 정정·삭제가 불가능하므로 시간·비용·기술적 한계를 고려하여 개인·위치정보의 파기방법을 폭넓게 인정(개인정보보호법·위치정보법 시행령 개정)한다.

사물인터넷(IoT)은 지능형 IoT(사물이 센싱·전송한 정보를 AI·빅데이터 기반 분석·예측하여 원격·자율제어) 서비스 발굴 및 수요기관 적용·확산을 지원하고, 신기술 실증을 위한 테스트베드 제공한다. 기타핵심기술은 차세대 양자인터넷 구축으로 디지털 한계 극복, AI 신뢰성 확보, 보이스피싱 방지 등 디지털 역기능 대응도 병행한다. 본격적으로 과학기술정보통신부에서는 ① 메타버스 도시, ② 생활·경제형 메타버스, ③ 산업융합형 메타버스, ④ 디바이스, ⑤ 자유공모 등 5개 분야에서 신규사업을 시작하였다.

〈표 3-5〉 메타버스 도시

No.	개념도	과제명 / 과제내용
1		**현실·가상 상호연동 메타버스 통합 플랫폼(2022~2023)** • 메타버스 도시 구현을 위한 핵심 인프라인 디지털 거울세계 데이터를 구축하고, 이를 활용해 가상과 현실의 경험이 이어지는 양방향 메타버스 플랫폼 및 서비스 개발
2		**지역 특화 메타버스 서비스 개발(2022~2023)** • 지역명소를 3차원 공간정보 데이터로 구축하고, 개발도구를 활용한 지역 특화 콘텐츠를 제작하여 통합 플랫폼을 통한 서비스 제공
3		**강원동계청소년 올림픽 메타버스 서비스 개발(2022~2023)** • 동계 올림픽 관련 다수의 서비스가 통합된 전용 메타버스 플랫폼을 구축하고, 저작도구 및 블록체인과 결합된 올림픽 기록·자산화 서비스 제공
4		**독도 메타버스 서비스 개발(2022)** • 독도를 3차원 디지털 공간으로 구성하고, 독도 특화 자원(관광·역사·해양자원 등)을 콘텐츠로 구현하여 통합 플랫폼을 통한 서비스 제공

출처: 과학기술정보통신부(2022.2.24), 확장가상세계(메타버스) 플랫폼 생태계 조성 본격 시동.

〈표 3-6〉 생활·경제형 메타버스

No.	개념도	과제명 / 과제내용
1		**개방형 메타버스 교육 플랫폼 개발(2022~2023)** • 메타버스에서 누구나 쉽게 인터랙티브 교육 콘텐츠를 제작하고, 이를 서비스하여 수익화가 가능한 개방형 메타버스 교육 플랫폼 개발
2	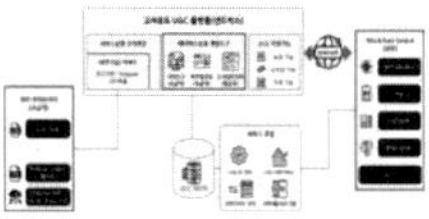	**비주얼 코딩 기반 고자유도 창작 플랫폼 개발(2022~2023)** • 일반 사용자가 쉽고 편하게 메타버스 서비스를 개발할 수 있고, 이를 통해 개발된 결과물의 소유권과 보상체계가 작동하는 가상공간 기반 창작 플랫폼 개발
3		**IP 기반 메타버스 미디어 플랫폼 개발(2022~2023)** • 메타버스 플랫폼을 통해 미디어 서비스를 이용하고, 플랫폼 내에서 디지털화된 미디어 콘텐츠 IP를 다양하게 활용할 수 있는 기능을 구현·제공하여 이용자가 미디어·콘텐츠를 창작·가공·서비스를 확장할 수 있는 IP 기반 메타버스 플랫폼 개발

〈표 3-7〉 산업융합형 메타버스

No.	개념도	과제명 / 과제내용
1		메타버스 기반 제조혁신 서비스 플랫폼 실증(2022~2023) • 고부가 제조산업에 활용 가능하며 실시간 인터랙션 기반의 다양한 서비스가 가능한 메타버스 기반 제조혁신 플랫폼 개발·운영
2		메타버스 기반 의료 서비스 플랫폼 실증(2022~2023) • 지역·기관 간 원격 협진, 의료진 훈련, 디지털 간호 등 효율적인 의료서비스 운용을 위한 오픈형 의료 메타버스 플랫폼 개발·운영
3		메타버스 기반 실감 체험형 엑스포 플랫폼 실증(2022~2023) • 실감 체험이 가능하고 타 플랫폼과 연동할 수 있는 상호운용성을 지원하는 온·오프라인 하이브리드형 엑스포 메타버스 플랫폼 개발·운영
4		메타버스 기반 정부 서비스 혁신 플랫폼 실증(2022~2023) • 주요 정부 서비스*의 편의성, 효율성, 생산성을 개선하는 공공 서비스 플랫폼 개발·운영 * 홍보·마케팅, 생활·편의, 시민참여, 운영·관리, 복지 등

〈표 3-8〉 메타버스 디바이스

No.	개념도	과제명 / 과제내용
1		독립형 확장현실 HMD 디바이스 개발 및 상용화(2022~2023) • 일상·산업 현장에서 활용 가능한 가상융합(XR) 디바이스 완제품 개발 및 상용화

라. SOC 디지털화

SOC 디지털화는 의료·근무·직업훈련 등 국민생활과 밀접한 분야의 비대면 인프라 구축을 통해 비대면 산업이 성장할 수 있는 토대를 마련하는 것이다. SOC(Social Overhead Capital)의 핵심 분야는 4대 인프라(교통, 디지털 트윈, 수자원, 재난대응), 도시·산단, 스마트물류 등이 포함된다. SOC는 사회간접자본으로 경제 활동이나 일상생활을 원활하게 하기 위해 간접적으로 필요한 시설(도로·항만·철도 등)을 의미하므로 국민의 삶에 영향을 미친다.

먼저, 4대 인프라는 교통, 디지털 트윈, 수자원, 재난 대응 등이 포함된다. 핵심 인프라 디지털 관리체계 구축을 통해 안전·편리한 국민생활을 추진된다.

교통의 경우, 도로·철도·항만 등 핵심 인프라을 디지털 전환한다. 도로는 터널 원격제어 시스템, 교량 IoT(Internet of Things) 서버 도입 등이 추진된다. 철도는 고속·일반철도 전 노선 IoT 센서를 설치한다. 또, 영업열차 선로 안전점검 무인검측시스템을 도입한다. 항만은 국가어항 스마트 유지관리 대상 항 확정 및 설계를 추진한다.

디지털 트윈(digital twin)은 자율주행을 위한 3D지도, 정밀도로지도 구축, 지하공간의 체계적 관리를 위한 지하공간통합지도 구축이 포함된다. 3D지도에서는 전국 도시지역(47,150km²) 3D 지형모델과 고해상도 영상지도 구축한다. 정밀도로지도는 일반국도 전 구간을 정밀도로지도를 구축 완료한다. 지하공간통합지도를 전국 지자체의 3D 지하정보통합지도 구축하여, 지역의 통합지도를 구축한다. 디지털 트윈 공공선도는 6개 지역·50개 공공시설물 대상 실시간 안전관리체계를 실증한다. 항만 디지털관리체계도 29개 무역항 디지털 관리체계 구축을 추진한다. 그리고 국가공간정보기본법 개정(2021.3)으로 공개제한 데이터의 민간 제공근거를 신설한다.

수자원은 국가하천·저수지·댐에 원격제어시스템·상시모니터링 체계를 구축한다. 스마트 하천관리 배수시설 자동 원격제어 시스템, 국가하천 모니터링 CCTV 설치 및 종합상황실 구축, 농업용수 관리자동화, 재해예방 계측기 등이 추진된다. 또, 재난대응은 재해 고위험 지역

재난대응 조기경보시스템 설치 등이 있다. 고위험지역과 둔치주차장에 설치된다.

도시, 산업단지(이하 산단)에서 스마트시티는 스마트시티 솔루션 확산, 스마트시티 시범도시 조성, 안전·교통·방범관리 등 스마트그린산단 통합관제센터 구축 등이 추진된다. 스마트시티를 키워드로 한 사업들과 스마트그린산단, 노후산단 등에 대한 체계구축이 추진된다. 민간기업 우수기술 확산 지원을 위한 규제샌드박스 적용지역이 확대된다. 스마트그린산단의 추진 근거도 마련된다.

스마트 물류는 물류 경쟁력 강화를 위해 스마트 물류센터 구축 지원, 항만 블록체인 플랫폼 확대, 첨단배송 물류기술 개발 등을 추진한다. 스마트 공동물류센터, 스마트물류센터 조성지원, 융복합물류기술 개발, 항만 스마트 공동물류센터, 항만 블록체인 플랫폼, 수출입물류 디지털플랫폼, 농산물 온라인거래 시스템 등이 추진된다. 축산물 온라인경매 플랫폼, 스마트물류센터 인증제 도입을 위한 물류시설법 등이 개정된다.

2. 그린뉴딜과 친환경 전환

왜 '그린뉴딜(green new deal)'일까? 이는 코로나19 위기로부터 더욱 비롯되었다. 근래 지속적인 산업문명 위기, 기후 변화, 생태계 파괴 등이 지속되면서 더는 미룰 수 없는 상황에 다다랐다. 이미 세계 주요 선진국들이 탄소 순배출 0인 상태인 탄소중립(Net-Zero)을 지향하고 있다. EU에서는 2050년 탄소 중립, 중국에서는 비화석 발전 비중 31%, 미국 민주당은 '그린뉴딜' 결의안을 제출하기도 하였다.

반면, 한국은 세계에서 7번째로 많은 이산화탄소를 배출하는 나라이다. 국제에너지기구(IEA, 2017 기준), 영국, 프랑스의 2배 부가가치당 에너지소비(석유환산톤(toe)/ 백만 달러))를 기준으로 볼 때, 한국 104, 독일 72.5, 일본 84, 영국 57.4이다. 한국의 탄소배출은 줄여가야 하는 상황이다. 이런 시대적 흐름에서 그린뉴딜이 나타나게 된 것이다.

그린뉴딜은 한국판 뉴딜에서 디지털뉴딜과 함께 핵심이 되는 기둥 정책이다. 한국판 뉴딜 1.0의 그린뉴딜에서 도시·공간·생활 인프라 녹색 전환, 저탄소·분산형 에너지 확산, 녹색산업 혁신 생태계 구축이 제시되었다. 뉴딜 2.0에서는 앞선 3가지 과제에 추가되어 탄소중립 추진 기반 구축이 신설되었다. 그린뉴딜의 새로운 과제로 탄소중립 추진기반 구축이 신설되어 저탄소 경제구조로의 전환을 효율적으로 지원할 수 있도록 그린뉴딜 사업의 범위 규모를 확대 보강하고 실행을 가속화 하도록 하였다.

[그림 3-18] 그린뉴딜의 진화

2020.7. 「그린뉴딜」	⇒	2021.7. 「그린뉴딜 2.0」
		① 탄소중립 추진기반 구축 (신설)
① 도시·공간·생활 인프라 녹색 전환	➡	② 도시·공간·생활 인프라 녹색 전환
② 저탄소·분산형 에너지 확산	➡	③ 저탄소·분산형 에너지 확산
③ 녹색산업 혁신 생태계 구축	➡	④ 녹색산업 혁신 생태계 구축

출처: 관계부처합동(2021), 한국판 뉴딜 2.0 미래를 만드는 나라 대한민국, 2021.7.14.자 보도자료.

〈표 3-9〉 그린뉴딜 세부 과제

구분	〈뉴딜 1.0〉		〈뉴딜 2.0(변경)〉
그린 뉴딜	**"친환경·저탄소 전환 추진"**		**"탄소중립 전략을 반영하여 외연 확대"** • 탄소중립 추진기반 구축 - 온실가스 측정·평가 시스템 정비, 배출권거래제 실효성 제고 - 디지털기반 자원순환산단 구축 등 산업계 순환경제 기반 마련 - 산림 등 탄소흡수원 관리체계 구축 - 온실가스 감축 실천 운동 등을 통해 국민의 자발적 참여 확대 유도
	• 도시·공간·생활 인프라 녹색 전환 - 공공건물·물관리 등 스마트·그린 시스템 전환, 녹색생태계 회복	→	• 도시·공간·생활 인프라 녹색 전환 - 그린스마트스쿨 대상 확대 및 등급 단계적 상향 - 민간건축물 그린리모델링 지원 - 상수도 노후정비사업 조기완료 - 수자원·수재해 위성탑재체 개발 등 스마트 기후위험 대응 강화
	• 저탄소·분산형 에너지 확산 - 에너지 운영 효율화 및 신재생에너지 확산, 친환경차 보급 확대		• 저탄소·분산형 에너지 확산 - 에너지 저장 시스템(ESS) 설비의 안전성 평가 기준·기술 개발 - 해양에너지 등 활용 그린수소 생산·저장 기술 개발 - 신재생에너지 보급 지원 강화 - 수소버스 보급 확대 및 노후선박 등 친환경 전환
	• 녹색산업 혁신 생태계 구축 - 유망 녹색기업 육성, 스마트그린 산단 조성, 녹색금융 제공 등		• 녹색산업 혁신 생태계 구축 - 사업장·산단·산업 단위별 지원, 업종별 특화 감축기술 개발 - 혁신조달과의 연계 강화 - 전주기 CO_2 포집·저장·활용기술 개발 - 녹색분야 정책금융 투자 확대

가. 탄소중립 추진기반 구축

탄소중립이 국가·산업 경쟁력에 필수적인 요소로 부각되면서 우리나라도 2020년 10월에 2050년 탄소중립 달성목표를 선언하였다. 2050년까지 탄소중립 정책을 지속적·효율적으로 추진하기 위해 그린

뉴딜에 「탄소중립 추진기반 구축」을 신설하였다. 탄소중립 추진기반 구축에 2025년까지 국비 4.8조 원이 투자된다.

탄소중립 추진기반 구축은 제도·전문인력 등 온실가스 감축기반 마련, 순환경제 활성화 및 탄소흡수원 확충, 전국민 탄소중립 인식 제고 및 기후변화 적응 지원으로 구성된다.

먼저, 제도·전문인력 등 온실가스 감축기반 마련이 있다. 감축 인프라는 2030 국가온실가스 감축목표(Nationally Determined Contribution, NDC) 이행을 뒷받침할 수 있도록 온실가스 측정·평가 시스템 및 배출권거래제 등 관리제도 정비하는 것이다. 국제협력으로 탄소국경조정제도 등 탄소중립 관련 국제 질서 수립에 대응해 국제요건에 부합하는 탄소영향 산정방법 개발 등 기반을 마련한다.

다음으로 순환경제 활성화 및 탄소흡수원 확충이 있다. 자원순환산단은 디지털 기반 자원순환시스템을 구축하여 오염물 배출이 없는 산단 조성을 추진하는 것이다. 순환경제는 폐기물의 연·원료 전환, 재제조·재사용 등 순환경제의 기반 강화를 위해 신사업 모델 발굴 등 기업 맞춤형 지원을 의미한다. 탄소흡수원 관리는 흡수원기능측정·평가체계, 산림자원 빅데이터 관리체계 구축 등 기반을 마련하는 것이다.

전국민 탄소중립 인식 제고 및 기후변화 적응 지원이 있다. 국민실천은 탄소중립 생활실천 안내서 기반 콘텐츠 개발·보급, 저탄소 생산·소비에 대한 인센티브 제도 운영이 있다. 홍보 강화는 홍보포털 운영, 기후행동 실천 웹사이트 구축 및 운영하는 것이다. 기후변화 취약계층에 쿨루프, 열환경개선, 벽면 녹화 등 기후변화 적응 인프라 구축을 지원한다.

나. 도시·공간·생활 인프라의 녹색전환

다음으로 도시·공간·생활 인프라의 녹색전환은 인간과 자연이 공존하는 미래 사회를 구현하기 위해 녹색 친화적인 국민의 일상생활 환경을 조성하는 것으로 2025년까지 국비 16조 원이 투자된다.

국민생활과 밀접한 공공시설 제로에너지화, 국토·해양·도시의 녹색 생태계 회복, 깨끗하고 안전한 물 관리체계 구축이 있다.

먼저, 국민생활과 밀접한 공공시설 제로에너지화가 있다. 그린 리모델링은 공공건물에 신재생에너지 설비·고성능 단열재 등을 사용하여 친환경 에너지 고효율 건물 신축·리모델링, 민간건축물 그린리모델링을 지원한다. 그린스마트 스쿨은 친환경·디지털 교육환경을 조성하기 위해 태양광·친환경 단열재 설치 및 전체 교실 와이파이(WiFi) 구축, 그린스마트스쿨 대상 확대 및 등급을 단계적 상향한다.

다음으로 국토·해양·도시의 녹색 생태계 회복이 있다. 스마트 그린도시는 도시 기후·환경 문제에 대한 종합진단을 통해 환경·정보통신기술(ICT) 기술기반맞춤형 환경개선을 지원한다. 도시숲은 미세먼지 저감 등을 위해 미세먼지 차단 숲, 생활밀착형 숲, 자녀안심 그린 숲 등 도심녹지 조성한다. 생태계 복원은 자연 생태계 기능 회복을 위해 국립공원 16개소·도시공간 훼손지역 25개소·갯벌 4.5km^{2}를 복원한다. 스마트그린 도시는 25개 지역 선정 및 사업계획 확정하여, 지속가능한 미래환경도시 구현을 위해 지원한다.

녹색 생태계는 미세먼지 차단 숲, 생활밀착형 숲 등 도심녹지 조성 확대, 도시생태축 복원 및 갯벌 복원 사업을 확대 시행한다.

깨끗하고 안전한 물 관리체계 구축은 스마트 상수도, 스마트 하수도, 먹는물 관리, 기후위험 대응이 있다. 스마트 상수도는 전국 광역상수도·지방상수도 대상 인공지능·정보통신기술(ICT) 기반의 수돗물 공급 전 과정 스마트 관리체계 구축, 상수도 노후정비사업을 조기완료한다. 스마트 하수도는 지능형 하수처리장 및 스마트 관망 관리를 통한 도시침수·악취 관리 시범사업을 추진한다. 먹는 물 관리는 수질개선 누수방지 등을 위해 12개 광역상수도 정수장 고도화 및 노후상수도를 개량한다. 기후위험 대응은 수자원·수재해 위성탑재체 개발 등 스마트 기후위험에 대한 대응을 강화한다.

스마트 물 관리는 스마트 상·하수도 구축, 정수장 고도화, 노후상수도 개량 등 깨끗하고 안전한 물 관리체계 구축한다. 스마트 광역상수도, 스마트 하수도에 대해 전국 사업을 실시한다.

다. 저탄소·분산형 에너지 확산

저탄소·분산형 에너지 확산은 지속 가능한 신재생에너지를 사회 전반으로 확산하는 미래 에너지 패러다임 전환 시대를 준비하는 차원의 사업으로 2025년까지 국비 30조 원이 투자된다. 저탄소·분산형 에너지 확산은 에너지관리 효율화 지능형 스마트 그리드 구축, 신재생에너지 확산 기반 구축 및 공정한 전환 지원, 전기차·수소차 등 그린 모빌리티 보급 확대 등이 있다. 에너지관리 효율화 지능형 스마트 그리드 구축에서는 스마트 전력망에서 전력수요 분산 및 에너지 절감을 위해 아파트 500만 호 대상 지능형 전력계량기를 보급한다. 친환경 분산에너지는 전국 42개 도서지역 디젤엔진 발전기의 오염물질 배출량 감축을 위해 친환경 발전시스템을 구축한다. 전선 지중화는 학교 주변 통학로 등 지원 필요성이 높은 지역의 전선·통신선 공동지중화를 추진한다. ESS설비 안정성 평가센터 구축은 에너지 저장 시스템(Energy

Storage System, ESS) 설비의 안전성 평가의 기준·기술을 개발한다. 거기에 스마트 그리드, 아파트(Advanced Metering Infrastructure, AMI), 건물에너지 진단이 포함된다.

또, 신재생에너지 확산 기반 구축 및 공정한 전환을 지원한다. 풍력은 대규모 해상풍력단지 입지 발굴을 위해 최대 13개 권역의 풍황 계측·타당성 조사 지원 및 배후·실증단지를 단계적으로 구축한다. 태양광은 주민참여형 이익공유사업 도입, 농촌·산단 융자지원 확대, 주택·상가 등 자가용 신재생설비 설치비를 지원한다. 공정전환은 석탄발전 등 사업 축소가 예상되는 위기지역 대상 신재생에너지 업종전환을 지원한다. R&D는 해양에너지 등 활용 그린수소 생산·저장 기술 개발하고, 신재생에너지를 보급 및 지원을 강화한다.

신재생에너지는 정부 정책을 마중물로 대규모 민간 투자를 유도하고 있다. 특히, 수소경제 인프라 조성 확대 및 수소생산 R&D 다각화를 추진하고 있다. 신재생에너지를 도심·농촌·산단 등 태양광 설비 융자지원 확대하고 있다. RE100(Renewable Electricity 100)과 관련하여 신재생에너지 직접거래 허용(PPA)을 통한 RE100의 기반을 조성하고 있다. 수소산업 육성, 수소경제 이행 기본계획 등 세계 최초 수소법을 시행(2021.2)하였다.

다음으로 전기차·수소차 등 그린 모빌리티를 보급 확대한다. 전기차는 승용, 버스, 화물 등 전기자동차 113만 대(누적) 보급, 충전을 위한 인프라를 확충한다. 수소차는 승용, 버스, 화물 등 수소차 20만 대(누적) 보급·충전 인프라 450대 설치하고, 수소 생산기지 등 수소 유통기반 구축, 수소버스를 보급 확대한다. 노후차량에 대해서는 노후경유차의 엘피지(LPG)·전기 차 전환 및 조기 폐차를 지원한다. 친환경 선박은 노후 선박 등 친환경 전환을 지원한다.

라. 녹색산업 혁신 생태계 구축

녹색산업 혁신 생태계 구축으로 기후변화와 환경위기에 대응해 전략적으로 도전할 녹색산업 발굴 및 지원 인프라 확충으로 혁신 여건 조성한다. 녹색산업 혁신 생태계 구축을 위해 2025년까지 국비 10.2조 원을 투자한다.

녹색 선도 유망기업 육성 및 저탄소·녹색산단 조성으로 녹색기업은 환경·에너지 분야 123개 중소기업 대상 전주기(R&D·실증·사업화) 지원 및 그린스타트업 타운 1개소를 조성한다. 녹색산업은 5대 선도 분야의 기술개발·실증, 생산·판매 등 지원 기능을 융합한 지역거점 '녹색 융합 클러스터'를 구축한다. 스마트그린 산단은 에너지 발전·소비를 실시간 모니터링·제어하는 마이크로그리드 기반 스마트 에너지 플랫폼을 조성한다. 친환경 제조공정은 스마트 생태공장·클린팩토리 구축 및 소규모 사업장 대상 미세먼지 방지설비를 지원한다.

녹색산업 육성으로 환경·에너지 분야 중소 유망기업 선정·지원하는데, 5대 선도 분야의 '녹색 융합 클러스터'를 구축 및 착수한다. 5대 선도 분야는 ① 청정 대기(2020.12 설계), ② 생물 소재, ③ 수열에너지(2021.3 설계), ④ 미래폐자원, ⑤ 자원 순환 등이 포함된다.

다음으로 연구개발(R&D)·금융 등 녹색혁신 기반 조성을 한다. 온실가스 감축은 대규모 이산화탄소 포집·저장·활용 기술 통합실증·상용화 기반 구축, 이산화탄소로 화학원료 등 유용물질 생산 기술개발을 지원한다. 미세먼지 대응은 동북아 협력을 통한 지역 맞춤형 통합관리 기술, 미세먼지 사각지대 관리 기술 등을 개발 추진한다. 자원순환 촉진은 노후 전력기자재, 특수차 엔진·배기장치 등 재제조 기술, 희소금속 회수·활용 기술을 개발한다. 녹색금융은 기업의 환경오염 방지 투자 등을 위한 융자 1.9조 원 및 녹색기업 육성을 위해 2,150억 원 규모의 민관 합동펀드 조성, 녹색분야 정책금융 투자를 확대한다. 녹색혁신 기반으로 핵심기술 R&D(기술개발 및 상용화) 범정부 전략 수립, 기업 금융지원 등을 통해 녹색혁신 기반 조성한다. 신재생에너지 확산기반 구축 및 공정한 전환 지원으로 풍력, 태양광, 석탄발전 등 지역에 대해서는 공정전환 등을 유도한다.

마. 참고: 2050 탄소중립 추진전략

한국은 탄소중립 선언을 2020년에 발표하였다. 2020년 10월 국회 시정연설에서 '2050년 탄소중립 목표'가 제시되었다. 국제사회와 함께 기후변화에 적극 대응하여 2050년 탄소중립을 목표로 나아가겠다는 것이 국회에서 공개된 것이다. 그리고, 2020년 12월에 문재인 대통령은 '2050 대한민국 탄소중립 비전 선언'을 발표하였다.

2050 대한민국 탄소중립 비전에서는 추진전략을 마련하였는데, '탄소중립과 경제성장, 국민 삶의 질 향상' 동시달성을 목표로 하였다. '2050 탄소중립 추진전략'(2020.12.7)에서는 탄소중립 추진전략을 관리할 컨트롤타워로 탄소중립 정책 총괄을 위해, 녹색성장위, 국가기후환경회의, 미세먼지특별위 등을 통합하여 대통령직속 '2050 탄소중립위원회'를 출범하였다(2021.5.29).

〈표 3-10〉 그린뉴딜 3대 분야 - 10대 과제

<table>
<tr><th>3대 분야</th><th>10대 과제</th><th>주요내용</th></tr>
<tr><td rowspan="4">경제구조의 저탄소화</td><td>① 에너지 전환 가속화</td><td>• 화석연료 → 신재생에너지로 에너지 주공급원 전환
• 인허가 통합 One-Stop Shop 구축</td></tr>
<tr><td>② 고탄소 산업 혁신</td><td>• 제조업 르네상스 2.0(다배출 업종 저탄소 구조 전환)
• 다배출 중소사업장 공정개선·설비보급</td></tr>
<tr><td>③ 미래 모빌리티로 전환</td><td>• 내연기관차의 친환경차 전환 가속화
• 대중교통·철도·선박 등 모빌리티 혁신</td></tr>
<tr><td>④ 도시·국토 저탄소화</td><td>• 탄소중립도시 조성, 국토계획에 탄소중립 반영
• 농림·해양 생태계 저탄소화</td></tr>
<tr><td rowspan="3">신유망 저탄소산업 생태계 조성</td><td>① 신유망산업 육성</td><td>• 이차전지·바이오 등 저탄소 신산업 육성
• 그린서비스, CCUS 등 혁신기술 조기 산업화</td></tr>
<tr><td>② 혁신생태계 저변 구축</td><td>• 그린 예비유니콘 등 혁신기업 육성
• 탄소중립 규제자유특구 확대</td></tr>
<tr><td>③ 순환경제 활성화</td><td>• 제조·공정의 원료·연료 순환성 강화
• 지속가능한 제품 사용기반 구축·이용 확대</td></tr>
<tr><td rowspan="3">탄소중립 사회로의 공정전환</td><td>① 취약산업·계층 보호</td><td>• 사업재편에 대한 인센티브 강화
• 새로운 일자리 수요 파악 및 맞춤형 직업훈련 강화</td></tr>
<tr><td>② 지역중심 탄소중립 실현</td><td>• 지자체 탄소중립 역량 강화
• 탄소 중립 성과에 따른 인센티브 확대</td></tr>
<tr><td>③ 국민인식 제고</td><td>• 국민 대상 환경교육·홍보 강화
• 주체별 기후행동 확산, 양방향 소통 강화</td></tr>
<tr><td colspan="3">+</td></tr>
<tr><td>제도적 기반 강화</td><td colspan="2">① (재정제도 개선) 기후대응기금 신규 조성, 탄소가격 시그널 강화 등
② (녹색금융 활성화) 정책금융의 선도적 지원 확충, 공시의무 확대 등 시장 인프라 정비 등
③ (기술개발 확충) 핵심기술(CCUS 등)개발 집중지원, 실증단계까지 지원범위 확대
④ (국제협력 강화) P4G 정상회의 서울선언, 그린뉴딜 ODA 비중 확대 등</td></tr>
</table>

출처: 관계부처합동(2021), 한국판 뉴딜 2.0 미래를 만드는 나라 대한민국, 2021.7.14.자 보도자료.

3. 휴먼뉴딜과 포용사회

휴먼뉴딜(human new deal)은 한국판 뉴딜 2.0과 뉴딜 1.0에서 가장 차이가 있는 부분이다. 기존 뉴딜 1.0에서 안전망 강화에서는 고용·사회 안전망, 사람투자만 제시되었다. 디지털뉴딜과 그린뉴딜과 달리 뉴딜이 명명되지 않았고, 추진과제도 적은 편에 속하였다. 또한 일자리, 고용 중심의 안전망 강화라는 부분이 다른 두 개의 축이 되는 디지털, 그린뉴딜과 비교할 때 위상차이가 있었다.

[그림 3-19] 한국판 뉴딜의 전략 변화

한국판 뉴딜	
디지털뉴딜	그린뉴딜
↑	
고용 · 사회 안전망	
(추진 전략 부재)	

⇨

한국판 뉴딜 비전과 전략		
디지털뉴딜	그린뉴딜	휴먼뉴딜 (확장)
↑	↑	↑
(신설)지역 기반 전략	(신설)사회적합의 기반 전략	

출처: 대통령직속 정책기획위원회(2020), 내부자료.

한국판 뉴딜 초기에는 고용·사회 안전망이라는 이름으로 안전망을 강조하여 추진되었다. 정책기획위원회의 제안(김진우, 2020)에 따라 비전과 전략 기반에서 한국판 뉴딜 2.0으로 전환, 진화되면서 사회안정망인 휴먼뉴딜 부분이 강조되어 논의되기 시작하였다.

1년 후 한국판 뉴딜 2.0에서는 안전망 강화가 휴먼뉴딜로 변경되었다. 휴먼뉴딜에서는 사람투자가 더욱 강조되면서 1순위 과제로 제시되었고, 고용·사회 안전망이 제시되었다. 코로나19 및 저탄소·디지털 전환에 대응하여 사람투자를 대폭 강화하였다. 여기에서 신규로 청년

정책, 돌봄 등의 격차해소가 신설되었다는 점이 특징적이다.

[그림 3-20] 휴먼뉴딜의 진화

2020.7. 「안전망 강화」	⇒	2021.7. 「휴먼뉴딜」
1 고용·사회 안전망		1 사람투자
2 사람투자		2 고용·사회 안전망
		3 청년정책 (신설)
		4 격차해소 (신설)

출처: 관계부처합동(2021), 한국판 뉴딜 2.0 미래를 만드는 나라 대한민국, 2021.7.14.자 보도자료.

이는 코로나19 이후 심화되고 있는 사회 불평등과 돌봄, 서비스 등의 격차를 완화하여 포용성을 강화하고자 하는 시도로 볼 수 있다. 한국판 뉴딜 1.0에서 복지부보다는 고용부 중심의 사업이 주를 이루었던 점을 고려해볼 때, 타당한 변화로 볼 수 있다. 청년정책의 경우, 핵심 인적자산인 청년 세대를 위해 자산형성, 주거안정, 교육비부담 경감을 지원하고, 고용지원을 강화하는 등 청년 친화정책이 강화되었다.

〈표 3-11〉 휴먼뉴딜 세부 과제

구분	〈뉴딜 1.0〉		〈뉴딜 2.0(변경)〉
휴먼뉴딜	"인재양성 및 고용·사회안전망 확충" • 사람투자 - 디지털·그린 인재 양성 및 미래적응형 직업훈련체계 개편 등	→	"사람 중심의 포용적 경제성장" • 사람투자 - SW·의과학자·BIG3 등 첨단분야 인재 양성 - SW 중심대학 추가 확대(41개소 → 2025년 64개소) - 디지털 선도기업 아카데미 신설
	• 고용·사회안전망 - 촘촘한 고용·사회안전망 구축 및 취약계층 생활·고용안정 지원		• 고용·사회안전망 - 생계급여 부양의무자 기준 조기폐지, 재난적 의료비 개선방안 마련 - 보호종료아동 지원 강화

휴먼 뉴딜			• 청년정책 - 청년 소득수준별 맞춤형 자산 형성 지원 프로그램 마련 - 청년 전·월세 부담 완화 및 청년우대형 청약통장 지원확대 - 국가장학금 지원 단가 인상, ICL 지원대상 대학원생까지 확대 - AI·SW 등 신산업분야 채용 지원, 고용증대세제 등 일몰 연장 검토
			• 격차해소 - 4대 교육향상 패키지(교육회복 종합방안)* 도입 * ①기초학력 강화, ②다문화·장애인 등 맞춤형 지원, ③사회성 함양 지원, ④저소득층 장학금 확대 - 사회서비스원 설립+한부모·노인·장애인·아동 돌봄 강화 - 저소득층에게 문화활동비 지원

가. 휴먼뉴딜

한국판 뉴딜 2.0의 휴먼뉴딜에서는 사람투자, 고용사회안전망, 청년정책, 격차해소 4가지가 강조되었다. 먼저 사람투자가 있다. 경제구조 변화에 맞추어 새로운 일자리로의 이동을 위한 인력양성·취업지원 및 디지털 격차 해소 등 포용적인 사람투자 확대로 2025년까지 국비 9.3조 원이 투자될 것이다. 한국판 뉴딜 2.0에서는 일자리 중심 휴먼뉴딜이 강조되어, 일자리, 전 국민 고용보험, 사회보험화 등이 더욱 논의되어 일자리 중심의 정책 성격이 확인되었다. 돌봄 등의 격차해소 등이 포함되기는 하였으나 한국판 뉴딜이 일자리 중심 정책이다 보니 상대적으로 고용보험, 산재보험 등이 부각되었고, 고용노동부 중심으로 진행되었다. 반면, 5대 사회보험 중 재정 규모가 큰 편에 속하는 건강보험, 노인장기요양보험, 국민연금 등은 재정 규모가 상대적으로 적은 고용보험, 산재보험에 비해 한국판 뉴딜에서 편성된 부분이 적은 측면이 있었다.

한국판 뉴딜 1.0에서 안전망 강화는 코로나19 사태 및 저탄소·디지털 전환에 대응해 디지털·그린 등 핵심분야에 대한 사람투자를 강화하고, 고용·사회 안전망을 확충하며, 격차를 해소하는 등 포용사회로 전환하는 보완전략으로 제시되었다. 뉴딜 1.0에서는 인공지능·소프트웨어 등 첨단분야 인재양성 확대, 고용·산재보험 대상 확대, 청년층 자산형성·주거지원·교육비부담 경감·고용확대, 기초학력 강화 및 취약계층 돌봄 강화 등을 주요 과제로 삼았다.

그러나 코로나19가 장기화되면서 노동자들이 플랫폼 노동자화 돼서 양질의 일자리가 점점 사라지게 되었다. 그것을 상쇄시키킬 겸 새로운 먹거리 창출을 위해서 확장적 재정정책 차원에서 한국판 뉴딜 2.0은 더욱 휴먼뉴딜을 강조하게 된다. 코로나19로 인한 외부환경 변화에 따른 국가적, 공적 조치로서 사회경제적 환경 변화 흐름이 가속화되었으니 이를 대비하기 위한 차원으로 이해할 수 있다.

1) 사람투자

사람투자에서는 인적자원 양성, 일자리에 초점을 맞춘다. SW 인력 확대 등 첨단분야 인력양성으로 반도체 인재양성이 강조되었다. 설계역량 강화를 위한 교육과정 개발·운영 및 폴리텍 반도체 융합캠퍼스 운영 등이 추진되었다. 신기술분야 인력 부족, 취약계층 디지털 접근성에 한계를 벗어나 세계적 수준의 인재 확보 및 전국민 디지털 접근성·활용능력 강화가 두드러졌다.

신산업으로의 경제구조 변화에 맞추어 새로운 일자리로의 이동을 위한 인력양성·취업지원·디지털 격차해소 등 포용적인 사람투자를 확대하여, 디지털·그린 인재를 양성한다. AI·SW 및 녹색기술 핵심인재 부족 상황을 세계적 수준의 디지털·그린 인재를 확보한다. 디지털·그린 인재의 체계적 양성을 위해 AI·SW 및 녹색 융합기술 분야의 수준별 인력양성 프로그램 확대하는데, 디지털 인재와 그린 인재로 양성한다. 향후 2025년까지 AI·SW 핵심인재 10만 명, 녹색 융합기술 인재 2만 명을 양성한다.

〈표 3-12〉 사람투자 - 디지털·그린 인재양성

구분	디지털 인재 10만 명	그린 인재 2만 명
고급	석·박사급 AI 고급인력 약 2,200명	석·박사급 고급인력 약 6,400명
전문	SW 중심대학 및 이노베이션 아카데미 등 전문인력 약 2.4만 명	재직자 훈련 및 실무자 양성 1.3만 명
실무	신기술분야 실무인력 3.7만 명	특성화고 프로그램 약 600명
융합	AI 융합인력 약 3.5만 명	

AI·SW 핵심인재 10만 명 양성에서는 SW중심대학 40개 운영, 4개 권역별 이노베이션 스퀘어 확충 등이 있다. 녹색 융합기술 인재 2만 명은 기후변화·그린엔지니어링 등 특성화대학원, 환경산업 재직자·실무자 교육 확대 등을 포함한다. 또, 바이오헬스 인재는 허가·품질관리를 위한 석·박사급 인재, 전문 생산인재 등 의료 빅데이터·AI, 의료기기 관련 신산업 융합인재를 양성한다. 미래차 인재는 미래차 중심 사회·산업생태계 구축을 위해 직무 전환교육 등을 통하여 전자·IT·SW 등 융합기술 전문 인재를 양성한다. SW 인재에 대해서는 재직자 훈련 강화, AI분야 산학 공동연구, 기업-대학 협력모델 확산 등 민관 협력을 시도한다. 기존의 지원범위를 확대하여 AI, 빅데이터 등 6개 분야에서 미래차, 시스템반도체 등 22개 신기술 분야로 확대한다.

또, 인공지능 대학원도 확대하여, 인공지능 대학원 협의회 구성·운영을 통해 인공지능 대학원과 산학연 협력기업·기관과의 네트워크 강화를 통한 현장 중심의 연구 성과를 창출한다. 또, 인공지능융합바이오, 수소에너지융합 분야를 지원하는데, AI융합산업현장인력으로 8개 산업분야 재직자 등을 대상으로 하는 주력산업-AI 융합교육 지원으로 반도체, 미래차, IOT가전, 디지털헬스케어. 디스플레이, 조선, 섬유, 기계 분야를 지원한다.

[그림 3-21] 디지털·그린 인재양성 분야

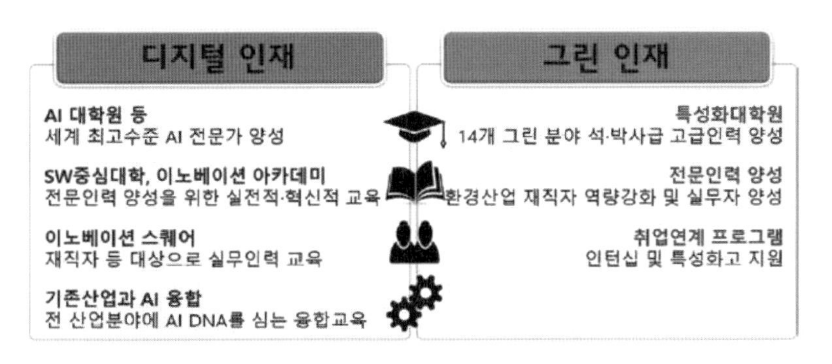

또, 미래적응형 직업훈련체계로 디지털·그린뉴딜 등 변화에 대한 적응력 제고를 위해 'K-Digital Training/Plus' 등을 추진한다. 신기술 분야 '미래형 핵심 실무인재 18만 명'을 양성하고, 직업훈련 참여자 대상 초·중급 디지털 융합훈련 지원 및 대학생 신기술분야 융합전공을 운영한다. 핵심은 미래적응형 직업훈련체계 개편을 통한 K-Digital이다. K-Digital이라는 이름으로 경제구조 변화에 따른 근무 적응력 향상을 위해 신기술 분야 훈련 및 핵심 실무인재 양성을 확대한다. 혁신공유대학으로 대학 산업계 연구기관 및 수도권-지방 간 공유 개방 협력을 토대로 인공지능 빅데이터 등 신기술 분야 인재를 양성한다. 크레딧 형태의 K-Digital Credit은 비전공청년·중장년 여성에 디지털 기초훈련 지원, 민간혁신훈련기관 통해 운영하고 있다. 그리고 마이스터 대학도 추진한다. 고숙련 전문기술 인재를 육성하기 위한 새로운 고등 직업교육 모형을 도입한다. 대학의 일부 학과(또는 전체)에서 직무 중심의 고도화된 교육과정(단기직무과정, 전문학사과정, 전공심화과정(학사), 전문기술석사과정)을 편성하여 운영하는 대학제도도 개선한다. 동시에 평생학습 기반도 마련하여, 평생교육·직업훈련의 유기적 연계강화를 통한 전국민 평생학습 지원 체계를 마련한다. 평생학습 기반의 평생교육 바우처 지원대상을 전 국민으로 확대한다.

[그림 3-22] K-Digital Plus 추진 내용

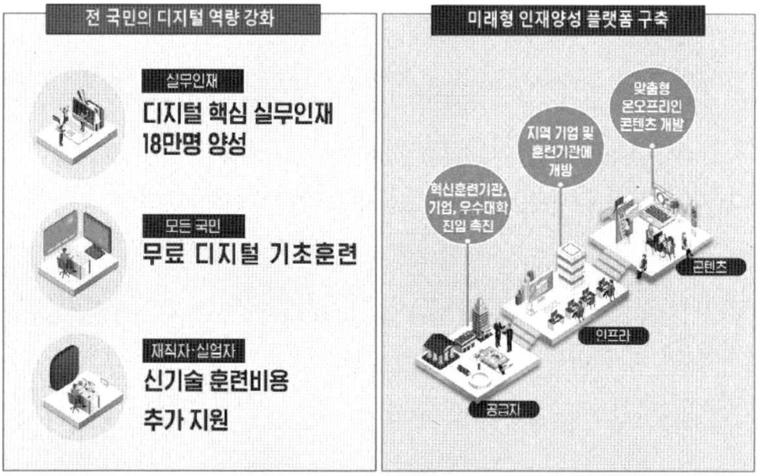

한국판 뉴딜 2.0에서 가장 핵심이 되는 것은 결국 일자리이다. 미래적응형 직업훈련체계로 개편하기 위해 신기술 분야 직업훈련의 낮

은 비중에서 신기술 분야 직업훈련 강화로 미래형 핵심 인력양성을 확대한다. 이를 통해 디지털·그린뉴딜 등 경제 구조 변화에 대한 적응력(adaptability)을 높인다.

국민 디지털 직무역량 향상 프로그램(K-Digital Plus)을 추진하여 직업훈련에 참여하는 구직자, 재직자 등을 대상으로 AI·SW 등 디지털 융합 초·중급 훈련 제공 등이 있다.

[그림 3-23] K-Digital Plus 운영체계

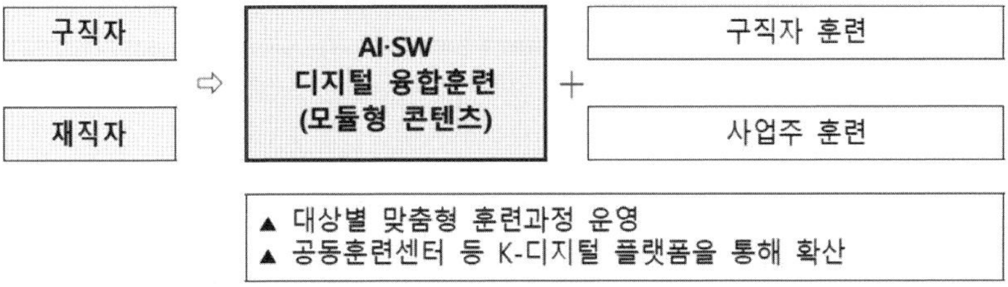

구직자
재직자
AI·SW
디지털 융합훈련
(모듈형 콘텐츠)
구직자 훈련
사업주 훈련
▲ 대상별 맞춤형 훈련과정 운영
▲ 공동훈련센터 등 K-디지털 플랫폼을 통해 확산

[그림 3-24] 디지털 접근성 강화

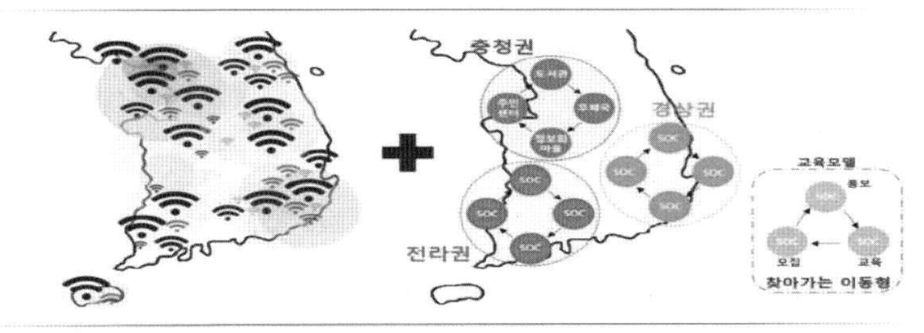

충청권
경상권
전라권
교육모델
찾아가는 이동형
◦ 읍·면·동 구석구석까지 인터넷망 구축
◦ 모든 국민이 소외 없이 디지털 기술에 접근
◦ 접근이 쉬운 찾아가는 이동형 역량센터
◦ 디지털 활용 역량 강화로 삶의 질 향상

농어촌·취약계층의 디지털 접근성 강화한다. 1,200개 농어촌 초고속인터넷망 구축, 공공 WiFi 5.9만 개 보강, 전국민 대상 '디지털 역량센터'를 운영(6,000개소)한다. 이를 통해 취약계층 접근성 한계와 디지털 교육 서비스 부족 등으로 디지털 격차 발생에 대해 전국민 접근성 향상과 디지털 활용역량 확보로 국민 삶의 질 향상을 한다. 디지털 포용사회 구현을 위해 인터넷 접근성 및 전국민 디지털 역량 강화를 한다.

2) 고용·사회 안전망

다음으로 고용·사회 안전망이다. 위기 발생 시 더 큰 어려움을 겪는 취약계층을 보호하고 사각지대를 해소하기 위해 탄탄하고 촘촘한 고용·사회 안전망 구축하는 데 2025년까지 국비 27조 원을 투자한다. 취업 취약계층에 어려움 집중, 취약한 고용·사회 안전망에서 취업 취약계층에 대한 중층적 고용안전망 구축 및 사회안전망을 보완하는 것이다. 위기 발생시 고용 충격으로부터 취업 취약계층을 보호하고 사각지대를 해소하기 위해 탄탄하고 촘촘한 고용·사회 안전망을 구축하는 것이다. 주 내용은 전 국민 대상 고용안전망 구축, 함께 잘사는 포용적 사회안전망 강화, 고용보험 사각지대에 대한 생활·고용안정 지원, 고용시장 신규진입 및 전환 지원, 산업안전 및 근무환경 혁신이 포함된다.

먼저, 전국민 대상 고용안전망 구축이다. 기존부터 추진하던 고용보험의 특수형태근로(이하 특고) 종사자 등으로 적용대상을 단계적 확대한다. 특고 12개 직종(2021.7), 플랫폼 2개 직종(2022.1), 기타 특고·플랫폼 종사자(2022.7), 자영업자(2025)에 대해 커버리지를 확대한다는 계획이다. 플랫폼 노무 제공자료 활용준비, 소득연계 전산망 구축 등 플랫폼 고용보험을 적용하기 위해 준비(2022.1)한다. 산재보험의 경우, 특수형태근로종사자 지원 직종을 확대(14 → 15개)하는데, 소프트웨어 프리랜서가 추가(2021.7)되었다. 향후 마트 배송기사 등도 확대 추진한다.

다음으로 함께 잘사는 포용적 사회안전망 강화가 있다. 기초수급자에서 생계급여 부양의무자 기준를 폐지하였다. 부양의무자 기준폐지를 중증장애인 가구(2020)에서 노인·한부모 가구(2021.1)로 확대하고, 모든 가구(2021.10)에 대해 기준을 낮추었다. 또, 취약계층에 대한 재난적 의료비 지원을 강화하였다. 즉, 현행에서 본인부담 의료비 50% 지원에서 소득이 낮을수록 지원비율을 상향 변화하였다. 또, 보호종료아동에 대한 충분한 자립 준비, 공평한 삶의 출발 기회를 보장 확대한다. 확대책으로는 자립수당·아동자산형성사업 확대, 자립지원 전담기관 구축(주거·취업지원 등 맞춤형 사례관리) 등이 있다. 그리고, 학대 피해아동의 경우, 아동보호전문기관·학대피해아동쉼터 신규설치 등 보호인프라를 확충한다.

특히 보건복지부(2020)는 포용적 사회안전망으로 한국판 뉴딜 기반을 마련하기로 하였다. 그에 따라 '한국형 상병수당' 도입을 위한 다양한 연구용역 시행 및 저소득층 등 대상 시범사업 추진되고 있다. 사실 건강보험 상병수당은 OECD 가입국 중에서 한국 등 몇몇 국가만이 미도입한 제도로 도입 논의는 오래전부터 있었다(최인덕·김진수, 2007). 지자체 중 서울시 등에서는 2018년 이전부터 서울형 의료보장제도 등의 도입이 논의되었고(문용필, 2018), 서울형 유급병가제도를 지속적으로 시범사업을 시행하고 있다. 전국 단위에서는 보건복지부에서는 상병수당 도입을 위한 사회적 논의를 2021년부터 본격 시작하였다. 보건복지부는 상병수당 도입을 위해서 여러 고려사항 검토를 진행하는 상황이다(보건복지부, 2021). 다만, 한국판 뉴딜에서 고용 및 사회 안전망을 위한 상병수당 도입이 매우 중요한 이슈이나 상병수당은 고용보험, 일자리 중심의 논의가 큰 축이 되면서 크게 고려되지 못하였다는 평가가 있었다. 다음으로, 위기상황 극복을 위한 사회복지 대상자, 취약계층 노동자 등에 대해 긴급복지 지원 규모가 확대되고 있다. 노인·장애인의 경우, 기초연금·장애인연금의 최대지급액 지원대상이 확대되었다.

다음 고용보험 사각지대에 대한 생활·고용안정 지원이 있다. 각기 다른 용어를 기반으로 고용보험은 노동 최저소득 근로빈곤층 대상 직업훈련, 일경험 등 취업 지원 프로그램 및 구직촉진수당·취업성공수당 지급이 있다. 또, 선발형 청년특례 취업경험 요건 폐지 및 재산·소득기준 완화 등 제도 개선을 추진한다. 또한, 고용시장 신규진입 및 전환 지원은 AI 고용서비스, 청년, 신중년(40~60대), 지역, 중소기업 등에 대해 지원한다. 다음으로 산업안전 및 근무환경 혁신이 있다. 안전보건 빅데이터 구축을 위한 사업장 정보를 조사하고, 정기점검, 일터혁신으로 중소·중견기업 대상 재택근무 및 일하는 방식·문화 개선을 위한 컨설팅을 한다.

[그림 3-25] 포용적 사회안전망 강화

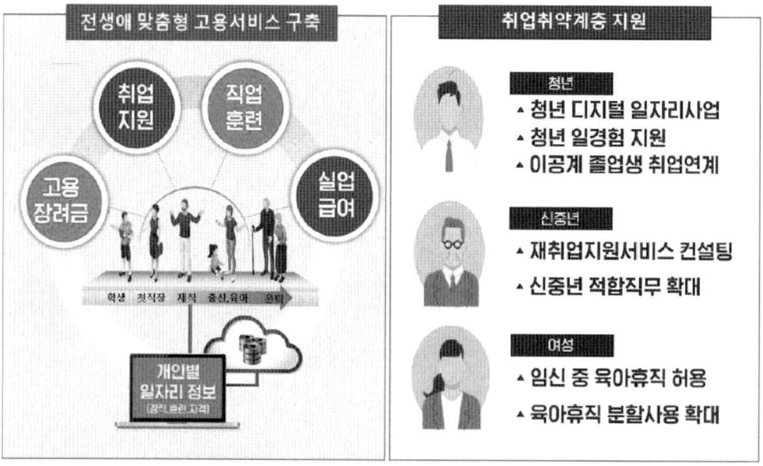

고용시장 신규진입 및 전환 지원에서 코로나19 고용충격이 본격화되면서 일자리 위기 상황 전개에서 고용서비스 혁신과 취업 취약계층 지원을 통한 고용시장 진입을 촉진하게 된다. 생애 맞춤형 고용서비스 제공을 위해 개인별 일자리 정보의 통합·디지털화 및 고용 취약계층의 고용시장 진입·전환을 지원한다.

3) 청년정책

청년정책은 미래의 자산이자 경제·사회구조 전환의 핵심 동력이 될 청년층이 코로나19로 어려움이 가중됨에 따라 고용·생활안정을 위한 지원을 강화하는 것으로 2025년까지 국비 8조 원이 투자된다. 한국판 뉴딜 1.0에 없다가 뉴딜 2.0에서 새롭게 추가된 사업이며, 미래의 자산이자 경제·사회구조 전환의 핵심 동력이 될 청년층이 코로나19로 어려움이 가중됨에 따라 고용·생활안정을 위한 지원 강화를 목표로 한다.

크게 두 가지로 청년 생활안정 지원(자산형성, 주거안정, 교육비부담 경감 등), 청년을 위한 미래분야 일자리와 직업능력 확충에 중점을 둔다.

먼저, 청년 생활안정 지원이 있다. 자산형성은 소득수준 등에 따른 맞춤형 자산형성 지원프로그램을 제공한다. 청년내일저축계좌(연소득 2,200만 원 이하), 청년희망적금(3,600만 원 이하), 청년형 소득공제 장기펀드(5,000만 원 이하), 장병내일준비적금(군장병) 등이 포함된다. 주거안정으로 주거관련 대출 요건 완화 등 주택금융지원 강화, 청년 주거비 지원제도 연장 및 청년 우대형 청약통장 가입기간 연장(~2023)이 있다. 교육비부담 경감은 국가장학금 지원한도 인상, 취업 후 학자금 상환대출의 지원대상을 대학원생까지 확대, 청년 채무조정 지원 확대가 있다.

다음으로 청년을 위한 미래분야 일자리와 직업능력 확충이 있다. 일자리 확대는 AI·SW 등 신산업 분야의 청년 채용 지원, 고용증대세제 및 청년 근로소득세 감면 일몰 연장 검토가 있다. 능력 개발로 청년의 직무능력 향상을 위해 '대기업 참여 인턴십(직무체험·공동실습 등)' 운영 등 일경험 프로그램을 내실화한다. 창업활성화는 청년 전용 모태펀드 신규 조성 및 창업 융자 자금을 제공하고 IT기반 창업기업(지식서비스 업종) 부담금을 신규 면제한다.

4) 격차해소

한국판 뉴딜 2.0에 새롭게 추가된 과제로 격차해소가 있다. 코로나19 이후 불평등·격차를 완화하여 포용성을 강화하는 것이 골자이다. 사회취약계층, 학생, 아동, 노인 등 사회적 약자에 대한 교육·돌봄·문화활동 지원 강화에 2025년까지 국비 5.7조 원을 투자한다. 격차해소에는 교육격차 완화를 위한 4대 교육향상 패키지(교육회복 종합방안) 도입, 돌봄격차 해소를 위한 1+4 지원체계 구축, 저소득층 등의 문화활동 지원 강화가 포함된다.

먼저 교육격차 완화를 위한 4대 교육향상 패키지(교육회복 종합방안) 도입이 있다. 저소득층 학생의 기초학력 강화를 위해 방과후·방학중 교원 중심 학습보충, 초등 1·2학년 위주로 기초학력 전담강사 배치, 교·사대생 튜터링 프로그램 등을 지원한다. 또, 다문화·장애인 대상으로 다문화학생 교육수요에 맞춘 특색 프로그램 및 장애학생 유형별 맞춤 집중 지원 프로그램을 운영한다. 사회성 함양, 저소득층 장학금 등의 사업도 있다. 사회성 함양으로는 등교일수 감소에 따른 사회성 결손 회복을 위해 학교 내 소모임 활동과 교외체험학습에 필요한 비용을 지원한다. 저소득층 장학금은 우수한 저소득층 학생을 선발하여 지원하는 복권기금 꿈사다리 장학사업 증원 및 영재교육 기회 확대가 있다.

두 번째로, 돌봄격차 해소를 위한 서비스 기반에 더해 계층별 돌봄 안전망을 강화하는 1+4 지원체계 구축이 있다. 1+4 지원체계는 코로나19로 돌봄 공백이 장기화되면서 가정 환경별 돌봄격차도 커지고 있는만큼 돌봄격차 해소를 위해 전국에 이와 관련된 인프라를 구축하고 한부모·노인돌봄·장애인돌봄·아동돌봄 등을 추진하는 지원체계를 구축하는 것이다.

특히 돌봄서비스를 위해 전국 시·도에 사회서비스원을 설립해 인프라의 공공성을 강화한다. 또, 지역사회통합돌봄 선도사업 실시(~2022) 후 추진모델 마련을 모색한다. 한부모의 생계급여 수급자 대상 아동양육비 지원, 청년(25~34세) 한부모 대상 추가아동양육비를 지원한다.

특히 사회서비스원은 정부의 국정과제로 진행되면서 광역지방자치단에 단계적으로 설치되었다. 2021년 말 기준 14개 시도에 설치 운영중이며 2022년까지 17개 광역지방자치단체 시도 전체에 설치를 완료할 예정이다. 향후에는 기초지방자치단체에도 사회서비스원이 설치되면 더욱 효과적일 것으로 예상된다.

기본적으로 사회서비스원은 공공성을 최우선 가치로 삼는다. 조대엽(2012)은 공공성을 세 가지 구성요소로 구성한다. 첫째, 공공성의 제1요소는 주체로서의 공민성으로, 공민성은 공공성 개념에 내재된 민주주의, 정치적인 것, 인권, 위임된 정치체계로서의 정부적인 것 등의 요소를 포함한다. 둘째, 공공성은 제도와 규범의 차원에서 '공익성'의 요소를 내재하고 있다. 공익성은 공동체적 삶을 살아가는 데 필요한 요소를 말한다. 셋째, 공공성은 행위의 차원에서 '공개성'의 요소를 포

[그림 3-26] 사회서비스원의 전국 분포

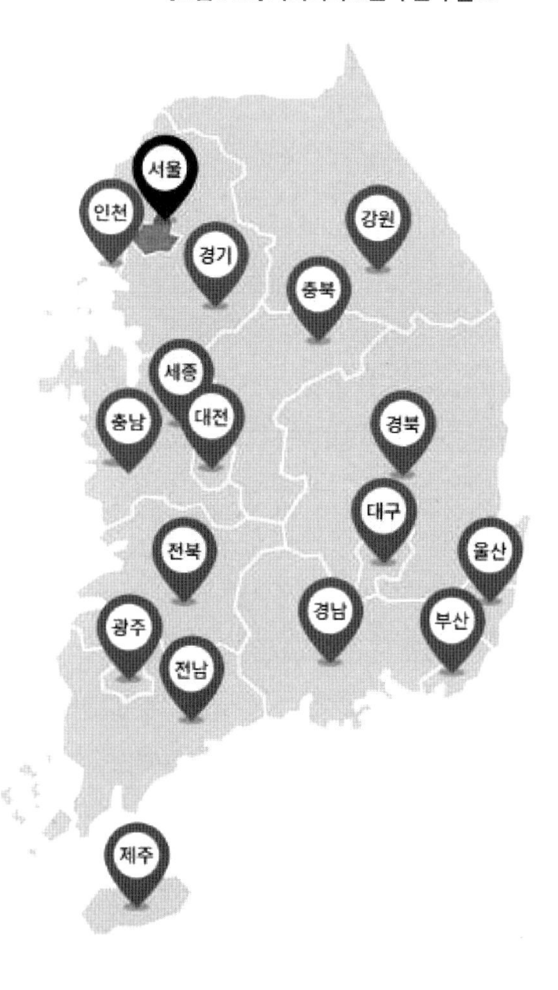

출처: 사회서비스원 중앙지원단 홈페이지(2022년 기준).

함한다. 공개성은 의사소통 행위를 준거로 하며, 공정, 평등, 정의 등의 가치를 반영하며, 보편적 접근성, 공유성 등의 내용을 포함하게 된다. 이와 같은 공공성의 개념적 고찰에 따르면, 공공성은 모두에게 영향을 미치는 공공의 일에 대해 공공이 공공의 장에 참여하여 함께 투명하게 소통하며 공익을 추구하는 과정을 의미한다.

특히, 우리나라 노인장기요양보험을 중심으로 하는 노인돌봄(장기요양보험, 노인맞춤돌봄 등)에서 공공성이 강조된 것은 민간 제공기관이 노인돌봄서비스에서 절대다수를 차지하기 때문이다(문용필·정창률, 2019). 민간 중심 인프라에서 다양한 돌봄문제가 발생함에 따라 공공성을 최우선 가치로 하는 사회서비스원이 광역 단위에서 확대 설치되고, 기능과 역할을 하는 사회서비스원으로 지속해서 확대될 예정이다. 또, 노인돌봄 차원에서 공립 요양시설을 확충하고 통합적으로 노인장기요양보험 재가급여를 제공한다. 기관 협업을 통해 방문요양·목욕·간호·이동지원 등 여러 재가서비스를 혼합하여 제공할 수 있는 제도기반도 마련되고 있다.

장애인돌봄의 경우, 최중증장애인에 대한 활동지원서비스에 가산수당제도를 개선한다. 아동돌봄으로 매년 국공립 어린이집을 확충하여 공공보육률을 제고(~2025)하고 초등돌봄교실·다함께돌봄센터 확충 등 초등돌봄을 강화한다. 초등돌봄의 경우, 방과후학교, 초등돌봄교실, 다함께돌봄센터, 지역아동센터 등 기관간 연계로 온마을이 함께 돌보는 아동돌봄체계 구축한다. 또, 저소득층 등의 문화활동 지원을 강화한다. 기초생활수급자 및 차상위계층 등 문화소외계층의 문화예술·여행·체육활동 확대를 위해 연간 10만 원의 문화활동비를 지원한다.

코로나19 대유행 상황에서 특히 두드러진 것은 취약계층에 대한 사회서비스원 긴급돌봄서비스였다. 코로나19 위기상황에서 발생한 노인 돌봄공백을 대처하기 위한 사회서비스원 긴급돌봄서비스의 역할이 강조되었다. 문용필(2021)은 사회서비스원은 코로나19 대유행 상황에서 대구광역시 등에서 긴급돌봄서비스가 제공된 것에 주목하였다. 사회복지 전달체계 개념 하에 돌봄공백에 있는 노인에게 적절한 긴급돌봄서비스 제공수준을 평가하였는데, 긴급돌봄은 지역사회 재가노인, 시설거주노인에게 적절하게 서비스가 제공되었으나 긴급하게 투입된 서비스의 속성에는 미비점이 있었다. 연속성 측면에서는 긴급돌봄 필요노인에게 서비스가 중단되지 않고 지속 제공되고 있었다. 셋째, 평등성 측면에서 돌봄공백 노인의 거주지역, 서비스 제공기간 등에 차별받지 않고, 서비스를 제공하기 위해 인프라를 확대하고 있었다. 다만, 2021년 상반기 기준으로는 전국에서 사회서비스원이 설치되지 않은 시도지역에서 긴급돌봄서비스가 없어 다른 지역에 비해 돌봄공백이 심화될 가능성이 있었다. 그에 따라 한국판 뉴딜 2.0에서 강조된 돌봄영역의 격차 완화가 더욱 중요해졌다고 볼 수 있다.

4. 지역균형뉴딜과 새로운 지역시대

지역균형뉴딜은 한국판 뉴딜 1.0 첫 발표(2020.7.14)에서 포함되지 않았던 사업이다. 한국판 뉴딜 1.0 발표 이후에 각계각층에서는 지역에 대한 미비점이 지적되었다. 정책기획위원회에서도 지역기반 전략의 중요성을 강조하였고(2020.8.31), 다양한 논의를 거쳐서 지역뉴딜의 중요성을 추가 제안하였다.

이에 따라 2020년 10월 13일에 '지역과 함께하는 지역균형뉴딜 추진 방안'이 관계부처합동으로 발표되면서 지역균형뉴딜이 한국판 뉴딜의 하나의 축으로 추가되게 된다. 당시 정부는 한국판 뉴딜을 지역기반으로 확장시키는 개념으로서, 한국판 뉴딜의 실현·확산으로 지역

활력을 제고하고, 국가균형발전 정책과 연계·결합하여 지역발전을 추구하는 전략을 제시한 것이다.

2020년 10월 13월 이후의 지역균형뉴딜은 한국판 뉴딜을 통한 지역활력 제고 및 균형발전을 목표로 제시하였다. 특히, 한국판 뉴딜 지역사업을 지자체별로 뉴딜 공모사업 선정시 지역발전도를 고려하고, 지역관련 특구의 뉴딜 지원, 지역 지원사업의 뉴딜을 연계 추진하도록 하였다.

기본적으로 지역균형뉴딜의 개념은 한국판 뉴딜을 지역기반으로 확장한 것으로 지역을 새롭게(New), 균형적(Balanced)으로 발전시키겠다는 약속(Deal)이다.

[그림 3-27] 지역균형뉴딜의 유형

① 한국판 뉴딜 지역사업

한국판 뉴딜 중 지역관련
디지털 · 그린뉴딜사업

- 가정용 스마트 전력플랫폼 구축(20~22년)
- 스마트양식 클러스터 조성(20~25년)
- 스마트빌리지 보급 및 확산(19~25년)
- 취약계층 라이프케어 플랫폼 구축(21~25년)

② 지자체 주도형 뉴딜사업

지자체가 지역 특성을 살려
스스로 발굴 · 추진하는 사업

[전남] 해상풍력 발전단지 조성(20~30년)
[부산] 서부산권 신재생에너지 자립도시 조성(21~23년)
[대구] 로봇산업 가치사슬 확장 및 상생시스템 구축(21~24년)
[강원] 정밀의료 빅데이터 서비스 플랫폼 구축(20~24년)
[대전] 드론하이웨이 조성(21~23년)

③ 공공기관 선도형 뉴딜사업

지역 소재 공공기관이 보유자원을 활용하여
지역 특색에 맞춰 발굴 · 추진하는 사업

공공기관 선도사업
- 인천항 스마트 물류센터 건립(인천항만공사)
- 자율주행 테스트베드 조성 고도화(한국교통안전공단)

혁신도시 뉴딜 거점화
- 중소기업 상생펀드 조성(대구-가스공사)
- 빅데이터 포털시스템 구축(전북-연금공단 · 신용보증재단 등)

지역균형뉴딜의 유형은 세 가지이다. ① 한국판 뉴딜 지역사업(2025년까지 국비 62조 원 투자), ② 지자체 주도형 뉴딜사업, ③ 공공기관 선도형 뉴딜사업으로 구분하여 추진하였다. 지역균형뉴딜의 정책목표 및 중점 추진방향은 다음과 같다. 정책목표는 지역경제 혁신과 삶의 질

개선하고, 국가균형발전을 도모한다. 추진방향은 뉴딜과 지역정책 연계+양질의 지역균형뉴딜 활성화이다.

지역균형뉴딜에서 중점을 두는 4가지 중점 추진 방안은 한국판 뉴딜 지역사업의 신속실행, 지자체 주도 뉴딜사업의 확산 지원, 공공기관 선도형 뉴딜사업 추진 뒷받침, 지속가능한 지역균형뉴딜 생태계 조성이 있다.

[그림 3-28] 지역균형뉴딜 중점 추진 방안

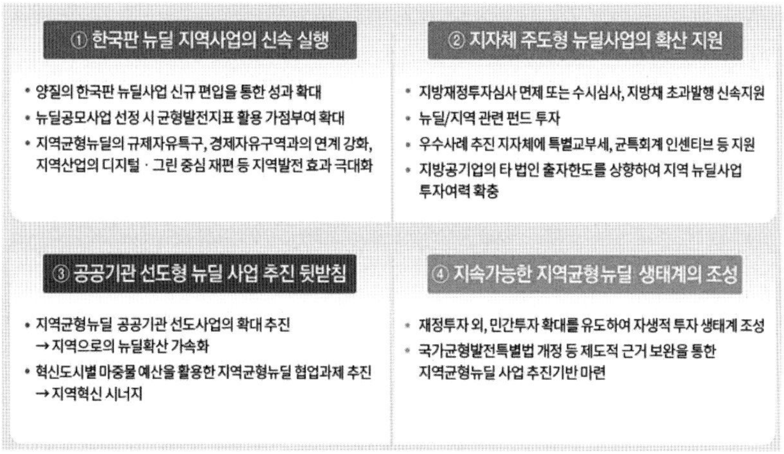

① 한국판 뉴딜 지역사업의 신속 실행	② 지자체 주도형 뉴딜사업의 확산 지원
• 양질의 한국판 뉴딜사업 신규 편입을 통한 성과 확대 • 뉴딜공모사업 선정 시 균형발전지표 활용 가점부여 확대 • 지역균형뉴딜의 규제자유특구, 경제자유구역과의 연계 강화, 지역산업의 디지털 · 그린 중심 재편 등 지역발전 효과 극대화	• 지방재정투자심사 면제 또는 수시심사, 지방채 초과발행 신속지원 • 뉴딜/지역 관련 펀드 투자 • 우수사례 추진 지자체에 특별교부세, 균특회계 인센티브 등 지원 • 지방공기업의 타 법인 출자한도를 상향하여 지역 뉴딜사업 투자여력 확충
③ 공공기관 선도형 뉴딜 사업 추진 뒷받침	**④ 지속가능한 지역균형뉴딜 생태계의 조성**
• 지역균형뉴딜 공공기관 선도사업의 확대 추진 → 지역으로의 뉴딜확산 가속화 • 혁신도시별 마중물 예산을 활용한 지역균형뉴딜 협업과제 추진 → 지역혁신 시너지	• 재정투자 외, 민간투자 확대를 유도하여 자생적 투자 생태계 조성 • 국가균형발전특별법 개정 등 제도적 근거 보완을 통한 지역균형뉴딜 사업 추진기반 마련

2021년의 뉴딜 2.0에서는 지역별 시그니처 사업 발굴과 지속추진 기반 마련을 제시하였고, 지역균형뉴딜의 확산 및 지역연계 강화를 세 가지로 추진하였다. 첫째, 한국판 뉴딜 지역사업으로 지역사업의 성과 가속화 및 확대 추진을 하였다. 둘째, 지자체 공공기관은 우수한 지자체 주도형 사업을 조기 발굴하고 신속히 추진할 수 있도록 행정·재정 인센티브 확대 등을 지원하도록 하였다. 셋째, 뉴딜생태계 강화로 민간투자 확대를 유도하여 자생적 투자 생태계를 조성하고, 균특법 개정

으로 법 제도를 보완하는 등 추진기반을 강화하였다.

〈표 3-13〉 지역균형뉴딜 추진방안 주요내용

구분	개념	지원방안
①유형	뉴딜 지역사업(뉴딜 투자계획 중 지역사업, 160조 원 중 47%)	뉴딜 공모사업시 균형발전 고려, 지역 관련 특구의 뉴딜지원, 지역 지원사업의 뉴딜 연계
②유형	지자체 주도형(지자체가 자체 재원 또는 민자로 추진)	지방재정투자심사 간소화, 뉴딜 사업 추진 시 지방채초과발행 지원, 뉴딜 적극추진 지자체에 교부세 지원 등
③유형	공공기관 선도형(공공기관이 자체 재원으로 추진하는 사업)	공공기관의 뉴딜 선도사업 발굴, 주요 균형발전 정책인 혁신도시를 지역균형뉴딜의 거점으로 발전
+ 1	지속가능한 생태계 조성	뉴딜사업 추진관련 중앙-지방 협업체계 구축, 지자체별 뉴딜 전담부서 지정 및 인력보강

출처: 관계부처합동(2021), 한국판 뉴딜 2.0 미래를 만드는 나라 대한민국, 2021.7.14.자 보도자료.

뉴딜 1.0에서 지역균형뉴딜의 출발점이었다면, 뉴딜 2.0에서는 뉴딜의 진화, 발전이 추진된 것으로 볼 수 있다. 한국판 뉴딜 지역사업, 지자체 주도형 등 3대 분야별 시그너처 사업의 체감 성과 확산을 유도하며, 민간 자생적 투자생태계 조성을 통한 지속 추진 기반을 마련하였다. 여기에서 중점방향은 한국판 뉴딜과 지역경제·균형발전 정책을 연계하는 동시에, 지역특성에 맞는 양질의 창의적 사업 발굴 지원이다.

가. 한국판 뉴딜 지역사업

첫 번째는 뉴딜 지역사업은 사업의 신속한 추진을 지원하기 위해 뉴딜 중심으로 지역주력산업, 경자구역(경제자유구역법 6월 개정) 등을 개편한다. 뉴딜분야 공모사업에 균형발전 가점을 도입하고, 지방투자촉

진보조금을 지급하여 균형발전을 도모한다.

두 번째는 지자체 주도형 뉴딜사업이다. 지자체 주도형으로 지방재정투자심사 면제 정기심사 확대 등 절차 간소화를 지원하는데, 지역균형뉴딜 우수사업 공모*를 통한 재정 인센티브를 지원한다. 신속한 자금지원을 위해 한국판 뉴딜펀드 지역투자를 강화하고, 지역뉴딜 벤처펀드도 추진한다.

세 번째는 공공기관 선도형 뉴딜사업이다. 전국 10개 혁신도시별 공공기관에 있는 지역균형뉴딜 협업과제를 발굴·추진한다. 관련하여 지역균형뉴딜 세부 지원방안(2021.1.25)을 통해 지속적으로 추진한다.

이를 위해 추가적으로 민간참여 유도 위한 정책형 뉴딜펀드와 뉴딜인프라펀드를 운영한다. 민간 공모와 국민 참여형 사업 등을 통해 국민 관심을 제고하고, 뉴딜의 성공, 시중 과잉유동성의 생산적 활용, 국민과 투자성과 공유 등을 위한 '국민참여형 뉴딜펀드 조성·운용 방안' 발표하였다(2020.9.3).[3]

뉴딜펀드 조성·운용 기본방향

① (정책형 뉴딜펀드 신설) 2021~2025년간 정부·정책금융기관 출자를 통해 母펀드 조성 등(7조 원) → 민간매칭(13조 원)으로 20조 원 규모 子펀드 결성
- 뉴딜 프로젝트(인프라), 뉴딜기업 투자·대출 등 다양한 형태로 투자하고, 사모 재간접공모펀드 방식을 활용하여 국민들에게 투자기회 제공

② 뉴딜 인프라펀드 육성) 유망 뉴딜인프라 사업을 발굴하고, 세제지원(배당소득 분리과세) 강화

③ (민간 뉴딜펀드 활성화) 민간 창의성, 자율성에 기반한 자체 펀드 결성 유도

3 한국성장금융(K-Growth), 정책형 뉴딜펀드 홈페이지(https://knewdeal.kgrowth.or.kr/).

나. 지자체 주도 뉴딜사업 확산 지원

첫 번째는 지자체 대상 지역균형뉴딜 우수사업 공모를 하여, 특별교부세를 배정하여 균특 인센티브를 지원한다. 지역균형뉴딜 우수사업으로 강원, 대전, 전북 등의 사업이 선정되기도 하였다.

지역균형뉴딜 우수사업 선정사례

① (강원) 정밀의료 빅데이터 서비스 플랫폼 구축(2020~2024)
- 유전체+임상정보+라이프로그 데이터의 융복합이 가능하도록 빅데이터를 산업화, 안전하고 체계적인 데이터 관리 체계 구축

② (대전) 드론하이웨이 조성(2021~2023)
- 관제상황실, 이착륙시설 등 드론스테이션을 구축하고 대전 3대 하천에 드론 하이웨이 마련, 시민안전 드론서비스 실증

③ (전북) 케나프기반 친환경 바이오플라스틱 개발 및 산업화(2021~2024)
- ICT를 활용하여 2세대 바이오매스(케나프) 국내 생산체계 구축, 케나프기반 바이오 플라스틱 소재 생산 원천기술 개발 등

다음으로 주민 주도형 사업 발굴이 있다. 주민 공동체가 발굴하고 추진과정에 참여하는 주민체감 4대 분야 뉴딜사업을 발굴하여 특교세를 지원하게 된다.

〈표 3-14〉 주민 주도형 지역균형뉴딜 우수사업 선정사례

분야	지역	사업명	주요 내용
도시개조	광주 + 대구	탄소중립을 위한 시민 RE100 플랫폼 구축(협업사업)	지역 태양광 발전사업 연계, 광주-대구 플랫폼 데이터 공유 및 연동 플랫폼 구축 등
사회적 서비스	제주 서귀포	메타버스 이용 안전건강마을 조성	VR콘텐츠를 통한 건강 관리 교육 및 AI 건강 상담
산업환경	전북	신품종 복분자 디지털을 만나다	신품종 복분자 스마트 재배관리 체계 구축, 수확도우미 로봇 개발
주민여가 생활환경	충남	다회용 배달박스 및 용기의 친환경 공유·순환시스템 개발	친환경 다회용 공유 택배박스 개발제작 및 활용

다음으로 재정지원 확대가 있다. 재정 인센티브를 통해 우수한 지자체 주도형 사업을 조기 발굴하고 신속히 추진할 수 있도록 지원 지속한다. 재정지원에는 보통교부세, 특별교부세, 균특회계 인센티브가 있다. 보통교부세는 지자체의 적극적인 뉴딜사업 확산 유도를 위해 수소·태양광·신재생에너지 항목을 신규 반영하고, 2022년분 보통교부세 적용한다. 특별교부세는 지역균형뉴딜 우수사업(300억 원, 7월), 주민주도형 우수사업(150억 원, 12월) 공모시 선정사업 대상 특교세를 지원한다. 균특회계 인센티브는 예산편성지침 균특회계 차등지원 평가항목에 지역균형뉴딜 추진실적 반영하여(4월), 인센티브를 지원(7월)한다.

펀드투자를 강화하는데, 한정된 규모의 재정뿐만 아니라 시중 유동성을 생산적으로 활용하기 위해 정부 주도로 지역투자 펀드 조성 추진한다. 한국판 뉴딜펀드, 지역뉴딜 벤처펀드, 지역산업 활력펀드가 있다.

한국판 뉴딜펀드는 지역투자 확대를 위해 수시 출자사업(2021.4.23) 시 500억 원(250억 원×2개 운용사)에 대해 60% 이상 지역투자 조건을 신설한다. 이를 위해 '찾아가는 권역별 투자설명회(호남·충청·영남)' 등 지역-사업자-투자자 간 네트워킹 지원(~2021.11)한다.

지역뉴딜 벤처펀드는 부산·충청·동남(울산·경남) 권역 모펀드 조성을 2021년 MOU 체결(~2021.11) → 부산·충청 권역 900억 원 이상 1년차 자펀드 선정(2021.9)한다. 조성예정 자펀드 규모는 제1호 부산(3년간 최소 1,300억 원), 제2호 충청(3년간 최소 1,300억 원 규모), 제3호 울산·경남(3년간 최소 1,200억 원 규모)순이다. 또, 지역산업 활력펀드는 260억 원 규모 조성(2020.11.9), 총 투자액의 약 80%를 비수도권 IT·그린뉴딜 관련 프로젝트 투자 중(11월)이다.

다음으로 절차 간소화가 있다. 지자체 주도 뉴딜사업의 신속한 지역 투자를 지원하기 위해 재정투자심사 등 절차 간소화 및 신속협의 추진한다. 이를 위한 재정투자심사를 정기(3회 → 4회)심사 확대·수시 심사 신설(2회)을 통해 지자체 2.6조 원 규모 42개 뉴딜사업을 신속승인(2021.10 말)한다. 한국판 뉴딜과 정합성이 높고 면제 타당성이 있는 1,385억 원 규모 5개 뉴딜사업에 대해 투자심사 면제해주고, 지방채, 사전타당성 검토 면제 등도 지원하게 된다.

〈표 3-15〉 재정투자심사 면제 사업

(단위: 억 원)

지자체	사업명	총 사업비
경기	AI 기술 실증 테스트베드 조성	390
충남 서천군	바이오특화 지식산업센터 건립	233
경북 포항시	스마트 그린도시 사업	100
경북 상주시	스마트 그린도시 사업	167
제주	순환자원 혁신 클러스터 조성	495

다. 공공기관의 선도적 역할 강화

선도사업 추진으로 공공기관이 지역특색 등을 고려하여 한국판 뉴딜에 부합하는 4개 분야 12개 사업 발굴·추진하여, 뉴딜 확산을 가속화하고 있다. 대표적인 공공기관은 다음과 같다.

〈표 3-16〉 공공기관 선도사업 목록

대표 기관	선도사업	주요성과
한국전력공사 등	지능형 디지털발전소 구축	• AI기반 지능형 발전소 핵심기술 5종 개발(2021.6), 통합데이터 센터 구축완료(2021.10),
한국중부발전	풍력발전 활용 제주도 수소 드론 충전소 구축	• 하이브리드 수전해 기술 확보(2021.6) • 500kW급 수전해 시스템 실증(~2021.7)

한국서부발전	주민참여형 대용량 수상태양광 에너지 개발	• (합천댐) 공사준공, 주민 채권형 참여 완료(2021.12) • (새만금) 사업인허가 추진 중(2021.12)
한국전력공사	신안 해상풍력단지 조성	• 전남형 일자리 상생협약 체결(2021.1) • 풍력자원계측기 설치관련 공유수면 점사용 실시계획 승인(2021.6)
한국가스공사	당진 LNG 생산기지 스마트팩토리 구축	• 스마트팩토리 구축 ICT 컨설팅 계약(2021.3)
한국토지주택공사	세종 국가시범도시 추진	• 민간 우선 협상대상자 선정(2020.10) • 헬스케어, 안전, 생활 등 공공구축 3개 분야 사업 준공(2021.7)
국립암센터	비대면 및 VR기반 통합 헬스케어 플랫폼 개발	• 확장현실 기반 플랫폼 인프라 구축(2021.6)
한국교통안전공단	자율주행 테스트베드(화성) 조성 고도화	• 기 조성된 K-City(자율주행 3단계) 무상 개방 1,658회 자율주행 기술개발 지원
한국예탁결제원	민관공 협업 기반 창업공간 및 성장프로그램 제공	• 부산 스타트업 펀드 공동 기금(7억원) 조성(2020.12)
한국관광공사	관광 빅데이터 개방 공유	• 관광 빅데이터 플랫폼 구축·데이터랩 오픈(2021.2), 관광빅데이터 플랫폼 2단계 고도화 용역(2021.5~12)
한국자산관리공사	국·공유지 개발을 통한 제로에너지 선도	• 세종2 연구청사 제로에너지 빌딩 계획안 마련(2021.1)
인천항만공사	인천항 스마트 물류센터 건립	• 스마트 물류센터 건립 시행 방안 설계 용역 착수(2021.6)

또한, 혁신도시 거점화 전략이 있다. 전국의 혁신도시별 협업과제를 공공기관과 지역사회(기업, 대학)·주민·지자체가 함께 추진하는 것으로 지역혁신을 위한 시너지효과를 창출한다.

〈표 3-17〉 전국 혁신도시별 협업과제

지역	공공기관	10대 협업과제	주요 성과
① 부산	부산정보산업진흥원 부산디자인진흥원 한국자산관리공사	부산형 청년창업 허브 조성	• 베스핀글로벌테크센터(BTC) 부산청년창업허브 입주 유치(2021.8) • 청년창업허브 내·외부 리모델링 설계(2021.10)

② 대구	한국가스공사	그린에너지 캠퍼스 구축	• 수소유통시장 콜센터 운영 용역사 제안서 평가 및 계약 체결(2021.9) • 수소충전소 및 홍보관 공사 착공(2021.10)
③ 울산	한국에너지공단 한국석유공사	친환경에너지 융합 클러스터 조성	• 부유식 해상풍력비말대 지역 부식검사 계약 체결(2021.8) 및 검사(2021.10) • 구조건전성 심층분석(2021.9~12) * 지반지지력 확인, 파일클러스터 지역 구조 모델링을 통한 피로연수 분석 등
④ 경북	한국도로공사	남부권 스마트물류 거점도시 육성	• 스마트 물류센터 및 테스트베드 설계용역 및 행정절차 진행(2021.8~12) • 스마트물류센터 사업운영자 협약 체결(2021.8)
⑤ 경남	중소벤처기업진흥공단 한국토지주택공사	기업 이전·산학연 클러스터 선도모델	• 기업가정신테마관 조성 및 기업가정신교육센터 외부환경 설계(2021.9~) • K-기업가정신 개발 연구용역 착수(2021.9)
⑥ 전북	국민연금공단	금융혁신 빅데이터 플랫폼 구축	• 플랫폼 구축 사업자 선정(2021.8), 센터 인테리어 준공 및 기자재 구매조달(2021.8) • 금융데이터 전문가 양성과정 교육·자산운용 프로그램 경진대회(2021.11~12)
⑦ 광주·전남	한국전력공사	에너지밸리 조성	• 광주 에너지밸리 기업지원시스템, 에너지데이터플랫폼 구축 용역 착수(2021.9) • 에너지밸리 수혜기업 평가(2021.11~12)
⑧ 강원	국민건강보험공단	실버 의료기기 메카 조성	• 고령친화용품 등 연구센터 및 전시체험관 설계 용역 완료(2021.10)

⑨ 충북	정보통신산업진흥원	K-스마트 교육 시범도시 구축	• IT스카우트 창단, KAIST-진천 인공지능 교육센터 현판식(2021.10) • 인공지능(AI) 영재페스티벌 개최(2021.11)
⑩ 제주	제주국제자유도시 개발센터	스마트 Mobility 리빙랩 조성	• 제8회 국제전기차엑스포 세션 개최(2021.9) • 혼디랩* 소통위원회 발족(2021.10) * 혼디(함께), 랩(연구실)

라. 지속가능한 지역균형뉴딜 생태계 조성

지속가능한 지역균형뉴딜 생태계 조성을 위해 「국가균형발전 특별법」에 지역균형뉴딜의 법적 근거를 신설하고 지속적 추진기반 마련하였다(2021.12).

개정안 주요 내용

① 지역균형뉴딜 정의규정 신설(안 제2조1의3)
② 균형발전 5개년 계획, 시·도 발전계획에 지역균형뉴딜과제 추가(안 제4조, 제7조)
③ 균형위 심의·의결 사항으로 지역균형뉴딜에 관한 사항 추가(안 제22조)
④ 지역균형뉴딜사업 심의절차, 행·재정지원 등 지원절차에 관한 사항 신설(안 제11조의3)

협업체계 구축으로 중앙-지방 간 원활한 협업을 위해 지역균형뉴딜 분과를 신설(2020.10), 분과회의 5회 개최(2020.10·11, 2021.1·5·9)하게 된다. 지역균형뉴딜 추진체계 강화를 위해 대통령직속 정책기획위원회를 포함한 국정과제협의회 주관 '지역균형뉴딜 지원협의회' 출범(2020.9)하고, 지자체 지원·붐업을 추진하였다.

또, 지자체 조직·인력 지원은 시도별 지역균형뉴딜 추진단 설치 및 기준인건비를 반영하였다. 또, 지자체 뉴딜계획 마련은 디지털·그린 중심의 지역산업 혁신을 위한 시도별 지역균형뉴딜 추진계획을 마련하였다. 지역 규제 혁파는 지역균형뉴딜을 지원하기 위해 행안부-지자체 합동으로 관련 규제를 집중 발굴·해소하고 있다.

〈표 3-18〉 지역 규제 발굴 및 해소

구분		주요 과제
수용 (41건)	완료 (30건)	• 도시공원 내 수소충전소 허용(국토부) • 자동화 로봇 유출유 회수 장비 특례 요청(국토부) • 경제자유구역 내 첨단업체·신산업업체 인센티브 지원(산업부) 등
	국회 계류 등 (4건)	• 건물 온실가스 총량제 도입 등 지역중심 온실가스 관리 강화(국토부) 등
	검토중 (7건)	• 생산자책임재활용제도에 리튬이차전지 포함(환경부) • 친환경 선박 수소 충전소 설치규정 신설(산업부) 등

마. 참고: 2021년 지자체 지역균형뉴딜 추진현황 및 성과

[그림 3-29] 중부권 지역균형뉴딜 현황

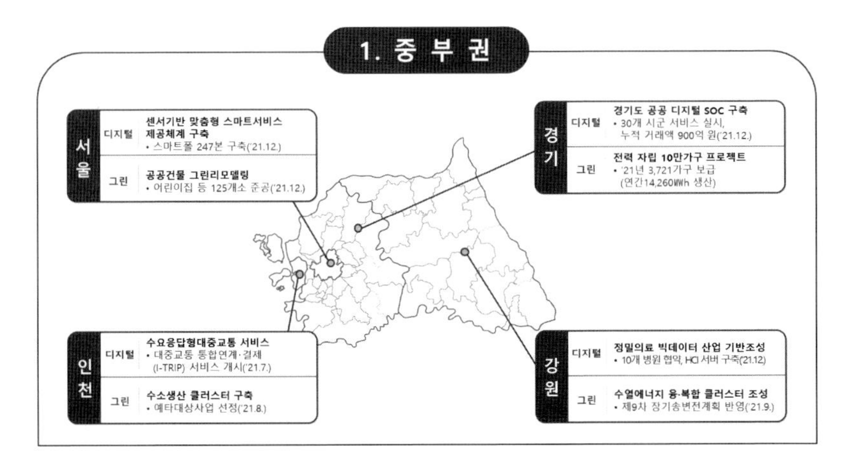

〈표 3-19〉 중부권 지역균형뉴딜 실적

지역	분야	사업명	주요실적
서울	디지털	• 센서기반 맞춤형 스마트서비스 제공체계 구축	• 스마트 도시데이터 센서 1,100개 운영, IoT 도시 데이터 시민 공개(2020.4~) • 시 전역 공통활용 가능한 스마트폴(S-Pole) 총 247본 구축
	그린	• 공공건물 그린리모델링	• 구립 경로당, 어린이집 등 156개소 그린리모델링 추진(2021.12월까지 125개소 준공, 31개소 2022년 준공 예정)
인천	디지털	• 수요응답형 대중교통 서비스	• 수요응답형 버스(I-MOD, 2020.10), 공유형 전동킥보드(I-ZET, 2021.2), 지능형 합승택시(I-MOA, 2021.4.) 서비스 개시 • 대중교통 통합연계·결제(I-TRIP, 2021.7) 서비스 개시
	그린	• 수소생산 클러스터 구축	• SK E&S, 현대자동차 등 '인천시 수소산업 발전 MOU' 체결(2021.3) • 수소생산 클러스터 예타대상사업 선정(2021.8), 현대 모비스(1조 원) SK E&S(5,000억) 등 투자 유치
경기	디지털	• 경기도 공공 디지털 SOC 구축	• 시범지역(화성, 파주, 오산) 배달특급 서비스 시작(2020.12) • 성남(22년 예정) 제외 30개 시군 서비스 실시 중(2021.12) • (실적) 회원 55.2만 명, 가맹점 4.3만 개, 주문 347만 건, 누적거래액 900억 원
	그린	• 전력 자립 10만가구 프로젝트	• 중앙투자심사 승인(2021.3), 추진계획 수립(2021.4) • '21년 3,721가구 보급(연간 14,260MWh 생산) * 주택용 태양광 3kW 설치비 일부 지원(1가구 460천원 정액 지원)
강원	디지털	• 정밀의료 빅데이터 산업육성	• 정밀의료 빅데이터 서비스 플랫폼 구축 수행기관 선정 및 협약(2020.12) • 의료데이터 확보 위한 10개 병원 협약 및 HCl서버 구축(2021.12)
	그린	• 수열에너지 융·복합 클러스터 조성	• 수열클러스터 기본 및 실시설계용역 착수(K-water)(2021.3) • 분산형변전소(2개소) 구축을 위한 제9차 장기송변전계획 반영(2021.9)

[그림 3-30] 충청권 지역균형뉴딜 현황

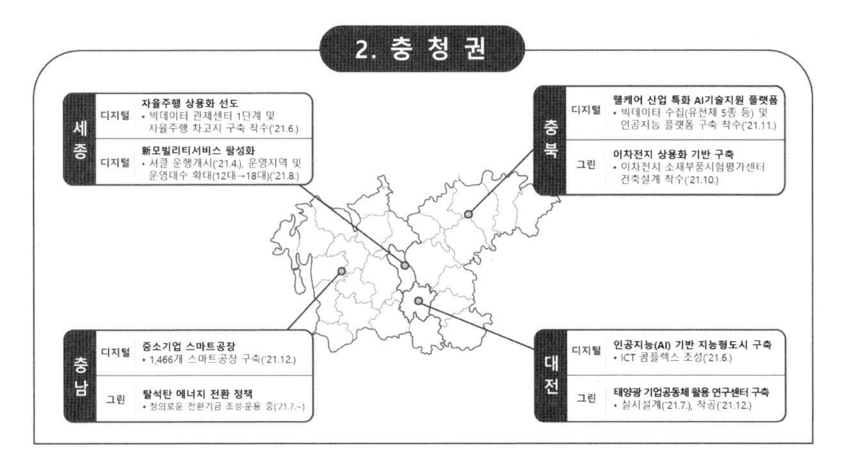

〈표 3-20〉 충청권 지역균형뉴딜 실적

지역	분야	사업명	주요실적
대전	디지털	• 인공지능(AI) 기반 지능형도시 구축	• AI 도시철도 안전시스템 구축(2021.2), AI 이음마루(AI 창업·교류 혁신공간) 개소(2021.5), ICT 콤플렉스 조성(2021.6) • 충청권 인공지능·메타버스 메가시티 선포식(2021.10)
	그린	• 태양광 기업공동체 활용 연구센터 구축	• 센터 기본 및 실시설계 용역(~2021.7), 중앙투자심사 조건부 승인(2021.5) • 태양광기업 공동활용 연구센터 착공(2021.12)
세종	디지털	• 자율주행 상용화 선도	• BRT 일부 구간 자율주행버스 유상 서비스 실증(2021.5~) • 자율주행 실외로봇 실증착수(2021.10) • 빅데이터 관제센터 1단계 및 자율주행 차고지 구축 착수(2021.6)
	디지털	• 신모빌리티 서비스 활성화	• 수요응답형 교통수단(셔클) 규제샌드박스 승인(2020.11.18) • 셔클 운행개시(2021.4), 운영지역 및 운영대수 확대(12대 → 18대)(2021.8)
충북	디지털	• 웰케어 산업특화 AI 기술지원 플랫폼 구축	• AI융합 웰케어 비즈니스모델 발굴 및 사업화 지원사업 선정(2021.9) • 개인 빅데이터 수집(유전체 5종, 약물 6종 등) 및 인공지능 플랫폼(HW, SW) 구축 착수(2021.11)

충북	그린	• 이차전지 상용화 및 안전성·신뢰성 확보기반 구축	• (이차전지 소재부품시험평가센터) 건축설계 착수(2021.10) • (배터리 이차사용 중부권 기술지원센터) 건축설계 및 사용 후 배터리 성능, 안전성 평가 등 기술개발(2021.10~)
충남	디지털	• 중소기업 스마트공장	• 2021년 1,466개 스마트공장 구축(2022년까지 1,701개 구축 목표) ※ 2014~2017년 320개, 2018년 196개, 2019년 284개, 2020년 484개, 2021년 182개
	그린	• 탈석탄 에너지 전환 정책	• 충남·보령·당진·서천·태안·발전3사간 기금조성 업무협약 체결(3021.6.8, 100억 원) • 정의로운 전환기금 조성·운용 중(10억 원, 2021.7~) • 언더2연합 글로벌 기후 리더십 양해각서(MOU) 체결(2021.10)

[그림 3-31] 영남권 지역균형뉴딜 현황

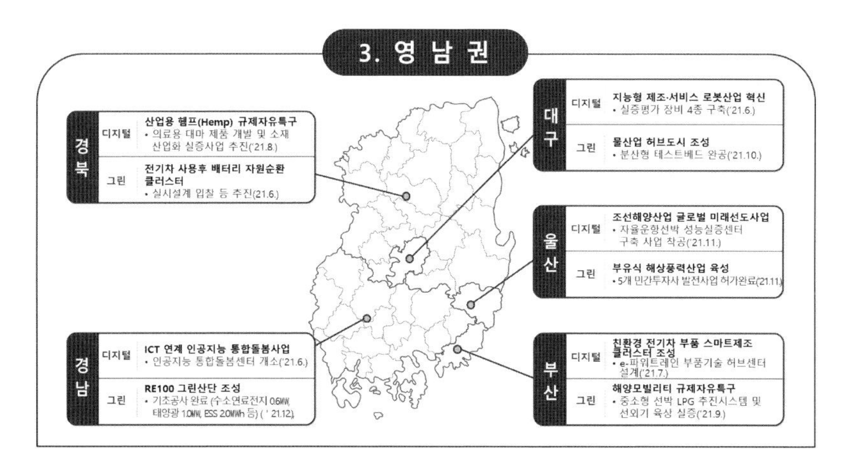

〈표 3-21〉 영남권 지역균형뉴딜 실적

지역	분야	사업명	주요실적
부산	디지털	• 친환경 전기차 부품 스마트제조 클러스터 조성	• 선도형 디지털 클러스터 구축사업 ISP(정보전략계획) 수립(2021.4~12) • e-파워트레인 부품기술 허브센터 설계(2021.9~12)

부산	그린	• 해양모빌리티 규제자유특구	• LPG엔진 발전기 공동개발 업무협약 체결(2021.5.) • 중소형 선박 LPG 추진시스템 및 선외기 육상 실증(2021.9)
대구	디지털	• 지능형 제조·서비스 로봇산업 혁신	• 신뢰성검증 등 실증평가 장비 4종 구축(2021.6) • 첨단제조로봇 실증센터 설계완료(2021.11.)
	그린	• 물산업 허브도시 조성	• 국가물산업클러스터 132개국 국제공인시험기관 인증(KOLAS) 획득(230억 원, 2021.6), 분산형 테스트베드 완공(2021.10)
울산	디지털	• 조선해양산업 글로벌 미래선도사업	• ICT융합 전기추진 스마트 선박건조 착공(2021.10) • 자율운항선박 성능실증센터 구축 사업 착공(2021.11)
	그린	• 부유식 해상풍력 산업 육성	• 디지털트윈 기반 부유식 시스템의 예지적 유지보수 기술 개발 착수(2020.10) • 5개 민간투자사 발전사업 허가완료(2021.11)
경북	디지털	• 산업용 헴프(Hemp) 규제자유특구	• 헴프 재배, 안전관리 규제특례 실증 착수 승인(2021.4) • 원료의약품 제조·수출 규제특례 실증 착수 승인(2021.8) • 의료용 대마 제품 개발 및 소재 산업화 실증사업 추진(2021.8)
	그린	• 전기차 사용후 배터리 자원순환 클러스터	• 자원순환 클러스터 구축지 포항 지정(2021.5) • 공공건축 사전검토 및 실시설계 입찰 등 추진(2021.6)
경남	디지털	• 인공지능 통합돌봄사업	• 인공지능 통합돌봄센터 개소(2021.6), IoT센서 관제시스템 구축(2021.10) • 인공지능 안부전화 시범사업 운영(전지역/1,000가구)(2021.11~)
	그린	• RE100 그린산단 조성	• 에너지 자급자족 인프라 기초공사 완료(2021.12) - 수소연료전지 0.6MW, 태양광 1.0MW, ESS 2.0MWh, E-Mobility 충전소 등

[그림 3-32] 호남권 지역균형뉴딜 현황

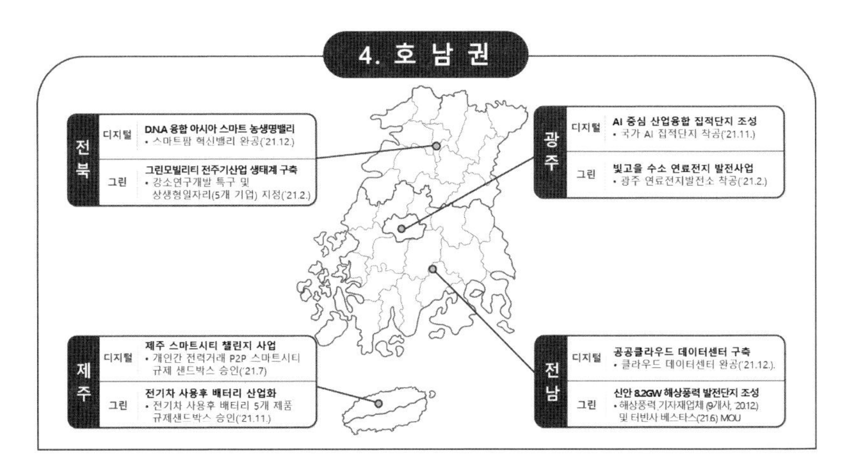

〈표 3-22〉 호남권 지역균형뉴딜 실적

지역	분야	사업명	주요실적
광주	디지털	• AI 중심 산업융합 집적단지 조성	• 국가 AI데이터센터 투자협약(NHN) 및 착수식(2021.2) • 국가 인공지능 집적단지 착공식(2021.11)
	그린	• 빛고을 수소 연료 전지 발전사업	• 광주 연료전지발전소 건설 투자협약식 및 착수식(2021.2) • 광주 연료전지발전소 부지 사용승낙 및 착공(2021.2)
전북	디지털	• D.N.A 융합 아시아 스마트 농생명밸리	• 스마트팜 혁신밸리 착공(2019.12), 핵심시설(건축) 착공(2020.4), 스마트팜 혁신밸리 완공(2021.12.)
	그린	• 그린모빌리티 전주기산업 생태계 구축	• 친환경자동차 규제자유특구(2019.11), 탄소융복합산업 규제자유특구(2020.7) • 강소연구개발 특구 및 상생형일자리(5개 기업) 지정(2021.2)
전남	디지털	• 공공클라우드 데이터센터 구축	• NHN엔터프라이즈(주)와 투자협약 체결(3,000억 원)(2021.3) • 클라우드 데이터센터 완공 및 운영(2022.12)
	그린	• 신안 8.2GW 해상풍력 발전단지 조성	• 해상풍력 기자재업체(9개사, 2020.12) 및 터빈사 베스타스(2021.6) MOU • 대규모 해상풍력 활성화를 위한 제도적 기반 마련 -「풍력발전 보급촉진 특별법」 발의(2021.5),「습지보전법 시행령」 개정(2021.7), 해상풍력 REC 가중치 상향 고시 개정(2021.7), 도 조례 제정(2021.9)

제주	디지털	• 제주 스마트시티 챌린지 사업	• 스마트허브 8개소 운영(2020.7~2021.2), 서비스 고도화 추진 중(그린모빌리티 6종·72대/공유충전소 4개소/3,095건 이용) • 개인간 전력거래 P2P 스마트시티 규제 샌드박스 승인(2021.7)
	그린	• 전기차 사용후 배터리 산업화	• 전기차 사용후 배터리 활용 7개 제품 실증(2019~2021) • 전기차 사용후 배터리 5개 제품 규제샌드박스 승인(2021.11)

5. 한국판 뉴딜 1.0의 10대 대표과제[4]

가. 데이터댐

"데이터 수집 초기단계, 5G·AI 융합 미흡" →
"분야별 데이터 확충·연계·활용, 5G·AI 융합서비스 글로벌 선도"

데이터 수집·가공·거래·활용기반을 강화하여 데이터 경제를 가속화하고 5G 전국망을 통한 전 산업 5G·AI 융합 확산한다.

① (데이터) 분야별 빅데이터 플랫폼 확대(10* → 30개), 공공데이터 14.2만 개 신속 개방, AI학습용 데이터 1,300종 구축 등 데이터 확충

* (현) 금융, 환경, 문화, 교통, 헬스케어, 유통소비, 통신, 중소기업, 지역경제, 산림

4 한국판 뉴딜 1.0, 2.0 보도자료 및 https://www.knewdeal.go.kr/ 참고(2022.3.1 검색).

② (5G 전국망) 5G망 조기구축을 위한 등록면허세 감면·투자 세액 공제 등 세제지원 추진

③ (5G 융합) 실감기술(VR, AR 등)을 적용한 교육·관광·문화 등 디지털콘텐츠 및 자율차 주행기술 등 5G 융합서비스 개발

④ (AI 융합) 스마트공장 1.2만 개(제조), 미세먼지 실내정화 등 AI 홈서비스 17종 보급(건설), 생활밀접 분야 'AI+X 7대 프로젝트*' 추진

* ①신종감염병 예후·예측, ②의료영상 판독·진료, ③범죄 예방·대응, ④해안경비·지뢰탐지, ⑤불법복제품 판독, ⑥지역 특화산업 품질관리, ⑦산업단지 에너지효율화

⑤ (디지털 집현전) 분산되어 있는 도서관DB, 교육콘텐츠, 박물관·미술관 실감콘텐츠 등을 연계하여 통합검색·활용 서비스 제공

- 범국가적 데이터 정책 수립, 공공·민간데이터 통합관리·연계·활용 활성화, 데이터 산업 지원 등을 위한 민관합동 컨트롤타워 마련(2020. 하반기)

2022년까지 총사업비 8조 5,000억 원 투자, 일자리 20만 7,000개 창출
2025년까지 총사업비 18조 1,000억 원 투자, 일자리 38만 9,000개 창출

[그림 3-33] 데이터 댐

현재 상황		미래 모습	
"데이터 수집 초기단계, 5G·AI 융합 미흡"		"분야별 데이터 확충·연계·활용, 5G·AI 융합서비스 글로벌선도"	
성과지표	'20년	'22년	'25년
데이터시장 규모	16.8조원('19)	30조원	43조원
5G 보급률	14.3%(20.6.)	45%	70%
AI 전문기업 수	56개	100개	150개

나. 지능형(AI) 정부

"정부서비스에 신분증·종이 증명서 필요, 내·외부망 분리된 유선망 중심 업무환경" → "모바일 인증으로 Paperless 정부서비스, 언제·어디서든 스마트 오피스 구현"

5세대이동통신(5G)·블록체인 등 디지털 신기술을 활용, 국민에게 맞춤형 공공서비스를 미리 알려주고 신속히 처리해주는 똑똑한 정부를 구현한다.

① (비대면 맞춤행정) 모바일 신분증* 등에 기반한 All-Digital 민원처리, 국가보조금·연금 맞춤형 안내 등 비대면 공공서비스 제공

* (예) 공무원증, 운전면허증, 장애인등록증 등

② (블록체인) 복지급여 중복 수급 관리, 부동산 거래, 온라인 투표 등 국민체감도가 높은 분야 블록체인 기술 적용 시범·확산(120건)

③ (스마트 업무환경) 全 정부청사(39개 중앙부처) 5G 국가망 구축*

및 공공정보시스템을 민간·공공 클라우드센터 이전·전환**

* (2020 추경~2021) 15개 기관 시범사업, (~2024) 5G 국가망 전면 도입

** 홈페이지 등 → 민간클라우드 / 공공행정 업무 관련 등 → 공공클라우드

④ (지식플랫폼) 국회·중앙도서관 소장 학술지·도서 등 디지털화(연 125만 건*), 국제학술저널 구독 확대(2025년 핵심저널 5개, 일반저널 76개)

* 국립중앙도서관 연 20만 건, 국회도서관 연 105만 건

2022년까지 총사업비 2조 5,000억 원 투자, 일자리 2만 3,000개 창출
2025년까지 총사업비 9조 원 투자, 일자리 9만 1,000개 창출

[그림 3-34] 지능형(AI) 정부

현재 상황		미래 모습	
“정부서비스에 신분증·종이 증명서 필요, 내·외부망 분리된 유선망 중심 업무환경”		“모바일 인증으로 종이를 쓰지 않는(Paperless) 정부서비스, 언제·어디서든 스마트 오피스(Smart Office) 구현”	
성과지표	'20년	'22년	'25년
공공서비스 디지털 전환	대면업무 중심의 공공서비스	주요 공공서비스 중 50% 디지털 전환	80% 이상 디지털 전환
5G 국가망	유선망 중심 업무환경	5G 기반 무선망 선도도입	전(全) 정부청사에 5G 기반 무선망 구축
행정·공공기관 클라우드 전환	17%(정보화 H/W 22.4만대 중 3.9만대)	50%	100%

다. 스마트의료 인프라

“불충분한 인프라로 비대면 의료서비스 활용 한계” →
“스마트 의료 인프라 확충으로 비대면 의료서비스 기반 구축”

감염병 위험으로부터 의료진·환자를 보호하고, 환자의 의료편의 제고를 위해 디지털 기반 스마트 의료 인프라를 구축한다.

① (스마트병원) 입원환자 실시간 모니터링, 의료기관 간 협진이 가능한 5G, IoT 등 디지털 기반 스마트병원 구축(18개*)

* (2020 추경) 3개 → (2021~2022) 6개 → (2023~2025) 9개(개당 10억~20억 원 지원)

** (예) ①격리병실·집중치료실 환자의 영상정보를 의료진에게 실시간 전송·관리, ②감염내과 전문의가 있는 병원과 전문의가 없는 병원 간 협진

② (호흡기전담클리닉) 호흡기·발열 증상을 사전확인·조치하고 내원시 안전진료가 가능한 호흡기전담클리닉 설치(1,000개소*)

* (2020 추경) 500개소 (2021) 500개소 시설설비비(시설개보수비, 화상진료기기·음압장비 구입비 등) 개소당 1억 원 지원

③ (AI 정밀의료) 간질환, 폐암, 당뇨 등 12개 질환별 AI 정밀 진단이 가능한 SW 개발·실증(닥터앤서 2.0) 추진

※ 닥터앤서 1.0사업(2018~2020, 364억 원): 치매 등 8개 중증 질환별 AI 진단 SW 개발

- 감염병 대응, 국민편의 제고 등을 위해 보건복지부를 중심으로 의료계 등과 충분한 논의를 거쳐 비대면 의료 제도화 추진
  - 환자안전, 의료사고 책임, 상급병원 쏠림 등 의료계 우려에 대한 보완장치 마련
- ICT를 활용한 재택의료 건강보험 수가 시범사업 지속 확대

2022년까지 총사업비 1,000억 원 투자, 일자리 1,000개 창출
2025년까지 총사업비 2,000억 원 투자, 일자리 2,000개 창출

[그림 3-35] 스마트의료 인프라

현재 상황		미래 모습	
"불충분한 인프라로 비대면 의료서비스 활용 한계"		"스마트 의료 인프라 확충으로 비대면 의료서비스 기반 구축"	
성과지표	'20년	'22년	'25년
신(新)의료 모델	스마트병원 기반 미흡	스마트병원 모델 9개	스마트병원 모델 18개
감염병 대응인프라	호흡기전담 진료체계 미비	호흡기전담클리닉 1천개	호흡기전담클리닉 1천개
AI 기반 정밀의료	AI 진단 기반 미흡	8개 질환 AI 진단	20개 질환 AI 진단

라. 그린 스마트스쿨

"노후 시설·IT인프라, 제한적 온라인 콘텐츠 등으로 미래형 교육환경 구축 한계" → "안전하고 쾌적한 온·오프라인 융합형 학습공간 구축"

안전·쾌적한 녹색환경과 온·오프 융합 학습공간 구현을 위해 전국 초중고에 에너지 절감시설 설치 및 디지털 교육환경을 조성한다.

- (그린) 태양광, 친환경 단열재 설치 + (디지털) 교실 WiFi, 교육용 태블릿 PC보급 등

① (리모델링) 노후학교(2,890+α동*) 대상 태양광 발전시설 설치 및 친환경단열재 보강공사 등 에너지 효율 제고

* 국립 55동, 공·사립 초중고 2,835+α동

※ 재정투자(국비+교육교부금) 및 임대형 민자방식(BTL, Build-

Transfer-Lease)을 병행하고, 추후 국민참여 SOC펀드 조성 등을 통해 민자방식 사업확대 추진

② (무선망) 초중고 전체교실(38만 실) WiFi 100% 조기구축(2024 → 2022)

* (2020.6) 8만 실 → (2020 추경) 24만 실 → (2022) 38만 실

③ (스마트기기) 교원 노후 PC · 노트북 20만 대 교체 및 '온라인 교과서 선도학교*' 1,200개교에 교육용 태블릿PC 24만 대 지원

* 선도학교에서 온라인교과서 기반 수업·실습사례 축적 → 교수·학습모델 개발

④ (온라인플랫폼) 다양한 교육콘텐츠 및 빅데이터를 활용하여 맞춤형 학습 콘텐츠를 제공하는 '온라인 교육 통합플랫폼*' 구축

* 공공·민간 교육 콘텐츠를 제공하고, 학습관리, 평가 등 온라인 학습 전 단계 지원

- 원격교육의 활성화·내실화를 지원하는 「(가칭) 원격교육기본법」 제정

* 원격교육의 정의, 기본계획 수립, 학교 원격교육 지원사항 등

2022년까지 총사업비 5조 3,000억 원 투자, 일자리 4만 2,000개 창출
2025년까지 총사업비 15조 3,000억 원 투자, 일자리 12만 4,000개 창출

[그림 3-36] 그린 스마트스쿨

현재 상황		미래 모습	
"노후 시설·IT인프라, 제한적 온라인 콘텐츠 등으로 미래형 교육환경 구축 한계"		"안전하고 쾌적한 온·오프라인 융합형 학습공간 구축"	
성과지표	'20년	'22년	'25년
학교 리모델링	-	1,299동	2,890+∝동
학교 WiFi	14.8%	100%	100%
에듀테크 산업규모	3.8조원('18)	7조원	10조원

마. 디지절 트윈(Digital Twin)

"육안 분석" "2D기반으로 신산업 발굴에 한계" →
"디지털 시뮬레이션 분석", "3D기반 신성장 경쟁력 기반 확보"

자율차, 드론 등 신산업 기반 마련, 안전한 국토 시설관리를 위해 도로·지하공간·항만·댐 등 '디지털 트윈'을 구축한다. 디지털 트윈은 가상공간에 현실공간·사물을 쌍둥이(Twin) 구현하여 시뮬레이션을 통해 현실 분석·예측한다.

① (3D 지도) 도심지 등 주요지역의 높이값을 표현한 수치표고 모형* 구축 및 고해상도 영상지도(25 → 12cm) 작성

* 지표면의 표고(높이)를 일정한 간격으로 수치화하여 현실 지형처럼 재현

② (정밀도로지도) 국도·4차로 이상 지방도 정밀도로지도* 구축

* 규제선(차선, 경계선 등), 도로시설(터널, 교량 등), 표지시설(교통안전표지, 신호기 등) 등을 3D로 표현한 정밀 전자지도(25cm 단

위 식별)

③ (공동구 · 댐) 노후 지하공동구(120km) 계측기 설치 등 지능형 관리시스템 구축, 국가관리 댐(37개) 실시간 안전 감시체계 구축

④ (스마트항만) 디지털 트윈 기반 항만자동화 테스트베드(4선석), 항만시설 실시간 모니터링 디지털플랫폼(29개 무역항) 구축

⑤ (스마트시티) AI·디지털 트윈 등 신기술 활용으로 도시문제 해결·삶의 질 제고 등을 위해 스마트시티 국가시범도시(세종·부산) 구축

- 자율차 상용화 등 민간의 서비스 개발에 필요한 정밀도로지도 제작을 위해 점군데이터* 온라인 제공 허용(국가공간정보 보안관리규정(훈령) 개정)

* 3차원 좌표를 가진 점들의 집합으로 구성된 데이터

2022년까지 총사업비 5,000억 원 투자, 일자리 5,000개 창출
2025년까지 총사업비 1조 8,000억 원 투자, 일자리 1만 6,000개 창출

[그림 3-37] 디지털 트윈

현재 상황		미래 모습	
"육안 분석" "2D기반으로 신산업 발굴에 한계"		"디지털 시뮬레이션 분석" "3D기반 신성장 경쟁력 기반 확보"	
성과지표	'20년	'22년	'25년
정밀도로지도	고속국도 전체	국도 전체	4차로 이상 지방도
노후 지하공동구 관리체계	10km	30km	130km

바. 국민안전 사회간접자본(SOC) 디지털화

"아날로그식 국가인프라 관리" → "스마트한 국가인프라 관리체계 구축으로 국민안전 확보 및 신산업 창출"

국민이 보다 안전·편리한 생활을 누릴 수 있도록 핵심기반 시설을 디지털화하고 효율적 재난 예방 및 대응시스템을 마련한다.

① (도로·철도) 주요간선도로 대상 차세대지능형교통시스템(C-ITS*) 및 전철로 IoT 센서 설치, 4세대 철도무선망 구축

* C-ITS(Cooperative Intelligent Transport System): 자동차 간 또는 자동차와 교통 인프라 간 상호 통신을 통해 안전·편리함을 추구하는 차세대 지능형 교통시스템

② (공항·항만) 전국 15개 공항 비대면 생체인식시스템 구축, 지능형 CCTV·IoT 활용 국가어항 디지털 관리체계 구축(3개소)

③ (수자원) 국가하천(73개, 3,600km) · 저수지(27개 권역) 원격제어·실시간 모니터링, 광역(48개) · 지방(161개) 상수도 스마트화

④ (재난대응) 급경사지 등 재해 고위험지역 재난대응 조기경보시스템 설치(510개소), 둔치주차장 침수위험 신속 알림시스템 추가 구축(180개소)

- 스마트 상수도 운영·관리를 위한 관망시설 관리운영사 도입 및 기술진단 개선(「수도법 시행령」 개정)
- 재난 수습 등에 필요한 민간 자원을 재난·관리자원으로 활용·관리할 수 있도록 「재난 및 안전관리 기본법」 등 관련법

령 제·개정

* 재난관리자원정보 시스템 등록, 국가재난관리지원기업 지정 등

2022년까지 총사업비 8조 2,000억 원 투자, 일자리 7만 3,000개 창출
2025년까지 총사업비 14조 8,000억 원 투자, 일자리 14만 3,000개 창출

[그림 3-38] 국민안전 사회간접자본(SOC) 디지털화

현재 상황		미래 모습	
"아날로그식 국가인프라 관리"		"스마트한 국가인프라 관리체계 구축으로 국민안전 확보 및 신산업 창출"	
성과지표	'20년	'22년	'25년
차세대지능형 교통시스템(C-ITS)	고속국도 85km(2%)	고속국도 2,085km(51.2%)	고속국도 4,075km(100.0%)
상수도 스마트 관망	광역상수도 기본계획 수립	광역상수도 39개	광역상수도 48개
	지방상수도 기본계획 수립	지방상수도 161개	지방상수도 161개
재난대응 조기경보시스템	-	510개소	510개소

사. 스마트 그린 산업단지

"생산시설 노후화, 에너지 비효율 및 대기오염 물질을 배출하는 노후 산단" → "기업 혁신역량 제고, 에너지 소비 효율화, 친환경 제조공정이 가능한 산단"

산업단지를 디지털 기반 고생산성(스마트) + 에너지 고효율 저오염(그린) 등 스마트 친환경 제조공간으로 전환한다. 산업단지 대개조, 스마트공장 등과 연계하여 추진한다.

① (스마트산단) 제조 공정 테스트를 위한 시뮬레이션센터(3개소), AI·드론 기반 유해화학물질 유·누출 원격 모니터링체계 구축(15개소)

② (에너지 관리) 에너지 발전 소비를 실시간 모니터링·제어하는 스마트 에너지 플랫폼*(10개소) 구축

* ICT 기반 데이터 수집 및 에너지 흐름 시각화, 전력망 통합관제센터 운영 등

③ (녹색공장) 스마트 생태공장(100개소) 및 클린팩토리(1,750개소) 구축

* (스마트 생태공장) 폐열·폐기물 재사용, 재생에너지 등을 통한 오염물질 최소화

* (클린팩토리) 기업별 배출 특성 진단 및 오염물질 저감 설비·기술 지원

④ (온실가스) 기업간 폐기물 재활용 연계* 지원(81개 산단)

* 산단 내 폐기물을 재자원화하여 다른 기업의 원료·에너지 등으로 재사용

⑤ (미세먼지) 소규모 사업장 미세먼지 저감시설 설치 지원(9,000개소)

- 사업장 오염 물질 배출 측정·감시를 위한 IoT 계측 기기 부착 단계적 의무화(「대기환경보전법 시행령」, 「배출시설 및 방지시설의 운영과 자가측정에 대한 전산기록·보존에 관한 고시」 개정)

2022년까지 총사업비 2조 1,000억 원 투자, 일자리 1만 7,000개 창출
2025년까지 총사업비 4조 원 투자, 일자리 3만 3,000개 창출

[그림 3-39] 스마트 그린 산업단지

현재 상황		미래 모습	
"생산시설 노후화, 에너지 비효율 및 대기 오염 물질을 배출하는 노후 산단"		"기업 혁신역량 제고, 에너지 소비 효율화, 친환경 제조공정이 가능한 산단"	
성과지표	'20년	'22년	'25년
스마트 산단	7개	10개	15개
클린팩토리	-	700개소	1,750개소
폐기물 재활용 연계 산단	-	27개	81개
소규모 사업장 오염 방지 시설	4,182개소	10,182개소	13,182개소

아. 그린 리모델링

"노후건물·에너지 저효율 설비 등 에너지 다소비 구조" →
"공공시설의 제로에너지화 전환으로 에너지 고효율 구조"

민간건물의 에너지 효율 향상 유도를 위해 공공건축물이 선도적으로 태양광 설치·친환경 단열재 교체 등 에너지 성능을 강화한다.

① (노후 건축물) 15년 이상 공공임대주택(22.5만 호), 어린이집 보건소 의료기관(~2021년, 2,170동) 대상 태양광 설치 및 고성능 단열재 교체

② (신축 건축물) 고효율 에너지 기자재·친환경 소재 등 활용, 국·공립 어린이집(440개소), 국민체육센터(51개소) 신축

③ (문화시설) 박물관 도서관 등 문화시설 대상 태양광 시스템 및 LED 조명 등 에너지 저감설비 설치(1,148개소)

④ (정부청사) 노후 청사(서울·과천·대전 3개소) 단열재 보강 및 6개

청사(세종 과천 서울 대전 춘천 고양) 에너지관리 효율화

⑤ (전선 지중화) 학교 주변 통학로 등 지원 필요성이 높은 지역의 전선·통신선 공동지중화 추진(~2025년까지 총 2조 원 투자)

• 공공건축물 '제로에너지건물 의무화 로드맵' 조기 추진(「녹색건축법 시행령」 개정)

* 연면적 500m² 이상 공공건축물 조기 의무화(2025 → 2023년)

2022년까지 총사업비 3조 1,000억 원 투자, 일자리 7만 8,000개 창출
2025년까지 총사업비 5조 4,000억 원 투자, 일자리 12만 4,000개 창출

[그림 3-40] 그린 리모델링

현재 상황		미래 모습	
"노후건물·에너지 저효율 설비 등 에너지 다소비 구조"		"공공시설의 제로에너지화 전환으로 에너지 고효율 구조"	
성과지표	'20년	'22년	'25년
노후 임대주택 개선	-	18.6만호	22.5만호
에너지효율 어린이집	-	194개소	440개소
에너지저감 문화시설	-	287개소	1,148개소

자. 그린 에너지

"석탄발전 중심의 온실가스 다배출 국가" →
"신재생에너지 확산 및 다각화로 저탄소·친환경 국가로 도약"

태양광·풍력(육상·해상) 등 신재생에너지 산업 생태계 육성을 위해 대규모 R&D·실증사업 및 설비 보급을 확대한다.

① (풍력) 대규모 해상풍력단지(고정식·부유식) 입지 발굴을 위해 최대 13개 권역의 풍황 계측·타당성 조사 지원, 배후·실증단지 단계적 구축

* 해상풍력터빈 테스트베드(경남 창원) 및 실증단지(전남 영광) 구축

② (태양광) 주민참여형 이익공유사업 도입, 농촌·산단 융자지원 확대, 주택·상가 등 자가용 신재생설비 설치비 지원(20만 가구)

③ (수소) 생산부터 활용까지 전주기 원천기술 개발 및 수소도시 조성*

* (2020~2022) 3개 수소도시 조성(울산, 전주·완주, 안산), (~2025) 3개 도시 추가조성

④ (공정전환) 석탄발전 등 사업축소가 예상되는 위기지역 대상 신재생에너지 업종전환 지원*

* 그린 모빌리티, 신재생에너지 디지털 관리, 해상풍력 설치 플랫폼 등

- 기업의 RE100 참여 이행방안을 마련하기 위해 재생에너지 발전사업자와 기업 간의 전력구매계약(제3자 PPA 등) 허용 추진(「전기사업법 시행령」 개정)

- RE100은 기업 사용전력의 100%를 재생에너지로 이용하는 것을 목표로 하는 자발적 캠페인

2022년까지 총사업비 4조 5,000억 원 투자, 일자리 1만 6,000개 창출
2025년까지 총사업비 11조 3,000억 원 투자, 일자리 3만 8,000개 창출

[그림 3-41] 그린 에너지

현재 상황		미래 모습	
“석탄발전 중심의 온실가스 대량(多)배출 국가”		“신재생에너지 확산 및 다각화로 저탄소 · 친환경 국가로 도약”	
성과지표	'20년	'22년	'25년
재생에너지 발전용량 (태양광, 풍력)	12.7GW('19)	26.3GW	42.7GW
수소 원천기술	기초수준 연구	-	원천기술 보유('26)
하천수 냉난방기술 표준	-	시험평가기준마련('23)	-

차. 친환경 미래 모빌리티

“석유 중심 수송 체계로 온실가스·미세먼지 다배출” → “전기·수소 중심 그린 모빌리티 확대로 오염물질 감축 및 미래 시장 선도”

온실가스 미세먼지 감축 및 글로벌 미래차 시장 선점을 위해 전기 수소차 보급 및 노후경유차·선박의 친환경 전환을 가속화한다.

① (전기차) 승용(택시 포함) 버스 화물 등 전기자동차 113만 대(누적) 보급, 충전 인프라 확충(급속충전기 1.5만 대, 완속충전기 3.0만 대(누적)

② (수소차) 승용 버스 화물 등 수소차 20만 대(누적) 보급, 충전 인프라 450대(누적) 설치 및 수소 생산기지* 등 수소 유통기반 구축

* 수요처 인근에서 수소를 생산하여 충전소 등에 안정적으로 수소 공급

③ (노후차량) 노후경유차의 LPG* · 전기차 전환 및 조기폐차** 지원

* 화물 13.5만 대, 통학차 8.8만 대

** 경유차·건설기계 등 116만 대, 농기계 3.2만 대

④ (노후선박) 관공선 함정(34척), 민간선박 친환경(LNG, 하이브리드 등) 전환 및 관공선 80척 매연저감장치(DPF, Diesel Particulate Filter) 부착

⑤ (미래차 핵심 R&D) 미래형 전기차 부품·수소차용 연료전지 시스템·친환경 선박 혼합연료 등 기술개발 추진

- 기술개발, 규모의 경제 등으로 전기·수소차의 생산비용 하락 전망에 따라 '중장기 재정 운용전략' 수립(2020. 하반기)
- 수소자동차 보급 확대를 위한 사업용 수소차 연료보조금* 제도 단계적 도입(「여객자동차 운수사업법」, 「화물자동차 운수사업법」 개정, 2020. 하반기)

* 자동차세 주행분(지방세) 중 기존 유가 보조금 활용

2022년까지 총사업비 8조 6,000억 원 투자, 일자리 5만 2,000개 창출
2025년까지 총사업비 20조 3,000억 원 투자, 일자리 15만 1,000개 창출

[그림 3-42] 친환경 미래 모빌리티

현재 상황		미래 모습	
"석유 중심 수송 체계로 온실가스·미세먼지 대량(多) 배출"		"전기·수소 중심 그린 모빌리티 확대로 오염물질 감축 및 미래 시장선도"	
성과지표	'20년	'22년	'25년
전기차 보급 대수	9.1만대('19)	43만대	113만대
수소차 보급 대수	0.5만대('19)	6.7만대	20만대
노후 경유차 등 조기폐차	106만대	172만대	222만대('24)
노후 경유 화물차 엘피지(LPG) 전환	1.5만대	6만대	15만대

6. 한국판 뉴딜 2.0의 5대 대표과제[5]

가. 디지털 초혁신

"메타버스 등 신산업 태동" → "초연결·초지능·초실감 시대 선도"

디지털 초혁신은 메타버스·디지털 트윈·클라우드 등 미래 초연결·초지능·초실감 시대로의 대전환을 선도할 핵심 신산업·기술의 성장 기반을 조성하는 것이다.

① (메타버스) 개방형 메타버스* 플랫폼 개발 및 데이터 구축**, 다양한 메타버스 콘텐츠(예: 관광 유니버스) 제작 지원 등 생태계 조성

* [메타버스(metaverse)]: 현실·가상이 결합된 '초월(meta) 세계(verse)'를 의미, 5G와 가상기술(AR, VR)을 토대로 여가생활과 경제활동을 하는 가상융합공간으로 부상

** 플랫폼에 내재된 데이터·저작도구를 제3자 기업이 새로운 서비스 개발에 활용하도록 공개

5 한국판 뉴딜 2.0 보도자료 및 https://www.knewdeal.go.kr/ 참고(2022.3.1. 검색).

[그림 3-43] 개방형 메타버스 플랫폼 생태계(안)

② (디지털 트윈) 다양한 산업 분야별 디지털 트윈 서비스 적용·실증* 및 환경·안전 등 복잡한 사회문제 해결을 위한 연합기술개발**

* 소·부·장 제조혁신 및 작업현장 개선(2021~), 지하배관 개선 및 풍력발전 설계 등(2022~)

** ①대기·교통 등 각 트윈별 수요데이터 선별 → ②클라우드를 통한 가공 → ③연합 플랫폼상 시뮬레이션을 거쳐 최적의 문제해결 솔루션 도출 및 제공(2022~)

③ (지능형 로봇) 농어산촌 고령화, 감염병 확산 등 사회적 문제해결을 위한 5G·AI 기반 로봇·서비스 융합실증 신규 추진

④ (클라우드) 공공수요가높은클라우드서비스개발 및 보안인증 취득지원으로 공공부문 민간 클라우드 전환 촉진, SW기업의 SaaS* 전면전환 지원

[그림 3-44] 스마트 안전관리 연합 트윈 활용도(안)

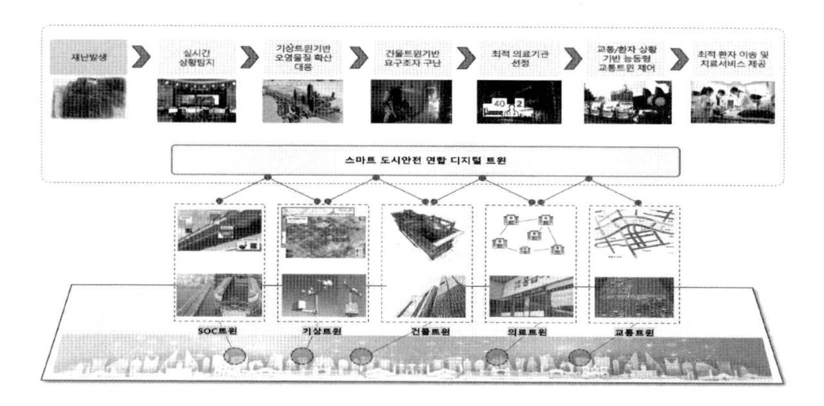

* 서비스형 소프트웨어(SaaS, Software as a Service): 하드웨어나 소프트웨어 등 IT 자원을 소유하지 않고 인터넷에 접속해서 빌려 쓰는 서비스 방식

⑤ (블록체인) 국민체감도가 높은 대규모 확산 프로젝트 추진, 초기·중소기업 사업화·기술검증 지원 위한 '기술혁신지원센터' 구축

- 블록에 기록된 개인·위치정보는 정정·삭제가 불가능 → 시간·비용·기술적 한계를 고려하여 개인·위치정보의 파기방법을 폭넓게 인정(개인정보보호법·위치정보법 시행령 개정, 2022. 상반기)

⑥ (사물인터넷) 지능형 IoT* 서비스 발굴 및 수요기관 적용·확산을 지원하고, 신기술 실증을 위한 테스트베드 제공

* 사물이 센싱·전송한 정보를 AI·빅데이터 기반 분석·예측하여 원격·자율제어

⑦ (기타핵심기술) 차세대 양자인터넷 구축으로 디지털 한계 극

복, AI 신뢰성 확보, 보이스피싱 방지 등 디지털 역기능 대응도 병행

2025년까지 2조 6,000억 원(국비) 투자

[그림 3-45] 디지털 초혁신

현재 상황		미래 모습	
"메타버스 등 신산업 태동"		"초연결·초지능·초실감 시대 선도"	
성과지표	'20년	'22년	'25년
메타버스 전문기업	21개('19년)	56개	150개
공공이용 클라우드 서비스	15개	150개	400개
사물인터넷 기업 수	2,500개	2,700개	3,100개

나. 탄소중립 인프라

"2050 탄소중립 선언 이후 인프라 구축 초기 단계" →
"장기적·효율적 추진을 위한 탄소중립 제도적 기반 구축"

탄소중립 인프라는 2050 탄소중립 추진전략(2020.12)의 차질 없는 이행을 지원하고 우리 사회를 "탄소중립" 구조로 전환하는 데 필요한 기반을 마련하는 것이다.

① (온실가스 감축기반) 온실가스 관리제도, 기업의 탄소량 증빙을 위한 환경성적표지 등 감축 인프라 정비

- 2030 NDC 이행 지원을 위해 온실가스 측정·평가 시스템과 배출권거래제 등 관리제도 정비

• 기업이 탄소량 증빙에 소요되는 시간·비용을 절감할 수 있도록 환경성적표지 제도*를 개선**

* 탄소국경조정제도는 "제품 생산 전과정에서 발생하는 환경영향을 계량화한 성적표" 제출을 전제 → 환경성적표지 제도(환경부), 제품 환경발자국제도(EU)

** 국제기준과 호환·통용될 수 있는 환경영향 산정방법(한국 10개, EU 146개) 및 데이터 품질 개선 등

② (순환경제 흡수원) 순환경제 활성화와 흡수원 확충을 통해 산업계가 효율적으로 탄소중립을 달성할 수 있도록 지원

• 디지털 기반 자원순환시스템(산업공생 맵)을 구축하여 오염물 배출이 없는 산단 조성 추진

* 실시간 기업간 폐자원 정보 연계가 가능한 인프라가 포함된 산단을 조성하여 기업이 직접배출을 효율적으로 감축할 수 있는 입지를 확충

[그림 3-46] 실시간 자원순환시스템과 직접배출 저감 개념도

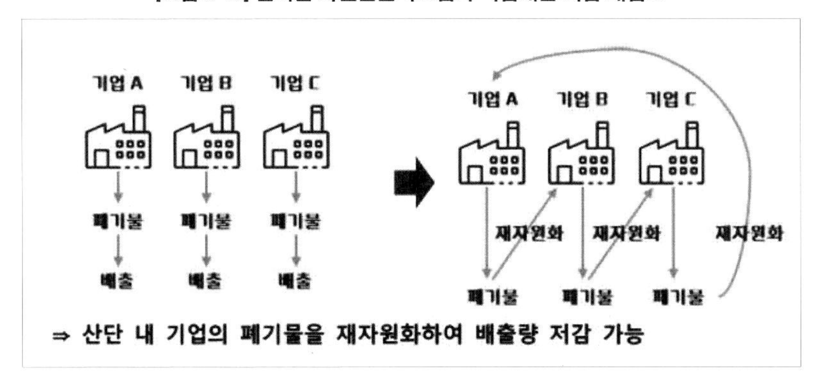

- 폐기물의 연·원료 전환, 재제조·재사용 등 순환경제의 기반 강화를 위해 사업화·실증, 시제품 제작 등을 지원
- 탄소흡수원의 효율적 관리를 위해 흡수원기능 측정·평가체계, 산림자원 빅데이터 관리체계 구축 등 기반 마련

③ (국민홍보 참여) 홍보 교육 캠페인 등을 통해 일반국민 지자체의 탄소중립에 대한 인식을 제고하고 자발적 참여 확대 유도

- 탄소중립 생활실천 안내서 등 탄소중립 인식·실천 콘텐츠 개발·보급, 모바일 플랫폼 운영 등 온실가스 감축 실천 운동 활성화
- 저탄소 생산 소비문화 정착 위한 다양한 인센티브 제도 운영
  * (예) 탄소포인트제, 자동차탄소포인트제, 그린카드 등
- 탄소중립학교·에코스쿨 지원 등 탄소중립 관련 대국민 교육 지원

[그림 3-47] 탄소중립 인프라

현재 상황		미래 모습	
"2050 탄소중립 선언 이후 인프라 구축 초기 단계"		"장기적·효율적 추진을 위한 탄소중립 제도적 기반 구축"	
성과지표	'21년	'22년	'25년
디지털 기반 자원순환산단	-	자원순환 네트워크 맵, 실시간 데이터 플랫폼 구축으로 실증 시작	실시간 기업 연계 순환이용 실증 완료(~'24년)
탄소발자국 데이터(LCI DB) 국제등록	2건	102건(누적)	402건(누적)

다. 청년정책

"높은 주거비 부담과 청년 자산형성 저조" →
"주거비 부담을 완화하고, 청년 자산형성 촉진"

청년 자립의 기반을 마련하고, 미래를 대비할 수 있도록 주거안정, 자산형성, 교육 부담 완화 등 다방면의 지원을 강화한다.

주거안정

① (주택금융지원 강화) 청년 대상 전·월세 대출의 한도 확대 및 요건 완화, 공적전세대출 보증금 기준 상향 등 금융지원 강화

- 주금공 특례 보증을 통한 청년층 전월세 대출 확대
  * 1인당 한도 상향(7,000만 → 1억 원), 보증료 추가 인하(0.05 → 0.02%, △0.03%p)
- 공적전세대출보증 보증금 기준을 5억 → 7억 원으로 현실화
  * 현행 기관별 전세대출한도(주금공 2억 원, HUG 최대 4억 원)은 그대로 유지
- 주금공 전세금반환보증 가입 가능 전세금 한도 확대(5억 → 7억 원)
- 청년전용 보증부월세대출 기준 확대(연소득 2,000만 → 5,000만 원 이하) 및 월세 거주 무주택청년 대상 무이자대출 지원 추진

② (청년 우대형 청약통장) 가입기간을 2년 연장(2021년 말 → 2023년 말)하고, 가입요건도 완화(연소득 3,000만 → 3,600만 원 이하)하여 지원대상 확대(2022~)

  * 금리우대(+1.5%p) + 이자소득 비과세 혜택(2년 이상 유지시, 납입액 연 600만 원 한도)

③ (청년 주거비 지원제도 연장) 중소기업 취업 청년 임차보증금 대출 등 전·월세 관련 제도 일몰기한 연장 추진

- 중소기업 취업 청년 임차보증금 대출 일몰기한 연장(2021 → 2023년 말)

* 대출한도 1억 원, 대출금리 연 1.2%(고정금리)

- 전세보증금 반환보증 보증료 할인기간 6개월 연장(2021.6 → 12)

  * 전세보증금 2억 원 이하 80%, 2억 원 초과 70% 할인 중

자산형성

① 청년 소득수준별 맞춤형 자산형성 지원 프로그램 마련

- (2,200만 원 이하) 근로 중인 저소득 청년의 저축액(월 10만 원)에 대해 정부가 1~3배로 매칭 지원하는 청년내일저축계좌 도입
- (3,600만 원 이하) 청년이 납입하는 저축액에 대해 시중이자에 추가하여 저축장려금*을 지원하는 청년희망적금 출시

  * 저축장려금 = 납입액×저축장려율(1년2 / 2년4%)

- (5,000만 원 이하) 중 장기 자산형성 지원을 위해 매년 납입액의 40%를 소득공제해주는 '청년형 소득공제 장기펀드*' 신설

  * (대상) 총급여 5,000만 원 / 종합소득 3,500만 원 이하 (납입한도) 연 600만 원 (가입기간) 3~5년

② 군복무기간이 미래를 위한 투자가 될 수 있도록 자산형성 지원

- 장병내일준비적금 저축액에 정부가 3:1 비율로 매칭 지원*하고 금리, 이자소득 비과세 등 혜택 제공**

  * 월 최대 40만 원을 납입하여 저축한 원리금 754만 원에 대해 정부가 약 250만 원 매칭 → 최대 1,000만 원 수준 목돈 마련 지원(육군 기준)

  ** 기본금리 5% 수준(추가금리 1%p 재정보조), 납입한도 월 40만 원 이자소득 비과세

교육비 부담 완화

① 저소득 및 다자녀 가구 청년 대학등록금 부담 대폭 완화

- 저소득층(기초 차상위) 대학생의 국가장학금 지원 한도를 인상(연간 520만 → 700만 원)하고, 다자녀 가구의 셋째 자녀*부터 등록금 전액 지원
  * 학자금 지원 8구간(4인가구 기준 월 소득인정액 975.2만 원) 이하인 경우 지원
- 취업 후 학자금 상환 대출의 지원 대상을 대학원생까지 확대

[그림 3-48] 청년정책

현재 상황		미래 모습	
"높은 주거비 부담과 청년 자산형성 저조"		"주거비 부담을 완화하고, 청년 자산형성 촉진"	
성과지표	'20년	'22년	'25년
청년층 RIR(Rent Income Ratio)	17.5%	17.0%	16.5%
29세 이하 가구주 금융자산	5,500만원	7,000만원	8,000만원
청년층 LTI(Loan To Income)	220%	210%	200%

라. 4대 교육향상 패키지를 통한 교육회복 종합방안

"코로나19로 학습·정서 결손 증가" → "모든 학생의 종합적 교육회복"

사회취약계층 및 학습결손을 겪는 학생에 대한 실질적인 교육기회 확대를 통해 코로나19로 인한 교육격차를 완화한다.

① (기초학력 강화) 소규모 튜터링*, 교과보충**, 기초학력 전담강

사 배치*** 등을 통해 학습결손을 겪는 초·중등학생 맞춤형 지원

* 교·사대 학생 등을 활용하여 소규모(3~5인) 학습상담·보충, 기초학습지도, 피드백 지원

** 교사 진단·추천 및 희망학생 대상 방과후·방학중 맞춤형 교과 수업 프로그램 운영

*** 초등 1~2학년 중심 학습부진학생 위주로 수업보조, 학습·심리 상담, 보충지도 등

② (다문화·장애인) 다문화학생 교육수요에 맞춘 특색 프로그램* 및 장애학생 유형별 맞춤 집중 지원 프로그램** 운영

* (진입형)한국어교육 등 입국 초기 지원 / (적응형)교과학습 지원, 멘토링 / (성장형)이중언어 등

** (시각)점자·묵자 문해력 향상, (청각)문자·수어통역, (지체·발달)언어 및 사회성 향상 등

③ (사회성 함양) 등교일수 감소에 따른 사회성 결손 회복을 위해 학교 내 소모임 활동과 교외체험학습에 필요한 비용 지원

- 아울러 자살·자해시도 학생 및 취약계층 정신건강 고위험군 학생을 지원하여 코로나블루 극복 및 정신건강 회복 촉진

④ (저소득층 장학금) 우수한 저소득층 학생을 선발하여 지원하는 복권기금 꿈사다리 장학사업 증원 및 영재교육 기회 확대*

* 현재 카이스트에서 시행중인 '영재키움프로젝트'를 거점 국립대 등과 협업하여 지원대상 학생 및 분야 확대 → 지역밀착형 영재교육 기회 보장

[그림 3-49] 교육회복 종합방안

현재 상황		미래 모습	
"코로나19로 학습·정서결손 증가"		"모든 학생의 종합적 교육회복"	
성과지표	'21년	'22년	'25년
초중고학생 학습지원	-	40,000명	40,000명+α
정신건강 위기학생 지원	250명 ('21.6월말)	600명	2,400명(누적)

마. 5대 돌봄격차 해소

"코로나19 돌봄공백 장기화로 인해 가정환경별 돌봄격차 누적" →
"돌봄의 공공성 제고, 계층별 돌봄 안전망 강화"

사회서비스원 설립 등으로 양질의 돌봄서비스 기반을 구축하고, ① 한부모·② 노인·③ 장애인·④ 아동 등 계층별 돌봄 안전망을 강화한다.

(인프라) 전국 시·도에 사회서비스원을 설립해 공공성 강화(~2022년), 지역사회통합돌봄 선도사업 실시(~2022년) 후 추진모델 마련

* 시·도 사회서비스원 설립(누적): 2019년 4개소, 2020년 11개소, 2021년 14개소, 2022년 전국 17개소

- 지역사회통합돌봄의 안정적 추진을 위한 「지역사회통합돌봄법」 제정

① (한부모) 생계급여 수급자 대상 아동양육비 지원(연 120만 원),

청년(25~34세) 한부모 대상 추가아동양육비 지원(연 60만~120만 원)

② (노인) 통합재가급여, (가칭)재택의료센터를 도입하여 고령층에게 지역기반의 필수적 돌봄·의료 서비스 제공

* 현재 예비사업으로 실시중인 통합재가급여 본사업 모형 개발 추진(2022~), 재택의료센터 도입 모형 마련(2022~)

③ (장애인) 최중증장애인에 대한 활동지원서비스 가산수당 개선

④ (아동) 매년 국공립 어린이집을 확충하여 공공보육률을 제고(~2025)하고 초등돌봄교실 다함께돌봄센터 확충 등 초등돌봄 강화*

* 방과후학교, 초등돌봄교실, 다함께돌봄센터, 지역아동센터 등 기관간 연계로 온마을이 함께 돌보는 아동돌봄체계 구축

[그림 3-50] 5대 돌봄격차 해소

현재 상황		미래 모습	
"코로나19 돌봄공백 장기화로 인해 가정환경별 돌봄격차 누적"		"돌봄의 공공성 제고,계층별 돌봄 안전망 강화"	
성과지표	'21년	'22년	'25년
사회서비스원	11개소	17개소	17개소
공공보육 이용률	32%	40%	50%

제8장 한국판 뉴딜의 실천과 전략

한국판 뉴딜은 포스트코로나 시대에 당면한 방역위기, 경제위기, 공동체위기에 대응하고 21세기 대한민국을 디지털경제시스템, 그린사회생태계, 휴먼공동체로 전환시키려는 초정권적 국가혁신전략이었다. 무엇보다도 한국판 뉴딜은 포스트코로나 시대의 삼중위기에 직면해서 방역의 표준과 모범을 세계사회에 제시한 '선도성'을 기회로 세계선도국가를 향한 대한민국 국가개조의 시대적 과제로 보았다.

한국판 뉴딜은 디지털전환과 그린전환, 안전망강화와 지역기반성의 강화에 초점을 두었다. 미국 뉴딜의 성공이 미국사회를 개조(reform)한 데 있듯이, 한국판 뉴딜의 성공 또한 대한민국을 새롭게 개조하는 데 두었다. 한국판 뉴딜은 선도국가로 도약하기 위한 '대한민국 대전환' 선언이었다. 추격형 경제에서 선도형 경제로, 탄소의존 경제에서 저탄소 경제로, 불평등 사회에서 포용 사회로, 대한민국을 근본적으로 바꾸겠다는 정부의 강력한 의지를 담은 담대한 구상과 계획이었다.

한국판 뉴딜의 실천과 전략은 2020년 7월 14일 한국판 뉴딜 1.0에서 부재하였던 실천전략이 정책기획위원회(2020)에 의해 제안되었다. 지역기반전략의 부재는 3개월여 이후에 지역균형뉴딜이 2020년 10월에 하나의 축으로 추가되었다. 정책기획위원회에서 제안한 휴먼뉴딜이 뉴딜 2.0에서 추가된다.

[그림 3-51] 한국판 뉴딜의 전략

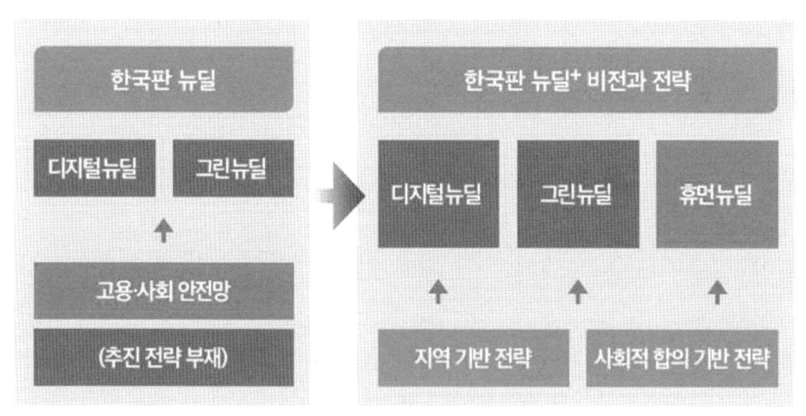

출처: 김진우(2020), 한국판 뉴딜의 비전과 전략, 『열린 정책』(2020년 통권 제8호), 대통령직속 정책기획위원회.

정책기획위원회(2020)의 제안은 한국판 뉴딜 1.0에서의 추진전략의 부재 부분을 보완하기 위함이었다. 지역기반전략과 사회적 합의기반 전략을 전략으로 추가하였다. 이는 지역균형뉴딜로 발전되어 뉴딜의 한 축으로 진화하게 된다. 또, 사회적 합의 기반 전략 또한, 상생형 일자리 협약, 지역균형뉴딜 등에서 반영되게 된다.

[그림 3-52] 한국판 뉴딜의 기반

출처: 대통령직속 정책기획위원회(2020), 내부자료.

이와 같은 과정을 거쳐 한국판 뉴딜 2.0은 진행되고, 사업을 추진하면서 진화하고 있다. 국가적인 정책은 다양한 주체들 간의 논의, 토론 등을 통한 사회적 합의가 전제된다 할 수 있다. 세부적인 추진과제에 대해서는 앞서 살펴봤으므로 본 장에서는 한국판 뉴딜의 실천과 전략에 대해 살펴보도록 하겠다.

특히 한국판 뉴딜에서 지역 기반 전략과 사회적 합의 기반 전략을 살펴보겠다.

[그림 3-53] 한국판 뉴딜 2.0

출처: 관계부처합동(2021), 한국판 뉴딜 2.0 미래를 만드는 나라 대한민국, 2021.7.14.자 보도자료.

1. 한국판 뉴딜과 지역기반 전략

한국판 뉴딜 1.0 발표 이후에 실천 전략으로 정책기획위원회(2020) 등의 제안에 따라 지역기반 전략이 보완되었다. 지역기반 전략은 지역의 주도적 참여를 통해 지역주민의 삶을 향상시키고 수도권과의 격차를 해소함으로써 지속가능하고 균형 잡힌 국토공간체계를 형성하고자 하는 것이다.

지역 기반 전략의 필요성은 이미 이전부터 축적되어온 문제에 기인한다. 1970~1990년대에 '수도권(본사)-동남권(분공장)' 체제가 이루어졌고, 수도권 중심의 경제구조가 공고화되었다. 그런 경향이 2000년대 이후 산업 전반의 수도권 재집중 경향 등이 강화되었다. 그런 산업구조변화와 공간분업(spatial division of labor) 간의 연계는 현재진행형으로 되고 있다.

디지털·그린뉴딜은 지역의 산업구조과 고용에 큰 충격과 변화를 초래할 가능성이 있으며 지역의 전통적 전략산업은 약화될 것으로 전망된다. 그뿐만 아니라 산업전반의 점진적인 변화라 하더라도 특정 지역에서는 붕괴 수준으로 체감될 가능성이 있다. 따라서, 지역을 중심으로 한 기존 사업과의 연계, 일자리 교체 등 지역 관점에서 다양한 안전장치에 대한 마련이 필요하다.

또한, 이전 정부부터 진행된 혁신도시 1.0에 이어서 혁신도시 2.0를 추진하는 계획에 이어 도시재생뉴딜사업 및 생활형 SOC 등 문재인 정부의 기존 지역중심 사업 추진전략과 연계하여 구상하고 추진이 될 예정이다. 현재까지의 혁신도시 사업의 공과를 평가하여, 향후 (초)광역권발전전략과 시너지를 낼 수 있도록 연계협력 관점에서 지역 기반 전략의 추진이 필요하다. 기초단위에서의 적정수준의 공공서비스를 지속적으로 제공하는 데 기여하고 있는 생활형 SOC 사업을 지역 기반 전략과 밀접하게 연계하는 것이 중요하다. 그것이 잘 되고 이어서 다극연계형 광역권 발전전략, 행정수도 이전 등을 통해 공간적 정의를 실현해야 할 것이다. 그래야 균형발전과 국가경쟁력 강화를 위한 핵심 사업으로 간주하고, 한국판 뉴딜의 지역 기반 전략과 결합시켜 시너지 효과를 도모할 필요가 있다.

2020년 7월에 발표된 한국판 뉴딜 1.0에서 부재하였던 지역기반 전략이 보완되어, 그해 10월에 지역균형뉴딜이 추가되었다. 정책기획위원회에서는 지역순회토론회를 개최하면서 한국판 뉴딜의 지역 확산에 기여를 하게 된다. 광주·전남(11.10), 대전·세종·충남(11.24), 강원·대구·경북(4.7), 부산·울산·경남 등으로 지역순회토론회를 개최하면서 한국판 뉴딜의 전국 확산에 집중한다.

'지역균형뉴딜'은 한국판 뉴딜을 지역기반으로 확장한 것으로 지역을 새롭게(New), 균형적(Balanced)으로 발전시키겠다는 약속(Deal)으로서 지역경제 혁신과 삶의 질 개선, 그리고 국가균형발전 도모를 목표로 하며, 뉴딜과 지역정책 연계와 양질의 지역균형뉴딜 활성화를 추진한다. 한국판 뉴딜 지역사업의 신속 실행, 지자체 주도 뉴딜사업의 확산 지원, 공공기관 선도형 뉴딜사업 추진 뒷받침, 지속가능한 지역균형뉴딜 생태계 조성 등을 주요 과제로 삼았다.

정책기획위원회는 한국판 뉴딜의 지역 확산을 위한 '경청·공감 지역순회 토론회(권역별)'를 진행하였다. 한국판 뉴딜 경청·공감 지역 대토론은 한국판 뉴딜정책의 효과적인 추진과 확산을 위해 지방자치단체와 공동으로 국민과 지역 주민들의 의견을 듣고, 각계각층 전문가들이 함께 논의하고 소통하는 장으로 마련되었다. 2020년 11월 광주·전남 토론회를 시작으로 2021년 11월까지 대전·세종·충남, 대구·경북, 전북, 강원, 부산·울산·경남 등 총 6개 권역에서 6회 개최되었고 여기에 국정자문단 위원들이 발제 또는 토론자로 참여하였다.

① (1차) 한국판 뉴딜 경청·공감 광주·전남 대토론회(2020.11.10~11, 5·18기념문화센터)
② (2차) 한국판 뉴딜 경청·공감 세종·대전·충남 대토론회(2020.11.25~26, 한국철도공사)
③ (3차) 한국판 뉴딜 경청·공감 대구·경북 대토론회(2021.4.8~9, 경북도청)
④ (4차) 한국판 뉴딜 경청·공감 전북 대토론회(2021.5.20, 전북도청)
⑤ (5차) 한국판 뉴딜 경청·공감 강원 대토론회(2021.6.22~23, 춘천시청)
⑥ (6차) 한국판 뉴딜 경청·공감 부산·울산·경남 대토론회(2021.11.10~11, 울산전시컨벤션센터)

가. 「한국판 뉴딜 대한민국 집현포럼」 참여

한국판 뉴딜 대한민국 집현포럼은 한국판 뉴딜의 국정비전과 전략을 공유하고 확산하며 구체화하기 위한 공론장이자, 한국판 뉴딜의 국정자문단 활동의 중심축이자, 국정자문단의 소통과 결속을 강화하기 위한 마중물로서 기획되었다. 2021년 3월 1차 포럼을 시작으로 총 7차례 개최되었고 여기에 국정자문단 위원들이 발제 또는 토론자로 참여하였다. 또, 집현포럼을 활용하여, 한국판 뉴딜의 진화를 위한 토론회가 여러 차례 개최되었다.

① 한국판 뉴딜 '제1차 대한민국 집현포럼'(2021.3.3, 백범김구기념관)
- 주제: 한국판 뉴딜, 새마을을 만나다
② 한국판 뉴딜 '제2차 대한민국 집현포럼'(2021.4.22, 백범김구기념관)
- 주제: 수소경제, 한국판 뉴딜을 이끌다
③ 한국판 뉴딜 '제3차 대한민국 집현포럼'(2021.6.3, 한국국방연구원)
- 주제: 모병제: 지속가능한 병역과 한국판 뉴딜
④ 한국판 뉴딜 '제5차 대한민국 집현포럼'(2021.10.26, 한국행정연구원)
- 주제: 지역균형뉴딜과 분권형 균형발전 전략

이러한 다양한 방법과 접근으로 지역균형뉴딜이 전국에서 진행되었다. 지역균형뉴딜의 추진현황을 살펴보면, 전국 특별시, 광역시, 도 단위 등에서 디지털, 그린, 기타 등으로 지역별 특성을 고려하여 진행되었다.

[그림 3-54] 지역균형뉴딜 추진현황

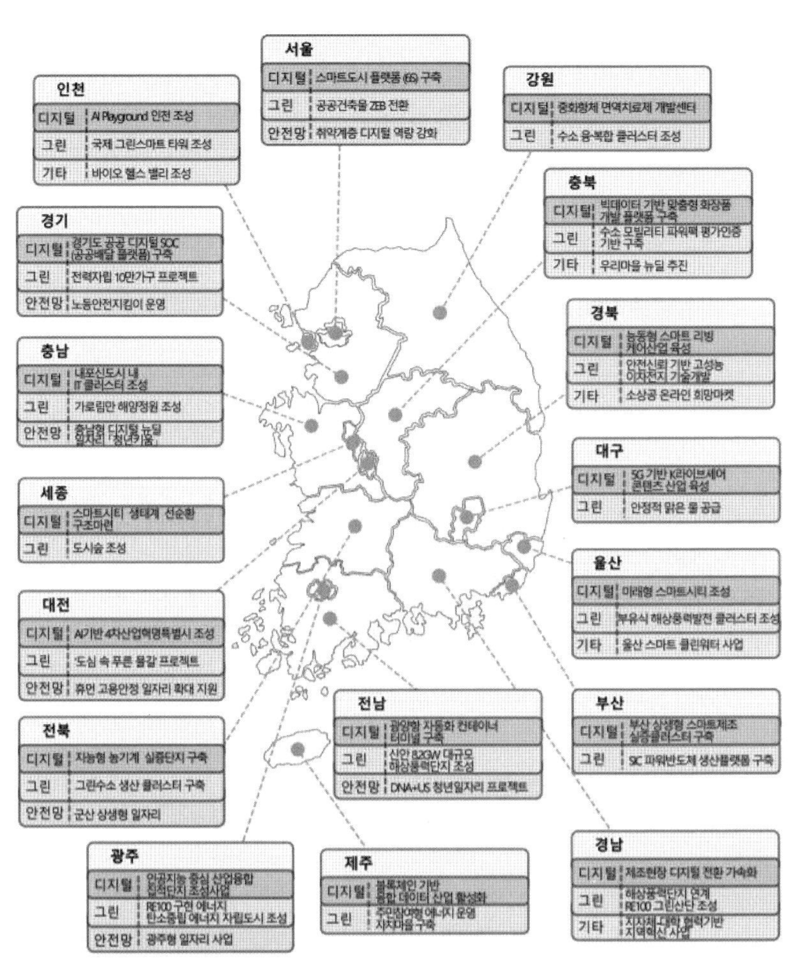

주: 2022.2.23 기준.

또한, 지역균형뉴딜의 활성화를 위해 정책기획위원회 등이 포함된 국정과제위원회는 지역균형뉴딜 지원협의회를 진행하게 된다. 지역균형뉴딜지원협의회와 국가균형발전위원회는 행안부, 청와대 등과 함께 시·도별 지역균형뉴딜에 대한 현장간담회, 지역균형뉴딜 지역협력체계 구축·운영 방안 등을 논의하였다. 한국판 뉴딜이 지역에 확장될 수 있도록 국정과제위원회가 협력하는 지역주도 지역균형뉴딜 추진하게 된다. 현장간담회, 토론회 등을 통해 주민 관심과 참여를 제고하고, 지자체와 중앙정부 간 정책 정보공유와 정합성 제고가 중요하게 된다. 특히, 지역의 특성, 기관의 특성에 따라 토론회, 간담회가 진행되었다.

〈표 3-23〉 지역균형뉴딜 관련 토론회 및 간담회

국정과제위원회	지역	주제	일정
정책기획위원회	부산·울산·경남	한국판 뉴딜 경청·공감 대토론 / 지역간담회 등	2021.11. 9~12
4차산업혁명위원회	전라남도 순천시	제3차 중앙-지방 4차산업혁명위원회 토론회 개최	2021.10.16
자치분권위원회	광주광역시	지역균형뉴딜 붐업 조성 토론회	2021.10.12
국가균형발전위원회	강원도 제주도	주민과 함께하는 지역균형뉴딜 라운드 테이블	2021.9.28 2021.11.17
농어업·농어촌특위원회	전라북도	지역균형뉴딜 활성화를 위한 농촌재생뉴딜 현장 토론회	2021.10.28
일자리위원회	부산, 울산, 대구, 경북·경남도	동부권(부산, 울산, 대구, 경남, 경북) 지역일자리 간담회	2021.6.10

지역균형뉴딜을 공고화하기 위해 주민형 지역균형뉴딜 지역협력을 2022년에 추진하기 시작한다. 구성조직은 정책기획위원회, 국가균형발전위원회, 자치분권위원회, 농어업농어촌특별위원회, 시도 및 시군구 협의회, 광역풀뿌리 주민조직, 지역혁신기관, 중간지원조직 등이 참

여하였다. 이는 지역협력체계를 구축하기 위함으로 지역혁신을 위한 지역 내 다양한 조직 간 연계·협력을 통해 주민체감형 지역균형뉴딜 기획역량 강화와 사업 발굴 체계 마련 등을 지원하는 것이다. 주민주도형으로 지역균형뉴딜 지역협력 플랫폼을 추진하였다. 지역균형뉴딜 지역협력 협력체계는 지역 내 다양한 조직들간 연계·협력을 통해 지역에서 디지털·저탄소 경제, 친환경 사회로의 구조적 대전환을 이루고 지역여건에 맞는 창의적이고 체감형 사업을 발굴을 하려고 하였다.

〈표 3-24〉 지역협력체계 참여 조직 현황

구분	연번	조직명
광역풀뿌리 주민조직 (14)	1	전국지역혁신협의회
	2	국정자문단
	3	전국지방분권협의회
	4	지역일자리특별위원회
	5	새마을운동중앙회
	6	한국YMCA전국연맹
	7	지역문제해결플랫폼협의회
	8	한국YWCA연합회
	9	한국중앙자원봉사센터
	10	전국지역문화재단연합회
	11	전국대학산학협력단장협의회
	12	지역사회보장협의체(사무국)연합회
	13	소상공인연합회
	14	전국농촌체험휴양마을협의회
지역혁신 기관 (5)	15	전국시도연구원협의회
	16	창조경제혁신센터협의회
	17	한국테크노파크진흥회
	18	전국연구개발지원단협의회
	19	창업진흥원

중간지원 조직 (5)	20	한국마을지원센터연합
	21	한국사회적기업중앙협의회
	22	한국자활기업협회
	23	도시재생지원센터
	24	6차산업지원센터

주: 2021.12.27 기준.

2. 한국판 뉴딜과 사회적 합의기반 전략

지역기반 전략에 이어서 사회적 합의 기반 전략을 살펴보겠다. 사회적 합의 기반 전략 또한 한국판 뉴딜 1.0 발표 이후에 실천 전략으로 정책기획위원회(2020) 등의 제안에 따라 보완된 것이다. 사회적 합의 기반 전략은 사회적 대화(social dialogue)를 바탕으로 한 정의로운 전환을 의미한다.

사회적 합의 기반 전략은 한국판 뉴딜에 따른 전환과정에서의 신구(新舊), 흥망(興亡) 산업 간의 갈등을 최소화하고 새로운 자원의 공평한 배분을 위한 중층적 사회적 대화를 하기 위함이다. 정의로운 전환 촉진을 위해 3층(3-tiers)의 사회적 협의를 구조화하고, 중위수준(meso-level)의 지역·업종 단위 사회적 대화(social dialogue)를 지역기반 전략과 연계하여 추진하는 것이다. 여기에 사회적 대화는 노·사·정 및 분야별 전문가, 시민사회단체, 사회적 경제 주체 등을 포괄하는 연석회의 방식의 확장된 사회적 대화를 의미한다.

사회적 합의 기반 전략은 3층(3-tiers) 단위로 전국 단위(macro-level), 지역 업종 단위(mezo-level), 기업 단위(micro-level)로 구성된다. 사회적 대화 플랫폼의 분권화의 경우, 뉴딜 전환관리 기제로써 중앙집중식 사

[그림 3-55] 사회적 대화 중층화 전략

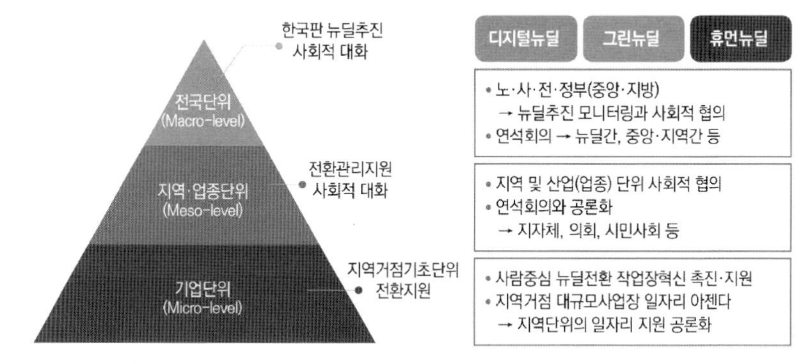

출처: 대통령직속 정책기획위원회(2020), 내부자료.

회적 대화를 3층(3-tiers) 구조로 분권화(decentralization)하여 운영할 수 있다.

먼저, 기업 단위(micro-level)는 지역거점 기초단위로 전환을 지원한다. 지역 단위의 일자리 지원을 공론화되는 것으로 사람 중심 뉴딜 전환 작업장 혁신을 촉진한다.

다음 중위수준으로 지역 업종 단위(meso-level)는 사회적 협의 기제 구축으로 지역 및 지역거점 산업(업종) 단위의 중층적 사회적 대화 기제를 중점 구축하여 지역특수적 뉴딜 요구와 어젠다 발굴 등의 협치를 강화한다.

다음으로 전국 단위(macro-level)는 한국판 뉴딜 추진을 위한 사회적 대화에 해당한다. 사회적 대화 참여주체의 확장으로 조직노동 중심 사회적 대화의 독점적 기제를 완화하고 노·사·정 외에 학계·전문가, 시민사회, 사회적경제 주체 등 다양한 이해관계자들이 뉴딜 전환과정의 참여주체로 등장하도록 촉진한다.

이러한 중층구조는 디지털뉴딜, 그린뉴딜, 휴먼뉴딜 등의 한국판 뉴딜을 추진함에 있어 사회적 합의 기반 전략의 구성요소가 된다. 결국 사회적 합의 기반 전략은 궁극적으로 사람 중심 사회적 대화를 통한 정의로운 전환을 추구한다. 이를 위한 방향성은 분권화, 확장성, 지역주도이 되고, 각각의 전략은 사회적 대화 중층화, 참여주체의 확장, 지역주도 뉴딜 추천이 포함된다.

[그림 3-56] 사회적 대화 기반 전략

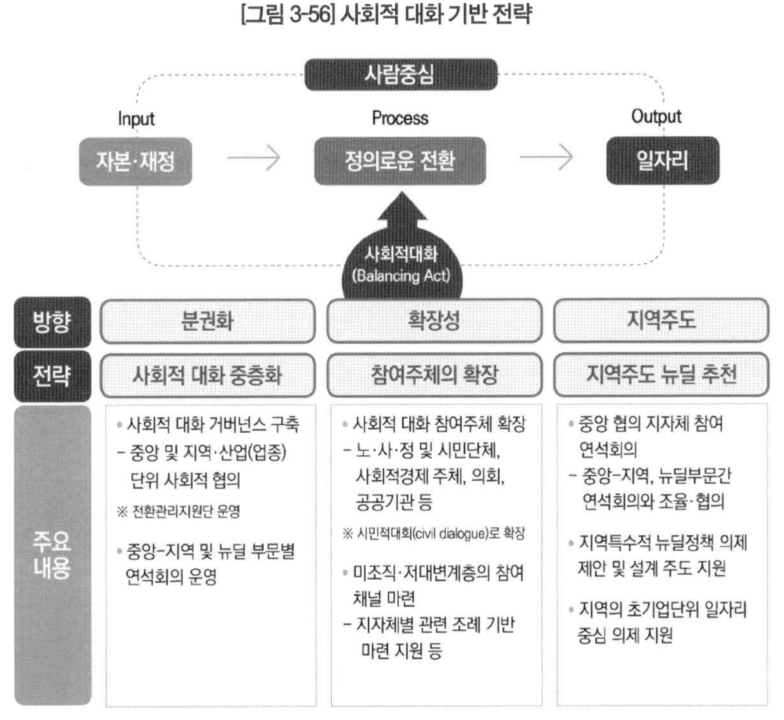

출처: 대통령직속 정책기획위원회(2020), 내부자료.

특히 '사회적 대화 기반 전략'은 진화과정에서의 신구(新舊), 흥망(興亡) 산업 간의 갈등을 최소화하고 새로운 자원의 공평한 배분을 위한 중층적 사회적 대화 전략이다. 정의로운 전환을 촉진하기 위해 3층

(3-tiers)의 사회적 대화를 구조화하고 중위수준(meso-level)의 지역·업종 단위 사회적 대화를 지역기반 전략과 연계하여 추진하는 게 주요 과제였다고 볼 수 있다.

사회적 협의 기제의 분권화는 제도화에 기반한 중앙집중식 사회적 대화 기제는 현장의 한국판 뉴딜 실행력 확보와 지역주도성 확보에 한계를 갖는다. 현 사회적 대화 기구로서 독자적인 중앙기구로 볼 수 있는 것이 바로 대통령 소속 경제사회노동위원회(이하 경사노위)이다. 하지만 경사노위의 한계는 정부주도의 하향식 담론형성과 실행설계 라는 점이 명확하다.

예를 들어, 탄력근로제 입법과정의 사회적 갈등 초래, 지역단위의 사회적 대화기구(지역노사민정협의회) 형해화 지속, 조직노동 중심의 이해대변 독점성 등이 있다. 근래에는 의대 증원과 공공의대 설립 등을 둘러싼 정부와 의사협회 간 갈등 구조는 정의로운 전환의 핵심기제인 사회적 협의 미작동과 정부주도의 하향식 정책결정구조의 문제에서 비롯된 것으로 볼 수 있다.

그렇다면 한국판 뉴딜 실행단위에 적합한 사회적 협의 기제 설계 및 운영을 다시 한번 살펴보면 다음과 같다.

- 중앙단위(macro-level): 디지털·그린·휴먼뉴딜 각 부문별 정의로운 전환을 협의·모니터링하고 필요 자원의 공정배분 등 조율·조정 연석회의
- 지역·산업(업종)단위(meso-level): 전환관리지원조직을 중심으로 지역에 산재해 있는 일자리 의제 필터링 및 어젠다 개발·조정·공론화 등 다양한 연석회의 기반 지역전환관리 지원
- 기업단위(micro-level): 전환과정에서 업종전환 또는 사람중심 작업장 혁신 이슈를 지역 일자리 틀에서 검토하고 지원·조정·훈련 등을 공론화

이를 바탕으로 지역주도 뉴딜 전환관리 지원을 위해 사회적 대화의

새 질서를 지역·산업(업종)단위에 구축하여 전환관리지원 설계 및 운영이 되어야 한다. 뉴딜 실천단위로서 지역이 중앙과의 연석회의 협의 및 지역의제(local-specific)를 주체적으로 선도하도록 지원되어야 한다. 고용구조 변화와 '좋은 일자리(good work)' 의제 발굴, 격차해소를 고려한 전환관리 지원 및 모델을 개발한다.

또 하나가 필요한 것이 사회적 협의 주체의 확장이다. 정의로운 전환관리를 위한 사회적 대화는 공공정책 결정과정에 다양한 경제·사회 주체들이 참여하는 참여정치의 일환이 된다. 따라서, 조직노동 중심의 계급이해 대표체계로서 구조와 제도적 선결조건을 요구하는 좁은 의미의 사회적 대화는 한계에 다다른 것이다. 사회적 대화는 사회적 협의(social concertation) 개념으로 전환하여 살펴볼 필요가 있다. 또한, 전통적 협의 주체인 노·사·정 외에 지역 시민과 시민사회단체, 사회적경제 주체, 의회, 공공기관 등 다양한 주체의 유연한 참여 확대가 요구된다.

추가적으로 거버넌스를 위해서는 법·제도가 기반되어야 한다. 사회적 협의 3층 구조에 대응하는 전환관리지원 거버넌스 구축을 위한 여러 방안 중에 법안 제정이 있다. (가칭) '사회적대화기본법' 제정 제안이 있을 것이다. 사회적 대화의 이해와 촉진에 관한 사회 저변의 공감대 형성이 필요하다. 그리고 다양한 사회적 갈등을 다루는 핵심 기제로서 사회적 대화에 관한 주체들의 책임과 역할 규정이 제대로 될 필요가 있다.

최근 노동문제 외에 다양한 사회적 갈등현안이 발생하고 있다. 탈원전과 관련하여 원전 국민참여위원회, 방폐장 이슈 등에서 갈수록 사회적 대화의 필요성이 더욱더 강조되고 있다. 따라서, 그를 받쳐줄 수 있는 제도적 기반 마련이 필요하다.

근래 논의 되는 (가칭) '사회적대화기본법' 제정(안)의 주요내용은 아래와 같다.

- 사회적 대화 및 정부·지자체의 사회적 대화 촉진·존중의무 기본개념
- 정부·지자체의 사회적 대화 촉진의무와 협의·조정·합의사항을 존중할 의무 부과
  ※ 연차별 사회적 대화 현황 점검 계획 수립·시행 등
- 학교와 공공부문 등을 대상으로 사회적 대화 교육 의무(캠페인) 부여
  ※ 사회적 대화 개념과 필요성, 사회주체의 역할 등
  ※ 캠페인: 사회적대화기본법에 따라 교육부는 초중등 교과과정에 '사회적 대화 개념과 필요성' 수록. 지자체(ex. 서울, 경기, 광주) 및 공공부문(ex. 한국고용노동교육원 등)과 민간부문(각종 재단 및 교육기관 등)에서 교육을 통해 사회적 대화 필요성에 관한 인식을 확산
- 사회적 대화 거버넌스(중앙, 지역, 산업·업종별)와 역할 등에 관한 규정

이상의 전략이 지속적으로 반영되어 '한국판 뉴딜'은 계속 진화되고 있다. 문재인 정부는 '한국판 뉴딜 종합계획'이라는 큰 틀을 마련하여 발표하였지만, 계속 보완하고 발전시켜 나가는 중이다. 기업 등 민간의 목소리에 귀를 기울여 지속적으로 법·제도를 개선하고, 전문가들의 의견을 경청하여 새로운 어젠다를 발굴해 나가는 진화(evolution)의 과정이라 볼 수 있을 것이다.

주목할 부분은 사회적 합의 기반 전략이 한국판 뉴딜에 녹여져서 나타나고 있다는 점이다. 상생형 지역일자리라고 불리는 지역별 지역일자리 사업이 된다고 할 수 있다(일자리위원회, 2021). 즉, 사회적 합의 기반 전략은 상생형 일자리에서 시작되어, 전국으로 확산되었다. 전국 상생형 일자리 현황은 다음과 같다.

[그림 3-57] 상생형 지역일자리 구조

[그림 3-58] 상생형 지역일자리 지역별 현황

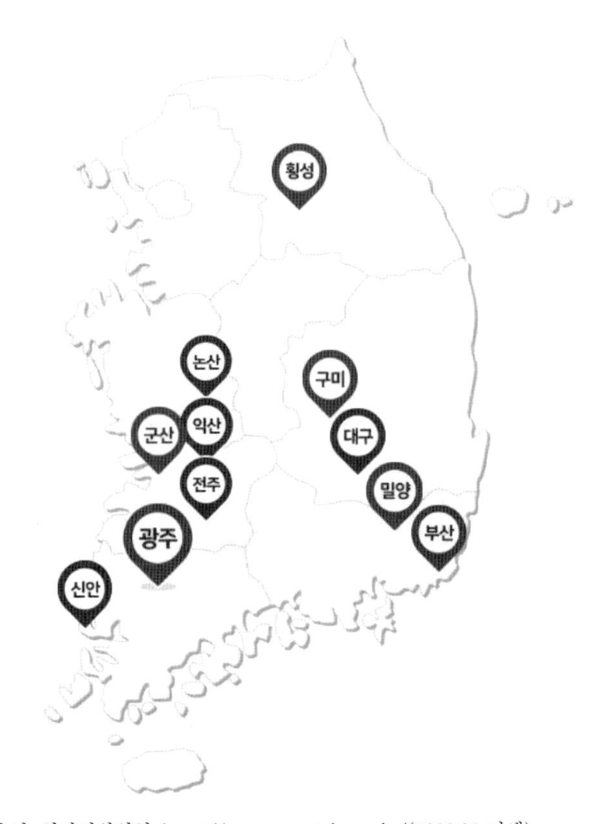

출처: 일자리위원회, https://sangsaeng.jobs.go.kr/(2022.21 검색).

특히, 광주형 일자리에서는 제1호 상생형 일자리가 시작되었다. 사회적 대타협을 통해 23년만에 국내 완성차 공장이 설립되었다. 수도권에 비해 산업여건 및 기업 고용여력 부족으로 양질의 일자리를 찾아 광주를 떠나는 청년 인구의 유출을 막기 위해 현대자동차의 투자를 이끌어냈다. 그래서 광주광역시, 현대차, 지역기업 등이 주주로 참여하는 독립 신설법인을 설립하여 일자리를 창출하였다. 현대차는 생산위탁·판매 및 신설법인 기술지원을 지원한다.

[그림 3-59] 광주형 일자리 생산 차량

출처: 청와대 홈페이지(2021).

광주광역시에는 (주)광주글로벌모터스를 설립되어 경형 SUV 연 10만대 생산규모를 구축하게 되었다. 협력적 노사관계를 구현하는 새로운 사회통합형·연대형으로 적정임금, 적정 노동시간, 동반성장 및 상생협력 도모, 소통·투명경영 실현을 상생요소로 삼았다.

〈표 3-25〉 지역 경제주체의 상생협력

참여주체	주요역할
노	• 협력적 노사상생모델 구축 및 갈등의 예방과 조정 • 숙련향상을 위한 훈련 프로그램 적극 참여 등
사	• 적정 노동시간의 구현 및 유연한 인력 운영 • 동반성장과 상생협력 도모 • 고용안정 보장
민	• 노사민정협의회 참여로 광주형 일자리에 대한 지역사회 지원 → 협약 지속가능성 담보 • 중립적 입장에서 노사갈등 사전 예방 및 중재
정	• 기업 투자 인센티브 지원 • 근로자에게 공동복지프로그램 제공

근로자, 기업, 지역주민, 지자체 등 지역의 경제주체들이 근로여건, 투자계획, 생산성 향상 등에 대한 각자의 역할과 책임을 담은 사회적 합의를 도출하여 상생협약을 체결하고, 상생협력을 통해 발굴한 새로운 경제력 요소에 기초한 비즈니스 모델을 만들어 신규투자와 일자리를 창출하는 사업이 진행되고 있다.

그를 통해 2019년 합작법인 (주)광주글로벌모터스가 설립 완료되었다. 2020년 6월 제1호 상생형 지역일자리 선정되었다. 이후 (주)광주글로벌모터스는 2021년 9월부터 차량 양산을 시작하였다.

3. 한국판 뉴딜과 대한민국의 미래

한국판 뉴딜은 그간의 문재인 정부 국정철학의 전통을 계승하고 이를 발전시켜, 포스트코로나 시대에 따른 우리 사회의 거대전환을 슬기롭게 대처하는 국가개조전략이다. 향후 100년을 위한 국가정책으로 대대적으로 수행되고 있다. 또한, 한국판 뉴딜은 뉴딜 1.0에서 보완을 거치고, 뉴딜 2.0 이상으로 확장, 진화되고 있다. 즉, 한국판 뉴딜은 여전히 진행되고 진화하고 있다.

[그림 3-60] 한국판 뉴딜 2.0 홍보

출처: https://www.knewdeal.go.kr/.

가. 그린뉴딜과 방역으로 세계를 선도하는 안전하고 청정한 나라

그린뉴딜은 사람-환경-성장을 조화하여 국제사회 기후논의 선도하는 '그린 선도국가'를 추구한다. 그린뉴딜에서는 국민생활과 밀접한 공공시설의 제로에너지 전환으로 에너지 효율 향상을 도모하고 쾌적한 생활공간 조성한다. 국토·해양 생태계 회복 및 자연과 더불어 사는 도시를 만들며, 태양광, 풍력 등 신재생 발전 확대를 통해 저탄소 에너지를 추구한다. 온실가스, 미세먼지 걱정 없는 친환경 교통체제를 구축한다. 또, 산업단지는 사물인터넷(IoT), 5세대이동통신(5G) 등 디지털 기술에 기반하여 깨끗하고 에너지 효율·생산성이 높은 혁신공간으로 탈바꿈한다.

나. D.N.A 기반으로 세계를 선도하는 지식의 나라

디지털 뉴딜은 미래산업과 행정혁신을 선도하는 안전하고 편리한 '똑똑한 나라'를 추구한다. 산업 측면에서 데이터 가공·거래·활용 등 데이터를 안전하고 잘 쓸 수 있는 '데이터 댐'을 구축하여 주력산업 디지털화 및 신산업을 창출한다. 정부에서는 블록체인, 5세대이동통신(5G) 등 디지털 기술에 기반하여 언제 어디서나 국민 맞춤형 행정서비스을 구현하고 제공한다. 전 국민은 국토공간의 디지털화 및 현실과 똑같은 가상공간을 구현한다. 동시에 다양한 신산업을 창출하고, 정보통신기술(ICT) 홈서비스 등 안전하고 편리한 삶을 만들기 위해 노력한다.

코로나19 이후 포스트코로나 시대를 맞이하여 이제는 비대면 인프라 구축이 확산된다. 의료·근무에서 비대면 인프라 구축으로 감염병 등 외부충격에 안심할 수 있는 안정적 의료서비스를 제공하고, 근무 환경을 마련한다.

다. 대화와 타협으로 자원의 공정한 배분을 실현하는 세계 시민의 나라

한국판 뉴딜은 휴먼뉴딜을 통해 실업불안 벗어나고 격차로 좌절 없는 '더 보호받고 더 따뜻한 나라'를 만들어갈 것이다. 실업의 두려움에서 벗어나 안정적 생활을 보장하고 개인 인적역량의 획기적 향상을 통해 재취업 기회를 확충하도록 한다. 복지 사각지대 없이 누구라도 최저 생계를 보장받고 아프면 생계 걱정 없이 마음 편히 쉴 수 있는 사회를 구현한다. 디지털 포용을 통해 지역·계층·소득 등 격차와 관계 없이 누구나 디지털 선도국가의 혜택을 누릴 수 있는 포용사회를 구현하고 복지국가를 향한다.

동시에 지역균형뉴딜을 통해 대한민국 전국에 자원의 공정한 배분을 실현하는 국가를 만들어간다. 수도권에 집중된 자원을 전국에 균형적으로 배분하기 위해 대화와 타협을 시도해가는 것은 지속되어야 한다. 지역소멸을 막고 지방과 수도권이 함께 갈아가기 위해 노력이 요구된다. 사회적 대화, 사회적 대타협은 한번에 이행되는 것이 아니다. 그 과정은 더딜 수 있고 힘들 수 있다. 그럼에도 대한민국 대전환 시대에 한국판 뉴딜을 통해 대화와 타협으로 세계 시민의 나라를 만들어가는 과정이 될 것이다.

라. 한국판 뉴딜의 한반도 평화뉴딜로의 전환 모색

장기적으로는 한국판 뉴딜을 '한반도 뉴딜'로 확장하는 방안도 검토가 필요할 것이다. 탈탄소경제로의 전환을 위한 재생에너지, 산림협력, 물 협력, 서해 평화지대, 한강 하구 개발 등에 대한 남북협력 모색이 요구된다. 또, 북한의 '새 세기 산업혁명'과 한국의 '디지털·그린뉴딜'을 결합한 '한반도 가치사슬' 구축의 새로운 남북경협 모델 등이 있을 것이다. 이제는 대한민국에서 한반도로 영역이 확대하고, 한반도 평화뉴딜로 전환이 되어 새로운 기회가 열릴 수 있도록 해야 할 것이다.

별첨: 한국판 뉴딜의 흐름도

1) 한국판 뉴딜 1.0 발표(2020.7.14)

2020년 7월 14일에 발표된 한국판 뉴딜 1.0의 전체구조는 디지털 뉴딜과 그린뉴딜을 2개의 축을 기본으로 한다. 한국판 뉴딜 1.0은 선도국가로 도약하는 대한민국으로 대전환을 비전으로 하여, 선도형 경제, 저탄소 경제, 포용 사회를 제시하였다. 2+1정책방향으로 기본으로 10대 대표과제를 추진과제로 제시하고, 전체 28개 과제를 발표하였다(관계부처합동, 2020).

[그림 3-61] 한국판 뉴딜의 구조

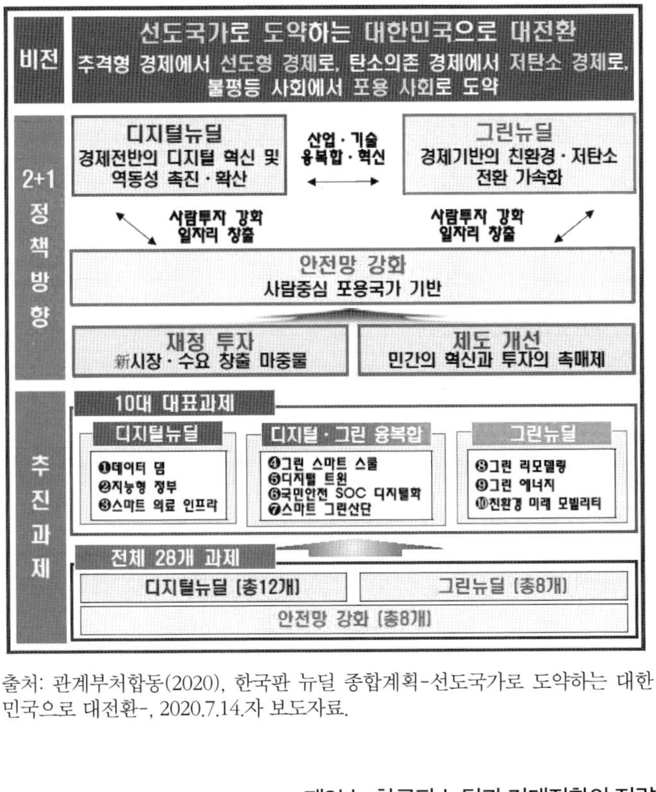

비전
선도국가로 도약하는 대한민국으로 대전환
추격형 경제에서 선도형 경제로, 탄소의존 경제에서 저탄소 경제로, 불평등 사회에서 포용 사회로 도약

2+1 정책방향
디지털뉴딜
경제전반의 디지털 혁신 및 역동성 촉진·확산
산업·기술 융복합·혁신
그린뉴딜
경제기반의 친환경·저탄소 전환 가속화
사람투자 강화 일자리 창출
사람투자 강화 일자리 창출
안전망 강화
사람중심 포용국가 기반
재정 투자
新시장·수요 창출 마중물
제도 개선
민간의 혁신과 투자의 촉매제

추진과제
10대 대표과제
디지털뉴딜
①데이터 댐
②지능형 정부
③스마트 의료 인프라
디지털·그린 융복합
④그린 스마트 스쿨
⑤디지털 트윈
⑥국민안전 SOC 디지털화
⑦스마트 그린산단
그린뉴딜
⑧그린 리모델링
⑨그린 에너지
⑩친환경 미래 모빌리티
전체 28개 과제
디지털뉴딜 (총12개)
그린뉴딜 (총8개)
안전망 강화 (총8개)

출처: 관계부처합동(2020), 한국판 뉴딜 종합계획-선도국가로 도약하는 대한민국으로 대전환-, 2020.7.14.자 보도자료.

2) 한국판 뉴딜+ 비전과 전략 제안
(대통령직속 정책기획위원회, 2020.8.30)

발표 후 전략의 부재를 언급하며 한국판 뉴딜의 보완점을 제시하였다. 당시 고용사회 안전망을 휴먼뉴딜로 격상시킬 필요성을 제시하였다. 또한, 중요한 추진 전략의 부재를 지적하고 논의하였고, 그에 대한 대안을 제시하였다.

즉, 정책기획위원회에서는 추진 전략으로 지역기반 전략, 사회적 합의 기반 전략을 제시하였다. 한국판 뉴딜이 잘 진행되려면 전국 지역에서 추진되어야 하는 전략이 필요하였고, 사회적 합의 기반으로 국가적 정책을 추진할 필요가 있었다. 이는 한국판 뉴딜의 추진동력으로 중요한 지점이 되었다.

[그림 3-62] 한국판 뉴딜의 전략

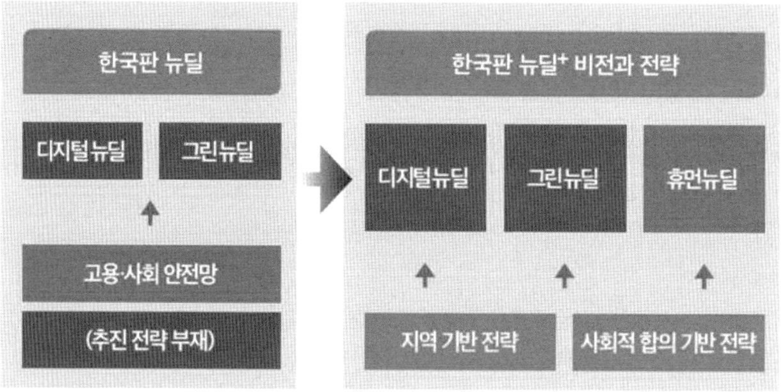

한국판 뉴딜
디지털뉴딜
그린뉴딜
고용·사회 안전망
(추진 전략 부재)
한국판 뉴딜+ 비전과 전략
디지털뉴딜
그린뉴딜
휴먼뉴딜
지역 기반 전략
사회적 합의 기반 전략

출처: 김진우(2020), 한국판 뉴딜의 비전과 전략, 『열린 정책』(2020년 통권 제8호), 대통령직속 정책기획위원회.

정책기획위원회에서는 『한국판 뉴딜 종합계획(7.14)』의 고용·사회 안전망을 휴먼뉴딜로 대폭 확충하여 실질적인 정의로운 전환을 도모하고, 추진전략으로 ‘지역기반 전략’ 및 ‘사회적 합의 기반 전략’을 신규로 제시하였다.

[그림 3-63] 한국판 뉴딜 전략 변화

한국판 뉴딜	
디지털뉴딜	그린뉴딜
↑	
고용 · 사회 안전망	
(추진 전략 부재)	

⇒

한국판 뉴딜 비전과 전략		
디지털뉴딜	그린뉴딜	휴먼뉴딜 (확장)
↑	↑	↑
(신설)지역 기반 전략	(신설)사회적합의 기반 전략	

출처: 대통령직속 정책기획위원회(2020.8.31), 내부자료.

3) 지역균형뉴딜 추가(2020.11.13)

한국판 뉴딜 1.0 발효 이후에 2020.11.13에 지역균형뉴딜이 한 축으로 추가되었다. 이후 관련 정책보완이 추가되면서 한국판 뉴딜의 보완이 이루어진다.

4) 한국판 뉴딜 2.0 발표(2021.7.14)

한국판 뉴딜 1.0에서 진화된 뉴딜 2.0이 발표되었다.

[그림 3-64] 한국판 뉴딜 2.0

비전

대한민국 대전환을 통해 선도국가로 도약

선도형 경제, 탄소중립 사회, 포용적 성장으로 진화하는 대한민국

추진 구조

휴먼 뉴딜

대한민국 대전환

디지털 뉴딜

그린 뉴딜

지역균형뉴딜

추진 과제

1 디지털뉴딜	2 그린뉴딜	3 휴먼뉴딜
❶ D.N.A 생태계 강화	❶ 탄소중립 추진기반 구축〈신규〉	❶ 사람투자
❷ 비대면 인프라 고도화	❷ 도시 · 공간 · 생활 인프라 녹색전환	❷ 고용사회 안전망
❸ 메타버스 등 초연결 신산업 육성〈신규〉	❸ 저탄소 · 분산형 에너지 확산	❸ 청년정책〈신규〉
❹ SOC 디지털화	❹ 녹색산업 혁신 생태계 구축	❹ 격차해소〈신규〉

4 지역균형뉴딜

①한국판 뉴딜 지역 사업, ②지자체 주도형 뉴딜, ③공공기관 선도형 뉴딜

뒷받침: 재정 지원 | 민간 참여 | 제도 개편

출처: 관계부처합동(2021), 한국판 뉴딜 2.0 미래를 만드는 나라 대한민국, 2021.7.14.자 보도자료.

| 참고문헌 |

강수택(2012), 『연대주의: 모나디즘 넘어서기』, 한길사.

관계부처합동(2020.7.14), 『한국판 뉴딜 종합계획: 선도국가로 도약하는 대한민국으로 대전환』.

관계부처합동(2021.7.14), 『한국판 뉴딜 2.0: 미래를 만드는 나라 대한민국』.

국가기록원(2022), https://theme.archives.go.kr/next/economicDevelopment/overview.do.

김진우(2020), "한국판 뉴딜의 비전과 전략", 『열린 정책』, 2020년 통권 제8호, 대통령직속 정책기획위원회.

대통령직속 정책기획위원회(2019), 광복 100주년을 향한 새로운 대한민국 혁신적 포용국가 미래비전 2045 자료집(2019.12.12), 정책기획위원회.

대통령직속 정책기획위원회(2020), 『한국판 뉴딜+ 비전과 전략』.

대통령직속 정책기획위원회(2021), 『포스트코로나 시대 한국의 국정방향에 관한 연구: '세계선도국가와 정의로운 전환' 개념을 중심으로』.

대통령직속 정책기획위원회(2020), 『유럽의 COVID-19 유행상황과 대응 연구보고서』.

대통령직속 정책기획위원회(2022), "한국판 뉴딜, 새마을을 만나다", 「제1차 대한민국 집현포럼」 개최(2021.2.25) 보도자료. http://www.pcpp.go.kr/post/notice/reportView.do?post_id=2880&board_id=2&/post/notice/reportList.do?cpage=1&cpage=2.

데이비드 헬드(David Held), 박찬표 역(2010), 『민주주의의 모델들』, 후마니타스.

문용필(2018), 상병수당 논의의 역사, 서울형 의료보장제도 신설을 위한 정책 토론회 자료집(2018.10.15), 서울특별시의회.

문용필(2021), “코로나19 유행상황에서 노인 긴급돌봄서비스에 관한 시론적 고찰”, 『한국산학기술학회논문지』 22(11), 744~753쪽.
문용필·정창률(2019), “한국 노인장기요양보험의 정책변화에 대한 분석(2008-2018): OECD 주요국과의 비교를 중심으로”, 『사회과학연구』 30(1), 45~66쪽.
문종훈(1974), 『도시새마을운동에 관한 고찰』, 동국대학교 행정대학원 석사학위 논문.
박정미·오상엽(2021), 『2021년 KB자영업 보고서: 수도권 소상공인의 코로나19 영향 조사』, KB금융 경영연구소.
박정민(2021), 『한국 사회적기업의 유형과 국가·시장·시민사회의 관계에 관한 연구』, 고려대학교 일반대학원 박사학위논문.
박태균(2007), 『원형과 변용 - 한국 경제개발계획의 기원』, 서울대학교출판부.
보건복지부(2020), 포용적 사회안전망으로 한국판 뉴딜 기반 마련한다, 보도자료(2020.7.20).
보건복지부(2021), 한국형 상병수당 도입 위한 사회적 논의 시작, 보도자료(2021.4.15).
보건복지부(2022), 아픈 근로자의 쉼과 소득보장을 위한 상병수당 시범사업 추진한다, 보도자료(2022.1.19).
블룸버그(2020), 전세계 코로나19 확진자 수 현황 https://www.bloomberg.com/graphics/2020-coronavirus-cases-world-map/.
송상윤(2021.10.15), 『코로나19와 노동시장(한국은행 금요강좌)』, 한국은행.
송호근(1990), “이데올로기의 사회학”, 계간 『사상』 겨울호, 사회과학원.
앤소니 기딘스·울리히 벡·스콧 래쉬(1998), 『성찰적 근대화』, 한울.
울리히 벡(Ulrich Beck)(1998), 『정치의 재발견: 위험사회 그 이후-재귀적 근대사회』, 거름.
울리히 벡(Ulrich Beck)(2000), 『적이 사라진 민주주의: 자유의 아이들과 아래로부터의 새로운 민주주의』, 새물결.

이어령(2014), 『생명이 자본이다: 생명자본주의 생각의 시작』, 마로니에북스.
장선화(2020), “코로나19 팬데믹과 위기 거버넌스: 독일, 대만, 한국, 영국, 스웨덴 초기 대응사례를 중심으로”, 『국제지역연구』 제24권 4호.
정책브리핑(2020), 문 대통령 “한국판 뉴딜, 추격국가 → 선도국가…새 국가발전 전략”, 대한민국 정책브리핑(www.korea.kr) 보도자료(2020. 6.1).
제레미 리프킨(Jeremy Rifkin)(2010), 『공감의 시대』, 민음사.
조나단 터너 외(1997), 『사회학 이론의 형성』, 일신사.
조대엽(2012), “현대성의 전환과 사회 구성적 공공성의 재구성: 사회 구성적 공공성의 논리와 미시공공성의 구조”, 『한국사회』 13(1), 3~62쪽.
조대엽(2014), “분산혁명의 시대: 생활민주주의와 사회생태주의 정치의 실천과제”, 대안문명연구회, 『현대문명의 위기: 공생의 대안문명을 찾아서』, 나남.
조대엽(2014a), “현대 사회운동의 세계사적 맥락과 참여연대의 시대”, 조대엽·박영선 공편, 『감시자를 감시한다』, 이매진.
조대엽(2014b), 『갈등사회의 도전과 미시민주주의의 시대: 새로운 사회갈등과 공공성 재구성에 관한 사회학적 성찰』, 나남.
조대엽(2015), 『생활민주주의의 시대 - 새로운 정치패러다임의 모색』, 나남.
조대엽(2019), “그릇 굽는 도공의 마음으로”, 『경사연 리포트』 5월호.
조대엽(2020), “협력문명의 사회적 기원: 협력공동체의 형성과 해체에 관한 문명사적 탐색”, 『민족문화연구』 제86호, pp.415~444.
조대엽(2020), 총·균·쇠의 역사를 바꾼 문재인 정부, 문재인 정부의 ‘삼대국란’ 극복기, 대한민국 정책브리핑 보도자료(2020.4.7).
최인덕·김진수(2007), “상병수당제도 도입방안 연구-제도설계와 재정소요를 중심으로”, 『사회보장연구』 23(2), 221~247쪽.
한국판뉴딜(2022), https://www.knewdeal.go.kr/.
한국민족문화대백과사전(2022), https://encykorea.aks.ac.kr/.
해리 브레이버맨(Harry Braverman)(1987), 『노동과 독점자본』, 까치.

Aburdene, Patricia(2007), *Megatrends 2010: The Rise of Conscious Capitalism*, Hampton Roads Publishing Company.

BBC(2020), 코로나19: 어떤 나라가 방역을 잘 하고 있나? https://www.bbc.com/korean/international-54435054.

Beck, Ulrich(1992), *Risk Society: Toward a New Modernity*, SAGE Publications.

Castell, Manuel(2004), *The Network Society: A Cross-cultural Perspective*, Northampton, MA: Edward Elgar Pub.

Durkheim, Emile(1947[1912]), *The Elementary Forms of Religious Life*, New York: Free Press.

Hawken, Paul, Amory Lovins, and L. Hunter Lovins(1999), *Natural Capitalism: Creating the Next Industrial Revolution*, Boston: Little, Brown and Co.

Hayek, F. A(1976), *The Roads to Serfdom*, London: Routledge and Kegan Paul.

Herskovits, Melville J(1960), *Economic Anthropology: A Study in Comparative Economics*, New York: Knopf(2nd ed).

Honneth, Axel(1996), *The Struggle for Recognition: The Moral Grammar of social Conflicts*, Cambridge, Mass.: MIT Press.

IPCC(2007), *Climate Change 2007: The Physical Science Basis(AR4)*.

IPCC(2013), *Climate Change 2013: The Physical Science Basis(AR5)*.

Kahler, Erich(1967), *Man the Measure: A New Approach to History*, Cleveland: World Publishing Co.

Kaletsky, Anatole(2010), *Capitalism 4.0 The Birth of a New Economy in the Aftermath of Crisis*, New York: Public Affairs.

Marx, Karl(1970), *The German Ideology*, New York: International Publishers.

Mumford, Lewis(1967), *The Myth of the Machine: Technics and Human*

Development, New York: Harcourt Brace Jovanovich/ Harvest Books.

Nozick R(1974), *Anarchy, State and Utopia*, Oxford: Blackwell.

OECD(2022), https://www.oecd.org/economy/.

Rifkin, Jeremy(2011), *The Third Industrial Revolution: How Lateral Power Is Transforming Energy, the Economy, and the World*, New York: Palgrave Macmillan.

Sennett, Richard(2003), *The Fall of Public Man*, New York: Penguin Books.

Sennett, Richard(2013), *Together: the Rituals, Pleasures and Politics of Cooperation*, New Haven and London: Yale University Press.

Tarrow, Sidney G. and David S. Meyer(1998), *The Social Movement Society: Contentious Politics for a New Century*, Lanham: Rowman&Littlefield Publishers.

Vattimo, Gianni(1992), *The Transparent Society*, Baltimore: Johns Hopkins University Press.

국정과제협의회 정책기획시리즈 03

제4의 협력문명과 한국판 뉴딜

발행일 2022년 03월 30일

발행인 조대엽

발행처 **대통령직속 정책기획위원회**
서울특별시 종로구 세종대로 209 정부서울청사 13층
대통령직속 정책기획위원회 (02-2100-1499)

판매가 24,000원

편집·인쇄 경인문화사 031-955-9300

ISBN 979-11-978306-1-7 93300